孔復禮(Philip Kuhn)著
陳兼 劉昶 譯

叫魂

時英出版社

目錄

中譯本序言

一九八四年，當我來到北京開始在第一歷史檔案館從事研究工作時，全然不知道最後會寫出《叫魂》這樣一本書。我本來打算研究的，是清政府內部的通訊體系如何影響其政策的實際運作。有名的「剪辮案」似乎爲此提供了一個理想的個案研究機會：事實上，在一段並不太長的時間，有關叫魂的所有文獻都可以取得，作爲一個有相互關聯的體系來進行研究。儘管我仍然在有關清代通訊體系的問題上得出了一些初步的研究結論，但我很快就發現，叫魂案所揭示的一些歷史問題值得更爲深入地探討。

這些問題包括：專制權力如何凌駕法律而不受到法律的限制；官僚機制如何試圖操縱通訊體系來控制最高統治者；最高統治者如何試圖擺脫這種控制。

這些問題在所有社會中（包括我自己所生活的社會中）均普遍存在。但是，作爲一個研究中國的學者，當我讀到乾隆時期的這些文獻時，仍然受到了特別的感染。原因是：這些文獻也揭示了近現代中國歷史中一些很有意思的問題。

每個社會都以自己的方式對政治權力的限度作出界定，沒有哪個社會願意長期容忍不受限制的專權。在清代，普通民衆對於政治體制幾乎沒有任何影響；他們在官方的濫用權力面前，也幾乎得不到任何保護。然而，歷史也表明，皇帝與官僚專制在實施威權時還是受到了某種限制的。在這些限制因素發展成長的過程中，中國文化與歷史的經驗產生了巨大的影響。

對於陳兼博士和劉昶博士將本書譯爲中文，我謹在此表示感謝。我也希望讀者能與我分享他們對本書的批評，以及他們對本書所提出的一系列基本問題的看法。

孔復禮

一九九八年夏於美國麻州劍橋

第一章　中國竊賊傳奇

一七六八年，中國悲劇性近代的前夕。

某種帶有預示性質的驚顫蔓延於中國社會：一個幽靈——一種名爲「叫魂」的妖術——在華夏大地上盤桓。①據說，術士們如果對受害者的名字、毛髮或衣物作法，便可使他發病，甚至死去，並偷取他的靈魂精氣，使之爲自己服務。這樣的歇斯底里，影響了十二個大省份的社會生活，從農夫的茅舍到帝王的宮邸均受波及。②對於我們來說，這一切又有著什麼意義？

這是一個看來正值盛世的時代。但它的種種狀況，是否已在黑色妖術的掩飾下，發出了非如此便不能爲人感知的未來警告？時處十八世紀，倚仗武力而來的西方人尚未出現，生活在那個時代的人們，是否已在爲中國近代社會創造著條件？我們聯想起中國人自那時以來的經歷，對他們生活於十八世紀的祖先，竟會因當時的情形而產生鬼魂附體的可怖念頭，是否便不會感到大驚小怪了？

我們說，我們不能預見未來。然而，構成未來的種種條件就存在於我們周圍。只是，它們似乎都被加上了符碼，使我們在沒有符碼本的情況下難以解讀（當這本子終於到了我們手中時，卻又已經太遲了）。可是，我們確實可以看到難以爲我們解讀的種種支離片斷，並必須賦予它們某種意義。我們當代文化的許多面向，大概也可以被稱之爲預示性的驚顫，正戰戰兢兢地爲我們所要創造的那個社會，提供目前還難以解讀的訊息。

歸根結底，我們最大的激情，就在於將意義賦予生命──儘管這種意義有時並不是顯而易見的。

德清縣的石匠

浙江省的絲綢產區，是「一片廣袤而富饒的桑園」，也是地勢平坦的水鄉澤國，溝渠與運河縱橫交錯，星羅棋佈地分布著人們居住的村落。在一位來訪者的眼中，「這些村莊好像是戍守在這廣闊平原上的衛士，其蹤跡東達濱海，西抵丘陵」。③在我們的故事開始前的百年間，這裡的居民已在從事著絲綢業，可說是「無處無桑樹，春夏之際，無人不事育蠶」。正如一位十七世紀的觀察者所描述的，居民們日夜勞作，收集生絲，「以抵付稅款，並爲衣食之靠」。他們的生計完全依賴絲綢市場，竟然到「若不能獲利，則須售房市產」的地步。④在這個已經徹底商品化了的地區正中央，即位於歷史名城杭州以北約六十多里處，坐落著德清縣城，南條河在流入太湖途中，正好從它的四圍城牆中穿過。一七六八年，亦即清朝第四位皇帝弘曆（乾隆帝）⑤在位之三十三年，東面城牆的水門與城橋坍塌了，亟待重修。⑥

十九世紀一位西方畫家筆下的浙江湖州絲綢裝卸碼頭。

阮知縣從鄰近的仁和縣雇佣了一位名叫吳東明的石匠。一月二十二日，吳石匠和他的班子開始了打木樁入河的繁重工作。水位甚高，工匠們奮力趕工以完成任務。⑦三月六日，木樁終於打到了河底，吳石匠一班人開始安裝新的水門。到了三月二十六日，吳石匠發現存糧已不足以供他的一班人食用，便趕回十六公里外的家鄉—運河岸邊的商業重鎮塘栖採買。當他回到家中時，人們告訴他，曾有一個陌生人問起他的行止。一位名叫沈士良的農夫，為一件蹊蹺嚇人的事，要找他幫忙。

沈士良四十三歲，與已經亡故的同父異母長兄的兩個兒子同居一院。⑧這兩個侄子為人苛刻暴戾，不僅折磨他，拐騙他的錢財，還毆打虐待他的母親。當他覺得在陽間再無希望討得公道時，便決定訴諸陰間的力量。他在土地廟的供案前焚燒了一張黃紙，正式向土地爺告狀。⑨二月間，過路人帶來了關於德清水門工程的消息，也給沈農夫帶來了新的希望。據他們說，石匠們需要將活人的姓名寫在紙片上，貼在木樁的頂部，這樣會給大錘的撞擊添加某種精神的力量，人們稱之為「叫魂」。凡是因此而被竊去精氣的人，不是生病，便是死去。沈農夫懷著重新燃起的希望，在紙片上寫下了可惡的侄兒們的名字（因為他本人是個文盲，這名字是他好不容易從侄兒們保存的漁業商行帳冊上描下來的）。此刻，沈農夫取出捲著的紙片問吳石匠：這東西有用嗎？你們有這個法兒沒有？

吳石匠其實什麼也不會。他知道，在一般人的想像中，吳石匠及其他工匠一樣，擁

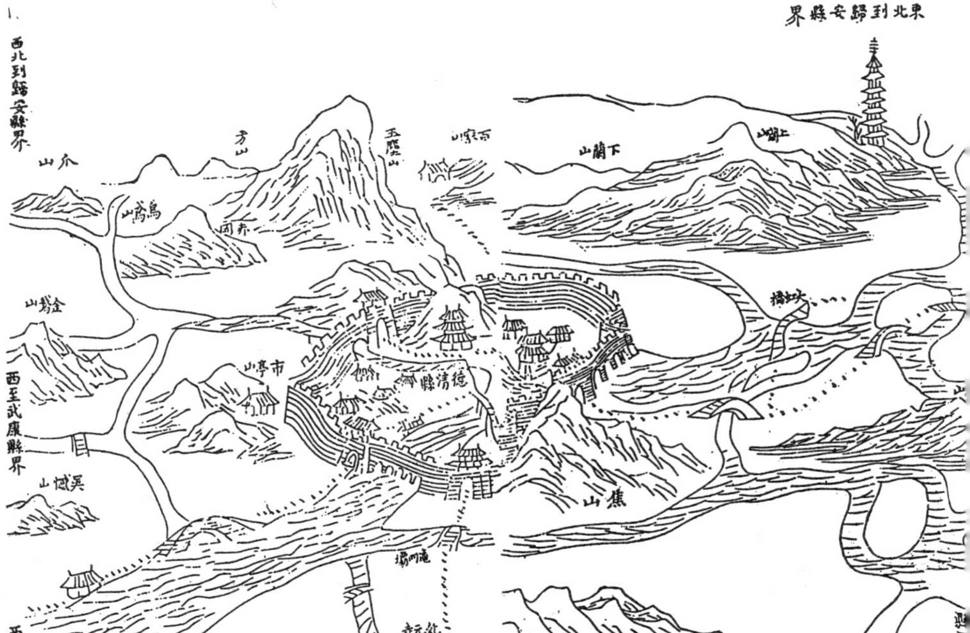

德清城圖。在城牆右側及左下側可見水門。

有凶險不祥的魔力（我將在第五章中加以解釋）。他無疑是知道沈農夫重述的那些流言；但他更怕自己被牽扯進叫魂的罪惡勾當。於是，他立即召來了當地保正，將沈農夫扭送德清縣裡盤問。阮知縣下令將沈農夫打了二十五大板後才許開釋。然而，妖術問題給吳石匠帶來的麻煩卻並未就此結束。過不多久，他就會被捲入一場公衆歇斯底里的大爆發中。⑩

早春的一個傍晚，一個名叫計兆美的德清人正在一位新近過世的鄰居家中幫著料理喪事。在回家的路上，他喝了幾杯酒。回到家裡時已經筋疲力盡。叔叔疑心他是在外面賭了錢，便打了他一頓。計兆美既羞又怕，從家裡逃了出去，走了六十多里路到了省府杭州，打算在這裡靠乞討爲生。四月三日的三更時分，他不知不覺地來到了離有名的杭州西湖不遠的靜慈寺前。一個路人對他的口音起了疑心。當計兆美承認自己是來自德清的時候，已被一大幫人團團圍住。人群中有人高聲喝道：「你是德清人，半夜三更到此，不是做賊就是因爲你們那裡造橋，來到這裡叫魂的！」人們的怒火被煽動起來，他們抓住這個外鄉人，拳腳相加地毆打他。打了一陣後，他們又把他拖到當地的保正家中。

保正將計兆美捆在一張板凳上，恐嚇他道，如果再不講實話，就還要拷打他。計兆美已是傷痕累累，又被這一切嚇壞了，便胡謅出一個故事，說他確實是來叫魂的。「你既是叫魂的，身上必有符咒，」保正厲聲喝道，「從實招來，共叫過多少魂？」計兆美說，他身上本有五十張紙符，但已將其中的四十八張扔進了西湖。他用剩下的那兩張咒死了兩個孩子—孩子的名字是他胡編出來的。

第二天，計兆美先被帶到營裡，又從那裡被帶到座落於同一城市的杭州府錢塘縣衙門。在那兒，一位姓趙的縣官向計盤問：「你是從哪兒得了這符咒的？又是誰在指使你幹這種叫魂的勾當？」計兆美曾經聽說過有關德清縣城橋工程的種種謠傳，諸如木樁很難打到河底，石匠們需要借用活人的名字，以其靈魂精氣來作他們的大錘助力等等。他也聽說過，爲首承辦的石匠是一個叫吳什麼的，並隱約記得此人的名字中有一個「明」字，便回答說：「是吳瑞（？）明給我的。」石匠吳東明即刻便被押到了錢塘縣衙門。當他被傳喚時，其中隱含的凶險不祥，定然已搞得他惶惶不安。所幸，計兆美未能從一干人中將吳東明辨認出來，他胡亂編造的故事因而也就不攻自破了。用刑後，計兆美承認他的全部故事都是由於害怕而編造出來的。

此時，浙江地區的妖術恐慌已經引發了好幾起擾亂人心，而又稀奇古怪的事情。除了上述沈士良和計兆美事件外，值得一提的還有吳石匠的副手郭廷秀的遭遇。三月二十五日，一位現年三十五歲、名叫穆方周的採藥人找到了吳石匠，企圖誘使他將一個紙包植入橋樁後打入河中，這樣，穆方周便可以把他當作術士交出去，向當局邀功請賞。郭石匠大怒，揪住穆，把他拖到了縣衙門。這位失風的告密者因爲無事生非而受到重杖，並帶枷示衆。

這些事件搞得人心惶惶，省政當局因而決定進行一次調查，讓原告與被告當面對質，以便將此事作個了結。巡撫熊學鵬命令地方長官設立了一個由錢塘與德清兩縣知縣合組的法庭。計兆美又一次没能從一干人中將吳石匠辨認出來。當局暗中搜查了吳石匠的家，没有發現任何與妖術有關的器物。阮知縣早已在造橋的工匠中進行過個別調查，亦没有發現有將人名植入橋樁後打入河底的證據。原來所謂的妖術竟是如此！姓穆的採藥人、沈農夫以及倒大霉的計兆美都被置於杭州城門口帶枷示衆，作爲對盲目迷信的大衆的一種警告。畢竟，誰又見過有人因叫魂的緣故而生病或死去呢？恰恰相反的，倒是人們的輕信已經擾亂了民間的秩序。後來擔任浙江巡撫的永德在給皇上的奏摺中，就得出了這種否定性的結論。⑪可是，要真正將對於妖術的恐懼從民衆的記憶中驅除出去，卻並不是一件容易的事情。

蕭山事件

一七六八年四月八日傍晚，在與杭州隔河相望的浙江省蕭山縣，四名男子聚會於一家鄉村茶館。深色的袍服和光頭表明了他們的和尚身份。他們都來自杭州地區的寺廟，在附近各個村莊化緣。後來的供詞可以爲他們每人勾勒出一幅簡圖。⑫

巨成（這是他剃度爲和尚時所取的法名），四十八歲，俗姓洪，本爲蕭山人氏。他在父母與妻子亡故後，於四十一歲時進了杭州的崇善廟，接受了剃度。⑬在廟中，他和另一位比他年輕的和尚正一拜在同一位師父門下。按照出家人的規矩，他們便互稱爲師兄弟。然而，

則沒有。現在，四個人都從事著對和尚來說最爲普通的一項職事外的活動：化緣。他們這樣做，不僅是因爲可以從中得到精神上的慰藉（這表明他們已拋棄了一切俗念），也因爲所屬的寺廟無法負擔他們的生活。杭州地區乞僧的活動範圍到底有多大，尚難確證，但蕭山與杭州城畢竟只是一河之隔。在茶館中，四人決定第二天還在那裡碰頭後出發。巨成與年邁的淨心將在各村化緣，兩個年輕的和尚，則將把各人的行李帶到蕭山西門外的老關帝廟去。

巨成和淨心在行經一條村里的街道時，遇到了兩個男孩。一個十一歲，一個十二歲，正在一所住宅前玩耍。一個男孩看到巨成所攜的古銅化緣鉢上刻著名字，便大聲地將它讀了出來。巨成吃了一驚，微笑著對孩子說：「噢，小官人，原來你識字！你再學幾年，定然可以謀個一官半職。」他接著又問道：「你叫什麼名字？等你當官以後，可不要忘了我。」巨成想的是藉由取悅孩子，好讓他們的父母會從屋裡出來施捨他。可是，男孩卻無動於衷。看看周圍沒有大人，兩個和尚只得蹣跚上路。

他們在路上走了片刻，一對怒氣衝衝的夫婦從後面追了上來。「你們爲什麼打聽我們孩子的名子？」他們責問道，「你們一定是來叫魂的！」這對夫婦想的是，一旦讓某個術士得知了某人的名字，誰知道他會拿它來幹什麼？巨成竭力解釋說，他們只是來化緣的：「因你家阿官認得字，所以說了幾句話，如何是叫魂的呢？」

焦慮不安的村民們很快便圍了上來。他們中有些人早就聽說，這些日子從外地來了一批

地處長江下游地區的江都縣衙門。左邊囚籠中的犯人定罪後被關在餓牢中等死；右邊有兩名帶枷的定罪犯人。

叫魂的術士，四處遊蕩，在孩子們身上施展法術，使他們或者生病或者死去。「這兩個和尚一定不是好人！」人們怒不可遏，將兩人捆綁起來，上上下下地搜了一通。儘管什麼也沒有發現，人們還是開始毆打他們。騷亂的人群越聚越大，有人叫道「燒死他們！」還有人吼道「淹死他們！」

人群中有一位當地的保正，設法使狂怒的人們慢慢安靜了下來。但是，因爲這件事情實在太嚴重了，他不敢擅自處理，便將他們帶到官辦的驛站（這是離當地最近的官方機構）去讓驛官審理。在那裡，兩個和尚又被搜了身，還是沒有發現什麼叫魂的證據（這究竟該是些什麼樣的證據呢？妖書？或是作法的器具？）爲保險起見，那個識字的孩子被帶到驛站，經過仔細檢查，他的身體健康、並無異兆。然而，孩子的父母卻堅信，唯有白紙黑字才有真正的效力，他們因而要求驛官出具一份正式文書，擔保孩子無事。驛官不願承擔這個責任，便給縣府送了一份文書。不久，知縣的差人便將巨成和淨心帶往令人生畏的蕭山縣衙門。兩個和尚發現他們的另兩個伙伴也已被拘捕，並受到了刑訊拷問。

那些揮之不去的有關「叫魂」的謠傳，使厄運也降臨到了正一和超凡的頭上。在周圍各縣，民衆的恐懼心理正與日俱增。在蕭山縣，一個名叫蔡瑞的捕役得到了上司的指令，對來自外縣、有「剪人髮辮」之嫌的遊方僧人應予拘捕。因爲，一個掌握了正確「技藝」的術士，可以對著從某人辮子末端剪下的頭髮念讀咒語，而將那人的魂從身上分離出來。

儘管與和尚一案有關的人們並沒有提及這一點，但此案的背後卻隱含著頭髮的政治意義。統治中國的滿人髮式，是在剃光的前額後面留著辮子。根據統一的法令，即便需要忍受極大的心靈痛苦，漢族男子也一概要留這樣的髮式，作為效忠當今皇朝的象徵。

那天，蔡捕役正在西門外巡邏，聽人說起有兩個從「遠方」來、帶有異鄉口音的和尚住在老關帝廟。根據他後來對知縣的報告，他隨後便走進廟裡，對超凡和正一進行盤問。因為他們的回答未能使他滿意，他便搜查了他們的行李。在超凡的包裹裡，他翻出一了一些衣物，一只討飯用的銅碗，幾件僧袍，以及兩張度牒。他用了石塊才砸開了正一的行李箱，在裡面發現了三把剪刀，一頂豬皮的防雨披肩，一把錐子，還有一根用來紮辮子的帶子。

人們情緒激忿，開始圍攏過來。「和尚身上帶這些東西幹嘛」這兩個人肯定不是好東西。人群中有人叫道「揍他們！」和「燒死他們！」據蔡捕役後來的報告，他當時壯著膽子告訴大家不能這麼做。因為超凡是一個持有度牒的正式和尚，蔡捕役認為沒有理由拘捕他。但是，正一的情況不同，他不僅沒有度牒（這表明他的身份，不過是一個任何人都很容易取得的見習和尚），況且，他還帶著巨成的行李箱，裡面又有那些可疑的物品。蔡捕役將正一戴上鎖鏈，送往縣衙門。超凡找到了衙門告狀，竟也被抓了起來，同另外幾位和尚一起被帶到了知縣面前。

在大堂上，巨成他們戴著手銬腳鐐，跪在知縣面前。知縣坐在一張高高的公案後面，兩

十八世紀的一位日本畫家，根據從長崎中國商人處所得印象而畫的一幅遊方僧圖。該僧頭上的短髮表明他不受規矩，這在正規寺廟中是不許可的。

旁坐著他的師爺們。⑭審訊開始了：「從實招來，你到底剪了多少髮辮？」

巨成已是飽受驚嚇，他爭辯道，自己並沒有剪人髮辮。知縣隨後向巨成出示了蔡捕役帶來的證據：四把剪刀，一根紮辮子的繩子，兩小段辮子。「這些東西是不是你剪人髮辮的證據？難道它們不是嗎？」巨成答稱，那四把剪刀中有三把是他已死去的，當皮匠的兒子的。他全然不知道第四把剪刀是從哪裡來的。那根紮頭髮的繩子是他在剃頂削髮前用過的。當了和尚後，紮髮繩沒有用了，他便把它和其它用品放在一起。至於那兩段辮子，連他自己也不知道是怎麼回事。

巨成是已被預先設定有罪的疑犯，他的招供自然不會令人滿意。於是，法庭上慣常使用的刑訊便開始了。衙役們將巨成拖過去上夾棍。我們不知道，他們用的是否是那種可調節的踝骨夾棍，也就是一種慢慢地將骨頭壓碎的裝置；或是一種同樣可怕，會在脛骨上造成多處裂縫的刑具。一位十九世紀的觀察者曾將踝骨夾棍稱之爲「一種雙料的木製夾具」，有著三條直棍子，其中靠外面的兩條是當作槓桿來用的：

主刑者漸漸地將一根楔子插入兩者之間，交替地變換方位。通過對棍子上部不斷擴張施壓，使得棍子下部不斷向中間那根固定在厚木凳上的筆直棍子靠去，於是，受刑者的踝骨便極痛苦地受到壓迫，甚至被完全壓碎。如果不幸的受害者堅信自己是無辜的，或者頑固地不肯認罪，因而使這一可怕的過程得以完成的話，到頭來，他的骨頭就會變成一灘稀漿。⑮

最後，大概實在是熬不住痛，巨成招供道，所有對他指控之事均屬真實。然而，知縣並未因此而感到滿意，因爲這痛苦不堪的和尚所講的故事前後並不完全一致。夾棍又兩次被收緊，但並未帶來更令人滿意的結果。淨心也受到了同樣的刑罰。三天過去了，知縣從四個和尚口中都得到了某種相當於認罪的東西。已經身受重傷的囚犯們，大概是被裝在通常用來運送犯人的帶輪囚車裡，送到了東面六十多里處的紹興知府衙門，也就是再上一級的官府，受到進一步的審問。這一次，由於巨成的骨頭已斷，便未再對他使用夾棍，而改用木條對他掌嘴十次。正一又一次被夾棍伺候。淨心和超凡此時已被視爲不那麼有價值的犯人，因而未被進一步用刑。

到這個時候，供詞已變得空前混亂，犯人們也就被送到了再上一級的官府。這一次，他們到達了刑訊的最後一站—杭州的巡撫衙門。就在那裡，事情有了驚人的發展。

自從在蕭山縣衙門的第一次過堂後，正一和超凡便固執地堅持一種說法：他們是因爲拒絕給蔡捕役塞錢，才被他栽贓而受到逮捕的。這在當地社會本是一種司空見慣的現象。但是，誰又會聽信這些衣衫襤褸的和尚們的說詞呢？難道公衆因妖術而引發的歇斯底里是完全無根無據的？再說，巨成的包裹中的那些證物中，到底又有什麼是蔡捕役栽的贓呢？無論是在縣衙還是在府衙，人們都不相信和尚們的說法。現在，省按察使曾日理又循著同樣的路子發問：

曾按察使：「巨成，你們既是化緣的，就該專化齋糧，如何又去問人家孩子姓名？這明明是你們叫魂的憑據。你到了這裡，初供並不肯說出問過孩子姓名的話，明明是懼怕追究你叫魂的事，故此隱瞞。

巨成：「……當日在縣裡，因爲說了問過名字的話，縣官再三追究叫魂的事，並指使人把我夾過三夾棍，如今腿子還沒有好，實在害怕。所以到這裡，大人們審問，不敢說出問過孩子名字的話。

曾按察使：「……你們做這樣事，若無實在憑據，何至衆人要把你們燒死淹死，動了衆怒？

巨成：「……當日見我們被男女二人拉住，就都懷疑我們是叫魂的人，所以嚷說要燒要淹，其實不過是空話。後來保正把我們送到驛裡，衆人也就散了……。」

比起縣級的官員來，省級衙門的官員們顯然不那麼依賴衙役之類的走卒，對於前者來

清代剃光前額，在背後留髮的髮式。剃頭師傅正在攤上爲人剃光前額。

說，他們要靠著蔡捕役之流來從事每天的公務。當這幾個犯人蜷縮在省級的判官面前時，正一又重述了自己受到敲詐的故事。他堅稱，蔡瑞那天在廟裡告訴他們幾個人，他是奉命前來抓捕「遊方僧」的，但只要他們給他「幾個規矩錢」，他就會放他們走路。正一當時回答他說：「我們是討飯的和尚，哪來的錢給你？」

在正一的供詞中，有某種東西讓曾日理覺得聽來有理。像蔡捕役這樣的人其實並非職業警捕，而是通常被人稱爲「衙役」的地方上的跑腿。他們要做很多既令人生厭又低人一等的地方上雜務，例如：拷打疑犯、遞送傳票、催討稅款，以及在官府衙門內外打雜。像蔡捕役這種從事警捕工作的人，在別人看來地位不高，也沒有資格參加科舉考試。他們薪俸微薄，不得已才向和自己打交道的百姓討取「規矩錢」來過活。有些衙役甚至不在官府名册上，因爲他們太窮，所以不得不作爲編制外人員而依附於人。他們根本没有薪俸，而只能在衆人頭上討飯吃。人們一般都說，衙役屬於下等人，必須常常對他們進行檢查。可是，由於衙役提供的服務是官員們須臾難離的，很少有人能夠做到這一點。⑯

此刻，蔡捕役被帶上堂來，並被喝令跪下。雖然曾按察使對他的說詞一再查究，蔡仍然堅持自己的說法。整整一天，他就一直跪著。最後，蔡捕役已是精疲力竭，並終於意識到，自己的戲已經玩完了，便招供道，自己確實曾向和尚們要過錢，當他們拒絕給他錢時，他便一邊搜查他們的包裹，一邊威脅他們：「你們既是正經僧人，如何有這東西？你們得給我幾

業遊民：一個是陳漢如，二十六歲，本爲蘇州人氏，是失業的撣帚帽檐製作工；另一個是張玉成，四十一歲，從前是個賣鹹魚乾的小販。三人中，唯有張玉成來自外省，是從近四百里外的浙江紹興沿著運河來到常熟的。在清朝中葉的盛世間，這三人都是沒有什麼社會地位的小民。他們發現自己都要朝南往蘇州行進，便於五月二日結伴同行。

第二天，他們到了陸墓，這是蘇州城北、大運河邊的一個商業鬧市。丘永年盤腿坐在路邊，他的兩個伙伴則到一家當鋪乞討。這時，在蘇州駐防的兩個捕役，在另兩個從常州縣衙門來的捕役的陪同下，把他抓了起來。他們發現，他的身上藏有一把刀子以及一些紙符。當捕役們盤問他時，人們圍了上來。在旁觀者中，有一個名叫顧正南的十歲男童，只要有人願聽，他便對人說，當天早些時候，他感到自己的辮子被人拉了一下，卻沒有看見是誰拉的。對捕役們來說，這就足夠了。張、陳兩個乞丐很快也被找到，並同丘永年一起被抓了起來。三人都照例受到了夾棍的伺候。面對著在自己身上被發現，同此事有牽連的證據，丘永年仍然堅持道，那把刀子是用來做蘭花豆以供販售的，紙符（每張上都印有「太平」兩字）是用來貼在市場街道的各家門道上，再請人予以施捨的。三人都堅決否認犯下剪人髮辮的罪行。那個男孩被帶進來接受詢問，又重複了他的故事：

小的今年十歲，在學館讀書。三月十七日（譯者注：此處爲陰曆；陽曆應爲五

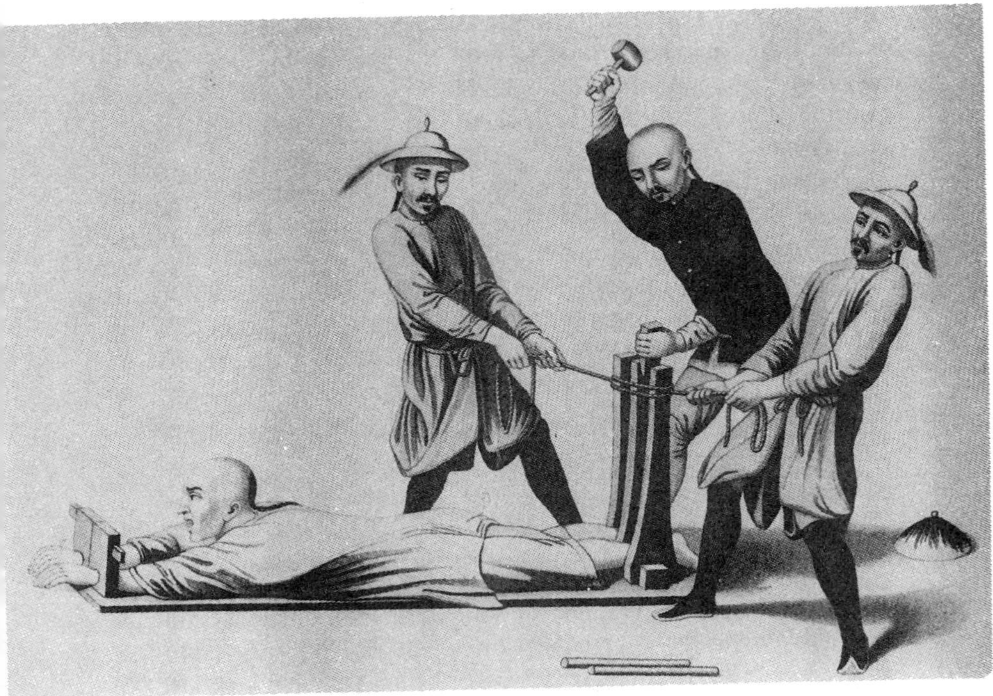

給犯人上夾棍。

巡撫衙門開庭時的情形：巡撫大人及其助手在審理各縣爲秋審而送上的案子，文武官員伺立堂前兩旁，圖的右邊是被押走的犯人。

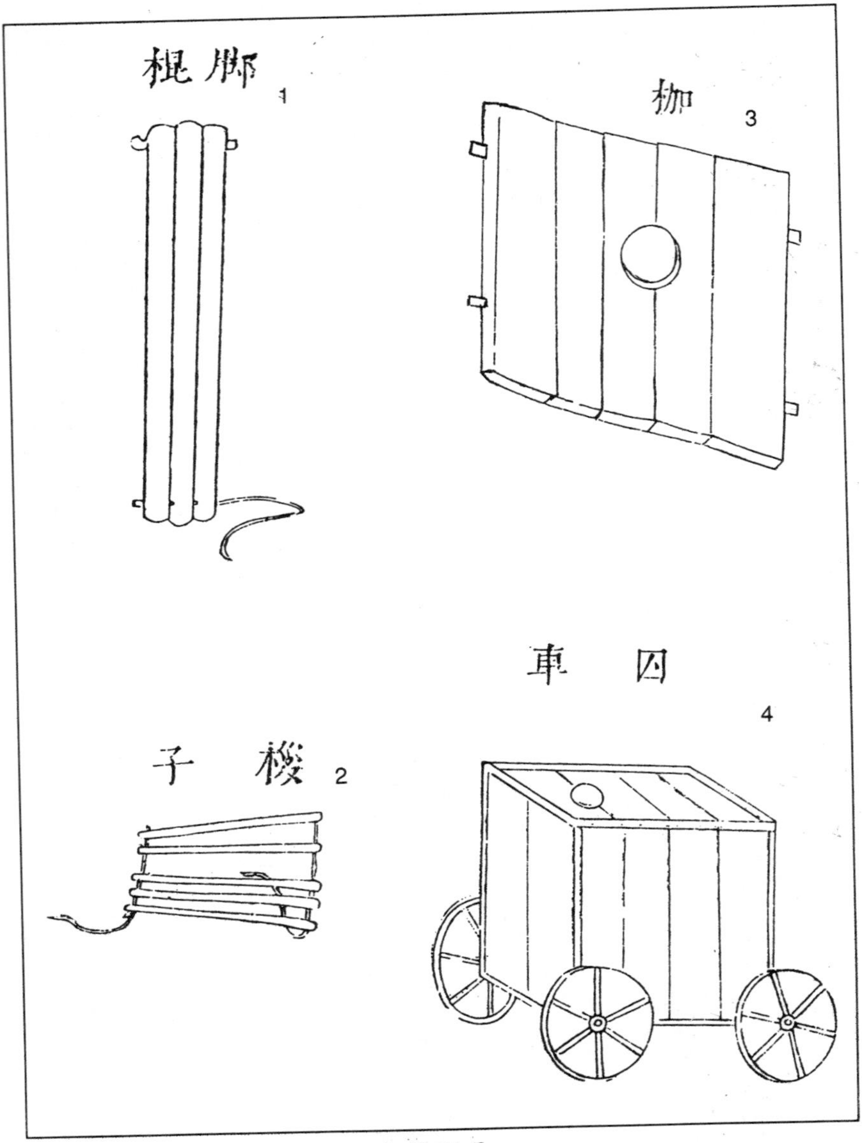

各種刑具

月三日），小的回家往北走路，有一個人在小的背後把小的髮辮扯了一扯。小的急回頭看，那人已飛跑去了。小的辮子未曾剪去。適逢營裡拿獲這些人，叫小的去認。其時，小的在前走，那人在背後，沒有看見他面貌。如今這到案穿黑服的陳漢如，好像是那人，但認不清切的。

後來，疑犯們又被帶到了縣衙門，再次受到夾棍的刑訊。陳漢如表示，他對於「下藥迷人」及剪人髮辮這類的事一無所知：

那孩子也供認不清。前蒙營裡把小的踏過杠子，不敢妄認。現在膝傷未愈，況那兵快拿獲小的細細查搜，並無帶有違禁物品，就算把小的夾死，也供不出什麼，請饒了我吧！。

最後，屠知縣只好釋放了他們。他在結案奏摺中寫道，這三人「均係無籍之徒，結伴求乞，並非善類。但各加刑鞫，俱無剪辮確據，即顧正男亦指認不清。所獲紙符，驗非鎮壓迷人之物，且未另有受害之人首報，似非扯辮正犯。⑲俟將丘永年、陳漢如、張玉成遞回各原籍，交保安插，仍俟另緝正犯可也」。

然而，公衆情緒受到的干擾極爲深廣，使得屠知縣不能認爲案子就此了結。五月九日，他發布告示稱：「本縣訪有剪辮匪徒，爲害不法。」調查仍在繼續。儘管乞丐們的罪行未獲證實，但屠知縣的告示，要求也許曾受他們之害的人們不應畏懼騷擾，而應挺身而出，對害人者及其謊言予以揭發。

然而，人犯之一卻未能獲得釋放。五月五日，那兩個最初捕人的捕役（他們因而也在人犯被拘在縣的整個期間負有看管的責任）報告說，張姓人犯正在發高燒，並已不能進食。屠知縣立即下令找來醫生爲他看病。如果人犯在獄中死去，那便意味著繁瑣的發文填表。同時，要是知縣被發現有玩忽職守或虐待人犯，還會受到罰俸的處分。可是，捕役們又報告道，張姓人犯的情況繼續惡化，到了五月二十日，他已經只剩一口氣了。醫生發現，他脈息微弱，皮膚燥熱，舌胎發黃。捕役們還報告說，雖經使用草藥，卻未見效果。當天晚上，病人就死了。

一個乞丐死在獄中自然不會驚動什麼人。雖然清代的牢房大概不會比當時其他國家的牢房糟糕多少，但即便對一位意志堅强的英國人來說，一八六〇年在刑部牢房被短暫羈押的經歷，也算得上是一種考驗了：

> 監獄的紀律本身並不十分嚴厲。如果不是因爲飢餓，臂上和腿上有鐐銬與繩索

之處引起的疼痛，脊骨上受到鐵製頸梏的重壓，爬來爬去的臭蟲弄得到處感染，再加犯人們不時會被帶走和用刑（當被送回來時，他們腿上和身上總是鮮血淋漓，虛弱得連爬都爬不動了）——如果不是因爲這一切，獄中就沒有什麼別的太大的痛苦了。⑳

一位中國文人曾在同一監獄被羈押過一年（一七一二～一七一三年），他對同獄難友們的遭遇作過這樣的描述：「他們原先的寢食習慣均被忽略，如果得病，亦得不到醫藥。這就是他們爲什麼這麼容易死亡的原因。」㉑

現在，剛才提及的蘇州這個張姓乞丐的案卷，被人小心翼翼地塞進了各種證詞，用以證明他的死因。證詞中有來自獄卒的（「小的並沒有把他凌辱」），有來自同獄囚犯的（獄卒「實無凌辱他的，情願具結」），有來自縣醫的（「不治之症」），還有來自驗屍官的（「生前患病身死」）。縣裡出資爲他買了一口棺材，同時，他的原籍所在縣也得到了通知，以備他的親屬會提出認屍的要求。

一個囚犯死了，另兩個則因缺乏證據而獲開釋，這實在算不得是一件值得記憶的司法案例。然而，因爲這樣一件頗令人棘手的事終於得以解決，屠知縣卻免不了感到如釋重負。雖然爲使自己不致在今後受到玩忽職守的指責，他必須發布關於這一剪髮公案的公告，但他並不因爲便認爲有理由繼續羈押丘、陳兩個乞丐。這只不過是一件荒謬的小事，只不過是一些在愚昧百姓中流傳的迷信謠言。至於那個令人討厭的孩子，也許只是在胡思亂想。

死了一個囚犯？——可是囚犯死亡是什麼時候都會發生的事。會因爲此事而惹出別的麻煩嗎？——可能性實在不大。

胥口鎮奇事

浙江省湖州府的法雲庵是淨莊和尚居住並從事法事的地方，它正好座落在離吳石匠遭遇妖術事件處不遠的南條河下游。㉒一七六八年春，又到了要赴蘇州爲廟裡補充供給（例如採備焚香之類的供品）並探親訪友的時候。淨莊雇用了一位姚姓的船民，送他和六個同行的和尚乘船順太湖東岸去蘇州城。淨莊和侍僧大來隨身共攜帶了一千文銅錢。其他人身上則帶了不等的錢。他們是五月四日（亦即乞丐們在蘇州被逮捕的第二天）出發的。第二天下午，他們的船停泊於湖邊的商鎮胥口鎮。

淨莊和尚與船夫上岸去置辦食物時，在胥王廟歇腳休息。一位名叫張子法的漁夫進得廟來，問淨莊是不是從湖州來的。近來，可怖的謠言已使當地人相信，湖州來的和尚們正在當地剪取人們的髮辮。難道淨莊和尚也是他們之中的一個嗎？張子法威脅說，他要抓住他們探個究竟，嚇得淨莊和船夫逃出廟來。張以爲自己的懷疑得到了證實，也大喊大叫地尾隨他們追出廟來。市場上的人群將這兩人團團圍住，並開始對他們拳打腳踢，使姚姓船夫受了重傷。

一個匆匆趕來調查的捕役收繳了淨莊的物品，並連同姚姓船夫船上的行李物品一起，進行了搜查，並沒有發現任何可疑的物件（諸如剪刀等剪人髮辮的工具，或是用來害人的迷魂藥粉等等）。然而，周圍的人們是如此激憤，使他實在不敢擅自放走這些人。於是，他押著淨莊、姚姓船夫、原告張漁夫以及其他和尚上了船，啓程前往位於去蘇州水路中途的木瀆鎮上的衙門。

天黑後，船停泊在木瀆鎮碼頭。捕役將其他人留在船上，自己押著淨莊和尚去衙門。路上，他曾停下來向當地的兵營報到。到了衙門，他發現縣令出去了，便又押著淨莊回到了營房。此時，在當地市場上，人們已得知剪人髮辮的和尚被逮捕的消息，於是一大群人吵吵嚷嚷地聚集到了碼頭上。一批以唐華和李三爲首的當地潑皮發現船上還有幾個和尚，便將他們和船夫一起拖上岸來，帶進了兵營。當天深夜，幾個不明身份的人上了船，偷走了那幾個過路和尚的錢財衣物，姚船夫的船也被毀壞了。現在，捕役開始擔心，如果這幾個嫌犯在木瀆鎮停留更久，恐怕會惹出大麻煩來。於是，他另雇了一條船，連夜將這批可憐的人送往蘇州，讓吳縣的知縣親自審理。

因爲缺乏剪人髮辮的確切證據，知縣判定淨莊及其同伴不過是幾個守規守矩的和尚，他還進一步判定，張子法作爲此事的肇始者，應對整個事件負責。可是，和尚們對自己僅僅獲得了開釋卻並不滿足。他們又越過知縣，直接向知府衙門告狀，要求對他們失落的錢財與衣物進行賠償。儘管並無證據表明張子法本人偷過任何東西，知府仍命令吳縣的知縣將他扣押起來，並强令他歸還和尚們的錢物。

官僚機構對妖術的處理

一七六八年在中國東部與中部蔓延的大恐慌，從各地不斷出現的原因，是有關妖術的信念滋生而成的。從細微末節來看，各地區之間的情況並不相同，但各地的信念中都包含有以下一些要素：在某種條件下，人的魂能夠和軀體相分離；一個人若掌握了另一個人的魂，便以利用它的力量來爲自己謀利；若要偷取別人的魂（亦即「叫魂」），可以經由施展妖術來實現，或者可以對著從受害者身上分離出來的某種實物（例如男人的辮梢或女人的衣襟）念咒，或者可以把受害者的名字放在一根將要打入地下的樁上面或底下，並在打樁時念誦受害者的名字；向受害者撒出粉狀的迷藥，可以使他在被剪去髮辮時無法抵抗；受害者極可能是男性孩童；受害者會得病或死去。

在一個採行父系繼承，嬰兒死亡率又極高的社會裡，對孩子（尤其是男童）的保護，是生活中最緊要的事情。在清代，人們對大多數疾病的原因還不甚清楚或存有誤解，因此，當孩子患病的時候，便不能排除這是因妖術引起的可能性。那些本來便與超自然事物打交道的人（如和尚與道士），在人們按情理的推想中，掌握著操縱超世俗事務的種種手段（例如，大概是從密書中抄錄下來的符文咒語），也就最有可能是妖黨術士者流了。

省裡的官員們對這一切究竟是如何看待的呢？有三種可能。官員們可能相信，關於叫魂妖術的種種流言純屬胡說八道，根本不曾發生過這種事；他們也可能認爲，儘管一些犯罪分子也許真的會剪人髮辮，或會將人名打入橋樁，但這充其量只是民間的一種迷信行爲，並不真能達到叫魂的效果；最後一種可能是，官員們不僅相信有人在從事叫魂妖術，而且也相信這種妖術確已害過人或可以害人。

從省裡官員們處理春天的妖術事件的方式可以看出，他們既因責任所在而需謹慎行事，卻又對不可知論不以爲然。要在兩者之間保持某種平衡，使他們頗感棘手。當叫魂的疑犯被帶到他們面前時，他們必須進行細緻的調查。歸根結底，面對這種爲民衆所深惡痛絕的罪行，又有哪個知縣或按察使敢抱一種玩世不恭的嘲笑態度呢？正如讀者在本書第四章將看到的那樣，一系列在形式上相似的妖術行爲均爲刑法所禁，這就使情況更是如此。同時，也許妖術真的是存在的，儘管可能性很小，可又有誰敢擔保這樣的事絕不會發生呢？但是，產生決定作用的因素，必定還是因此而引發大恐慌的可能性。如果壞人試圖施行妖術，他們實際上便已經在民衆中觸發了危險的恐懼感，因而必須受到嚴厲的懲罰。但到頭來，所有的妖黨疑犯都因爲證據不足而獲得釋放，反倒是那些對他們提出指控的原告，卻因爲成了笨蛋或作假者而陷於難堪。當官員們在審訊大堂站起身來時，一定輕輕地舒了一口氣。在他們退堂後下去用茶時，一定感到自己對於無知大衆的輕蔑態度，本來就是有道理的。

可是，民間的恐懼難道就此止息了嗎？這實在不太可能。不管判案的官員對妖術的存在信與不信，受到懲罰的是原告而非被告這一點，已使他看上去是對妖術手軟。不管特定的官吏有著怎樣的精神狀態，官府在面對因妖術而引發的歇斯底里時，其反應總是要把案子從街上轉移到官府大堂上來。若在某人的管轄範圍內發生了群衆動亂，那便是此人無能或無知的鐵證。比起未能完糧納稅，更確定地會摧毀一個人的仕途生涯。雖說以私刑處死一個陌生人可能會使一大群人平靜下來，但沒有哪個官員願意讓自己的業績中染上這樣的污點。當然，根據《大清律例》，某些裝神弄鬼的行爲是殺頭之罪，一個妖黨疑犯因而是可以被起訴的。但是，既然所有判處死刑的案子都要受到直到最高一級官府的複查，最終更要由皇帝本人過目，那麼，證據還是要充實一些才好。如果在這些複查中發現了作假或毀謗的情事，唯一的補救辦法便是懲罰原告與釋放被告，對民衆中不負責任的言論和無法無天的暴行提出警告。

然而，要阻止公衆爲對付妖術而大動干戈，也許需要付出可觀的代價。根據其他文化所提供的例證，如果政府因爲認爲妖術不可知或不可信，卻又禁止老百姓以暴力來對付，則其聲譽就會受到嚴重的損害。納瓦霍（Navaho，是一支重要的印第安種族）人曾抱怨說，白人當局不僅禁止他們殺害巫師，甚至「對那些看來已犯下了最嚴重罪行的人們也不予以懲罰」。㉓在現代，東非的一些政府曾對民間某些對付妖術的措施（例如以毒物進行裁決）予以壓制，其付出的代價則是被指責爲「和罪惡同流合污」。㉔從維護政府公共形象的角度來看，最聰明的也許是烏干達的解決方案。在英國的管轄下，有一個法律，對爲了威脅對手，或爲了製造一種使別人畏懼自己的名聲而「假冒」爲巫師的人，要予以懲罰。在這個事例中，政府並不承認自己相信巫術，但卻表明自己是在和假冒從事巫術的行爲一爭高下。可是，一般烏干達人卻並無能力分辨什麼是假冒的巫術，什麼是真正的巫術。結果，那些有巫師嫌疑的人便被强行帶到當局收押起來。㉕正如我們以後將要看到的，《大清律例》中有關反妖術的條款和烏干達的不可知論，頗有異曲同工之妙。

由於事情大概本來就該是那個樣子，省裡的官僚們一定覺得自己的公堂在處理一七六八年初的這幾個案子時，還是相當順手的。吳石匠受到的誣陷以及蔡捕役的貪贓枉法，不是都被揭穿了嗎？那幾個在胥口鎮和蘇州事件中受到誣告的人，不也都被開釋了嗎？還有，民衆不是也都受到了適當的警告，即他們不應忙不迭地對別人提出控告嗎？雖然說，當皇帝在循例審閱因殺人而被定罪的案子時，那種對形跡可疑的流浪者動用私刑的情況，最後還是會引起北京的注意，但至少在當時，還沒有什麼真正與妖術有關的案子值得勞動皇帝的大駕。

然而，對於妖術的恐懼依然深深地留存在人們的記憶之中。難道没有辦法保護人們不受這一災禍的危害?公衆所得到的保障實在是太少了!到六月二十一日，大恐慌已經越出長江下游的各個省份，擴散到了近千里外的上游城市漢陽府。在那兒，一大群在街頭觀劇的人抓住了一個可疑的「妖人」，將他毆打至死，然後又焚燒了他的屍體。㉖

第二章 盛世

當妖術大恐慌衝擊大清帝國之際，這個中國的末代王朝尚未露出衰敗的跡象，而仍然處於爲人稱道的「盛世」頂峰（所謂「盛世」，是一種慣用的說法，常被人們當作德政的護符，用來裝點官方文件）。然而，關於世間存在著妖術的可怕意念，卻從社會的各個層面反映出來。在妖術恐慌所波及到省份，居住的人口比當時整個歐洲的總和還多，不少人因它喪失生命或身敗名裂。可是，從總體上來看，它給人們生活帶來的危害又遠不及十六、十七世紀席捲歐洲的巫術大恐慌。爲什麼妖術恐慌在中國帶來的危害如此有限？正如同這場恐慌究竟因何發生一樣，是一個頗值得深究的問題。

整個社會竟然感受到同樣的危險，下層的民衆與上層的權貴竟然感到同樣的急迫性，這意謂了社會上存在著一個有著緊密內在聯繫的文化網絡。然而，農民、官僚和皇帝的生活方式不同，他們需要考慮的主要問題也不同，妖術恐慌對他們的衝擊也就不盡相同。在這裡，統一性與多樣化是並存的：在這個國家裡，一方面，形形色色的事件分別發生在最高層與最底層，但它們之間存在著密切的相互聯繫；另一方面，社會就像一個萬花筒，將人們對叫魂的看法以各種各樣的色彩反射出來。

弘曆治下的鍍金時代

十八世紀中國的經濟成就是以國內和平爲基礎的。在此之前，中國本土發生大的戰爭還要回溯到一六八一年，亦即弘曆的祖父玄燁平定三藩之亂的時候。一六八三年，當清軍征服臺灣之際，中國的沿海地區也安定了下來。就人口增長與商業擴展而言，和平孕育了中國歷史上最偉大的時期，然而，要追溯這一時期的淵源，卻必須回到滿清征服中國以前的年代。當十七世紀到來的時候，由美洲引進的各種新作物（玉米、蕃薯、花生、煙草等適合在乾燥高地上生長的作物）早已由打破了中國種種內部疆界束縛而遷徙他鄉的人們，移植到難以灌溉的山坡地上。到了十七世紀下半葉，征戰年代人口銳減的現象已經扭轉，導致現代人口激增的環境已經形成。有人認爲，在整個十八世紀的過程中，中國的人口數增加一倍。以人數不斷增加的大衆百姓爲服務對象，一個稠密的農村市場網絡應運而生。雖然還談不上城市化，但塵土飛揚（或泥濘不堪）的區域性小市鎮卻不斷擴散發展，並在實際上使得每一個中國農民都接觸到了地區性的交易體系。人們處處都在使用貨幣：來自西屬美洲的白銀推動了土地與勞動力的自由買賣。當時，西方人自己的工業革命尚處於起步階段，在他們看來，中國的商業活力與人口增長正在創造出一個生機蓬勃又相當穩定的社會。①然而，就是在這樣一個社會中，黑色妖術的陰影正在一七六八年早春蔓延開來。

一個令人鼓舞的故事

對於中國的歷史學家們來說，描述十八世紀的中國社會，比起探討進入十九世紀後中國的衰落、破敗、孱弱以及無所作爲，是一種令人更爲振奮的經歷。②生活於十八世紀的中國人，在一個穩固而有效的政府治理之下表現出了經商辦廠的天才，因而受到了整個世界的稱道。中國歷史學家在研究這一段社會史時，其基調是明快的，有時甚至是歌功頌德的。西方歷史學家對探討這一「經濟活動的新穎與更高的形式」也表現了極大的興趣。③

確實，研究者爲中國當時的經濟發展，描繪了一幅繁榮昌盛的圖景。十八世紀蓬勃發展的商業活動，早在滿洲征服前便已打下根基：中國的貨幣當時由銀、銅兩種金屬構成，而兩者的供應量均不斷擴大，從而爲持續擴展的國內貿易提供了豐富的養料，使之不再局限於中國的主要經濟地區。國外貴金屬的進口和國內貴金屬生產的增加，都造成了貨幣供應量的增長。白銀和銅源源不斷地從國外流入中國，以換取中國的絲綢、茶葉、瓷器以及外部世界所需的其他產品。交換過程變得更有效率，從而使得農民能夠專職從事商品化的作物生產，並促使手工業得到迅速發展。政府則利用貨幣流通的加速，來推行大規模的稅制改革。④這種發展遠景，早在十六世紀末便可以看到，而當整個國家從明朝的崩潰與滿清的征服中恢復過來時，又在更大的規模上出現。隨著白銀的輸人，物價緩慢而持續地上升。但一般來說，這對於經濟發展是有利的：它不僅使農民在出售農產品時更有利可圖，而且也增强了他們的納稅能力。在十八世紀的長期通貨膨脹過程中，投資者十分活躍。⑤這就是我們能夠爲這個充滿活力卻又鬧鬨烘烘的時代所描繪的圖景。那麼，這一切究竟對人們的社會態度造成了怎樣的影響？爲了對一七六八年這場大危機的背景有更好的理解，對此進行探討是至關重要的，而我們對這一點實在是知之太少了。我們的探討將從長江下游地區開始，因爲這裡正是叫魂危機最初發生的地方。

長江下游社會

這個地區位於中國的東部與中部，通常被稱爲江南地區，是現在被我們稱爲長江下游大地區的繁華核心。在分省地圖上，這一核心區域包括江蘇南部，安徽東部的一角，以及浙江北部。⑥人們常常以這個中國最發達的經濟區域爲背景，對十八世紀中國的商業擴展進行論述。中國最爲繁榮的地區經濟已在這裡存在了七八百年；諸如商品化的農作物以及專門化的市場之類，構成中國帝制晚期經濟的特點，也在這裏最清楚地表現出來。事實上，由於這個地區內各地的經濟都達到了高度的專門化，以至於糧食產量過低，難以滿足當地人口的需要。於是，江南的許多城鎮成爲大規模地區穀物交易的集散地。進入十八世紀後，每年都有足夠爲三四百萬人食用的稻米從長江中上游各省運往蘇州、松江和太倉周圍的各個商鎮。⑦這些稻米最後將抵達遍布華東的各個缺糧地區。據十八世紀初葉一位觀察者說：

福建之米，原不足以供福建之食，雖豐年多取資於江浙，同時江浙之米，原不足以供江浙之食，雖豐年必仰給於湖廣。數十年來，大都湖廣之米輳集於蘇郡之楓橋，而楓橋之米，間有上海、乍浦以往福建。故歲雖頻祲，而米價不騰。⑧

在製造業方面，江南財富的基礎是紡織業。長江下游生產的紡織品在全國均有市場。絲綢是首要出口產品，爲生活日益奢華的官僚及學界與商界上層人士所穿用。這一規模宏大的工業，是以數以百萬計的農民家庭的手工勞動爲基礎。江南社會已經高度商業化，其市場網絡則與農民的家庭緊緊地聯繫在一起。說那裡是「與世隔絕的」或「個別的」地方經濟（這裡指的是過去人們對於中國鄉村的一些錯襄看法），簡直是不可想像的。概而言之，鄉村與市鎮的結合，也意味著它受到了手工業的某種支配。在這個人口高度密集的地區，要使得依然不斷增長的人口能夠在一再縮小的耕地面積上生存下來，家庭的每個成員都不能閒著，而必須爲市場生產一點什麼東西。我們可以看到，早在十五世紀，就有人對於紡織業的生活作過這樣的記載：

紡織不止鄉村，雖城中亦然。里媼晨抱紗入市，易木棉以歸，明旦復抱紗以出，無頃刻之間。織者率日成一匹，有通宵不寐者。田家收穫，輸官償息外，不卒歲室廬已空，其衣食全賴此。⑨

中國帝制晚期，這種鄉村與市鎮之間存在緊密聯繫的社會特點，不僅反映在已經高度商業化的江南，也在其他一些沒有那麼發達的地區表現出來。⑩在這一時期的經濟中，白銀與銅錢之類的貨幣充溢，這不僅使得進出城市的人口流動成爲可能，甚至還成爲一種必要。事實上，每個農民家庭都在當地市場上從事交易，同時又經由當地市場與地區性乃至全國性的市場聯結在一起。對處於前現代的中國工業來說，這意味著：即便沒有大規模的城市化發展，人們仍能從事廣泛的、高度理性化的生產活動。雖然，在像南京這樣的地區性大都市裡，確實有著不少大工場和大批城市勞工，但普遍存在於各地的，則是一種複雜精細的外包工制度，其基礎則是由缺地農民的妻子兒女們所從事的手工業。他們可以居住在自己的村子中，同時卻直接參與大生產體系的運作。

勞動力的解放

十六世紀以來的商業發展，是伴隨著一個更爲自由的勞動力市場的出現而來的。土地的租賃，正朝著地主與佃户之間長期契約關係的方向變化。到十八世紀，永久租佃權已在一些地區出現（在一種雙重產權制度下，不同的人可以分別擁有土地與耕作物產權）。明朝初年社會上存在一種身份世襲制度，數以百萬計的人均需特別註册，並被迫在特定的行業中爲政府工作。滿清征服中國後不久，這種制度便被正式廢除了。最重要的是，從十六世紀開始的稅制改革，經由將土地稅與勞役稅合併、統一以土地為基礎收稅的行政手段，完全廢除了平民百姓的强迫勞役義務，政府則轉而透過雇用勞力來得到勞役服務。確實，到了十八世紀，爭取工資的勞動力，已成爲商品化經濟的一種既顯而易見又必不可少的基礎。⑪

這種形式上平等的精神，本已受到了經濟的强大推動，又在清政府於十八世紀二十年代宣布實行「除賤爲良」並推行百姓平等的一般性政策時，進一步顯現出來。我在上句話中强調「百姓平等」，這是因爲十八世紀的中國，仍然是一個階級差別極大的社會，高高在上的權貴們和其他人是相互脱離的。可是，經由這些法令而獲自由身份的人數雖然很少，但由於其象徵性的意義，卻使得採取這一行動相當有意義。

很顯然的，「除賤爲良」的目的，在於經由廢除平民中的「賤民」身份，使得「臣民」這一群體不因其中特殊下層社會集團的存在而顯得雜亂無章。對於這些法令在十八世紀二十年代發布的確切原因，我們仍不很清楚。但從更一般性的角度來看，這必定和滿人對漢人上層地主的不信任有關（這些被解放的奴僕正是依賴這些上層地主爲生的）；同時，這樣做既是對漢人長期以來劃分社會階級的做法的一種嘲弄，也表達了征服者的某種「仁慈」，從而使得滿清政權能夠以更優勢的地位，君臨於相對來説已無顯著差異的芸芸衆生之上。給予平民以形式上平等的做法，同清代第三位皇帝—弘曆的父親胤禛的專權行爲與理性思維風格是一致的。「除賤爲良」法令所使用的語言暗示，諸如陝西「樂户」或安徽「伴當」之類的奴役狀態的存在，並沒有歷史上的特殊依據，因而，在宏大的清帝國面前，所有的平民本來便是平等的。在寫到廣東省被人視爲卑賤的船民蜑户時，胤禎宣布道：「蜑户本屬良民，無可輕賤摒棄之理。」⑫新近的一本研究著作得出了這樣的結論：「最重要的是」，當這些人獲得自由身份後，「便可以利用擴大的勞工市場，並且隨意改換雇主」。⑬

在一個生活在二十世紀的西方人看來，不受約束的勞工市場，以及個人依賴他人程度和受奴役程度的下降，都是極富號召力的現象，並與「自由」與「進步」聯繫在一起。但它們對於一個生活於十八世紀的中國人的心態所發生的影響，卻可能不盡相同。毋庸置疑的，對於那些正爲能在小塊土地上生存而掙扎奮鬥的家庭來説，它們亟需出賣多餘勞力以使家人不受飢餓之苦，因而對此是歡迎的；對於無地的農民來説，這使他們有了在自由市場上被雇爲農工而生存下去的希望。對於一部分既有能力又有運氣的遊民來説，這甚至使得他們有可能擺脱卑賤地位，經由科舉考試（這本來是不對「賤民」開放的）而獲得上流人士的身份（一七七一年的一個法令對這種新貴的情況作出了規定，「以報告改業之人爲始，下逮四代」，「方准報捐應試」）。⑭然而，使人懷疑的是，那些奴僕們到底在什麼程度上真正「獲得了自由」？甚至在半個世紀以後，徽州地區形同農奴的佃農要擁有這種由皇上所准給予的自由，仍然會遇到麻煩。⑮一位歷史學家指出，用金錢贖身的條款其實並沒有什麼意義，因爲它大大超出了佃農們的能力，況且，不管在什麼情況下，他們一旦贖身，也就失去了生計。⑯

可以確定的是，存在於十八世紀經濟「自由勞工」現象背後的是買方市場這一事實。在江南這個人口日益擁擠的地區，對付出勞力得到工資的勞工來説，「自由」意味著他們能夠將自己的家庭，和前述江南地區棉布生產的體系掛起鈎來；「自由」意味著他們可以離開某個壓榨人的地主，去尋找另外的雇用機會；「自由」大概還意味著他們可以加入政府爲完成各種工程而雇用的勞工大軍，或可以在內河船埠以及外貿海運碼頭找到工作。但是，在這個經濟成長的時代，有多少人根本找不到買主來購買他們的勞力？這些人又該幹些什麼？

民衆意識中的盛世

乾隆年間的中國，經濟確實是生氣勃勃。然而，它對社會意識有著怎樣的影響，卻有一個實際上未經探討的問題。社會傳播就是一個例子。密集的商業網絡在十八世紀的全景中占有重要地位，並幾乎使每個人都和某一市場有著固定的關係。關於各種地區性與全國性事件的消息見聞，也沿著連接各個村莊與各個市鎮的商路，隨著商品和外出旅行者流傳開去。在今天的中國，補充政府控制的新聞媒體而顯得特別重要的「小道消息」，在帝制晚期便已經有了發展。而且，有足夠的證據表明，即便在那個時代，中國各地的「小道消息」，便已和地區性及全國性的資訊網絡聯繫在一起。關於別的地方存在著什麼機會、或有著什麼危險的消息，是當時中國村民（更不必說城裡人了）的日常生活中須臾難離的。

我們最難以判斷的是，「盛世」在普通人的眼中，究竟意味著什麼。人們對於生活正朝何種方向發生變化，是變好還是變壞，是變得更安全還是更不安全等問題的態度，同我們期待在經濟發展時會發生的情況，可能大相徑庭。從一個十八世紀中國普通老百姓的角度來看，商業的發展，大概並不意味著他可以致富，或他的生活會變得更加安全，反而意味著在一個充滿競爭並十分擁擠的社會中，他的生存空間更小了。商業與製造業的發展，使得處於巨大壓力下的農村家庭能夠生存下去，但要做到這一點，就必須最大限度地投入每個人的勞力。從歷史的眼光來看，當時經濟的生氣勃勃給我們以深刻印象；但對生活於那個時代的大多數人來說，活生生的現實，則是這種在難以預料的環境中爲生存所作的掙扎奮鬥。

談到十八世紀晚期的意識，又帶出了兩個更大的問題：第一，不管中國的經濟成長從絕對值來看，給人以多麼深刻的印象，它是否能夠抵消中國人口的巨大增長？第二，存在於地區間的不平衡發展，又對人們關於自己生活安全的看法產生了怎樣的影響？

人口、物價與金錢

一七四八年稻米價格的猛漲，向全國性的官僚機構敲響了警鐘，並立即對民間的秩序產生了令人擔憂的影響。在蘇州和長江下游，一些向來從上游進口稻米的城市發生了暴亂。然而，帝國各地的官員們對於米價上漲與人口壓力之間的關係，並非一無所知。陝西巡撫陳宏謀寫道，米價上漲的根源在於人口與土地之間比例的長期變動。「米價日增，原非一時頓長，實由生齒日繁。……各省沃土皆已開墾，山坡水濱，曠土尚多，但地氣淺薄，種一年，需歇一二年。」⑰一位有經驗的官員汪輝祖曾就這些情況對他的家鄉蕭山（毗鄰杭州，二十年後將成爲叫魂大恐慌爆發的地方）所產生的影響作過評論：「憶十餘歲時，米價斗九十，或一百文，間至一百二十六文，既訝其貴。乾隆十三年，價至一百六十文，草根樹皮具盡。地中產土如粉，人掘之以資生，名曰觀音粉，有食之死者。」⑱

這不是一個短期性的問題；稻米價格在十八世紀的整個下半葉持續上漲。然而，它對地方社會的衝擊卻顯然因貨幣供應的增加而得到緩和。從十八世紀六十年代起，中國業主開始在安南開採銀礦；同時，作爲對中國貨幣的支付手段，黑西哥銀幣加速流入，擴大了白銀的供應量。根據一個權威性的估計，在一七五二～一八〇〇年間，中國的白銀供應量增加了大約二億七千四百萬墨西哥銀元。⑲然而，正如下表所示，白銀流入的急劇增加，發生在進入十八世紀六十年代以後：⑳

年　　份	銀（盎斯、兩）
1681～1690	189,264
1691～1700	139,833
1701～1710	769,665
1711～1720	6,312,798
1721～1730	2,287,676
1731～1740	2,528,338
（乾隆統治始於1736年）	
1741～1750	642,000
1751～1760	412,800
1761～1770	3,411,453
1771～1780	7,564,320
1781～1790	16,431,160
1791～1800	5,159,542
1801～1810	26,658,835
1811～1820	9,932,442
1821～1830	(2,282,038)
1831～1833	(9,922,712)

乾隆初年，白銀供給的減少，可能使得要在人口增長的壓力下維持生計變得更爲困難。而白銀供給從十八世紀六十年代開始的明顯增長，以及在整個十八世紀八十年代的力量聚集，又使得當時的人口雖十分密集，卻仍有可能出現繁榮。然而，由白銀所帶來的利益，只是緩慢地滲入到地方社會中去。就長江下游而言，轉折點看來出現於一七八〇年左右。至少，對這個關鍵性的地區來說，與質量有關的證據顯示，十八世紀爲人稱道的「盛世」的開

始，不可能早於這一時間。使我們了解蕭山方面情況的汪輝祖寫道：「十餘年來，此（米價昂貴）爲常，或斗二百錢，則以爲賤矣……夏間，米一斗錢二百三四十文。往時米價至一百五六十文，即有餓殍。今米常貴，而人尚樂生。」對此應作何解釋？汪輝祖認爲，這是因爲大約在一七八〇年以後，通貨膨脹已不僅僅局限於人們很敏感的稻米價格，而是擴展到所有的商品上：過去，稻米價格雖高，其他商品的價格卻不受影響，「今則魚蝦蔬菜無一不貴，故小販村農俱可糊口」。㉑對這種轉變的一種解釋，便是貨幣供應總量的增加。當每個人手裏都有更多錢時，商品出售者就可以對所有種類的商品，都開出更高的價格了。㉒雖然證據尚不很多，但汪輝祖的記述爲根據白銀供應的數據作出推斷，提供了可信的地方性實例。

要更全面地理解十八世紀的經濟變化（尤其是人口增長和錢幣的較易獲得）如何決定人們對周圍社會環境的認識，必須要從事更多的研究。首先我們必須做到分期準確：是周圍發生的哪些變化，使得人們意識到生活中的機會發生了變化？如果汪輝祖對於時間問題的感覺是對的，那麼，我們在一七八〇年以後所看到的，便不過是一段短暫的幸事。「盛世」的真正繁榮，從十八世紀八十年代延伸到了十九世紀的前五年（其時，世界性的白銀短缺，降低了國外購買中國貨物的能力—而大約與此同時，鴉片的進口又導致了白銀的災難性外流，並造成了我們歷來將之與近代的開端聯繫在一起的全國性心理沮喪）。㉓如果情況正是如此，叫魂危機恰恰發生在十八世紀的最後二十五年，貨幣供應的增長已開始緩解人口壓力的前夕。在長江下游人口過於密集的地區，稻米的價格對普通平民百姓仍然是一個沉重的負擔。而在一七六八年，外部世界還只是剛剛開始在爲中國人口的巨大增長支付代價。

不平衡發展

如果說，就連高度發達的杭州地品，在十八世紀八十年代前亦已經歷了某種程度上的困難時期，那麼，偏僻的山區又如何呢？人們無需遠離已經商業化的中心地區，便可以看到赤貧、失業與秩序的混亂。距叫魂危機的發源地德清縣大約一百三十里處，恰恰是在長江下游的核心蘇杭地區的邊緣，兩個相互毗鄰的政區，代表著兩種形成鮮明對照的情況。廣德是安徽省的一個州，坐落於距太湖西岸大約百里處。㉔浙江安溪縣是廣德的東鄰，有水道與大運河相連，絲綢工業極爲發達，甚至使桑蠶的養殖擴養到了該縣的山區各鄉。然而，除了長江下游各山區縣份所共有的人口流入現象以外，經濟發展卻繞過廣德而去。一七三九年，李姓知縣奏請皇上豁免當地的糧貢，以便將之用於補給當地的賑濟糧倉。他寫道：「竊照廣德一州，僻處萬山之中，與徽郡接壤，可耕之田無幾，兼以水少潴匯，田皆瘠薄。而生長其地者，既無車牛服賈之人，又乏百工糊口之術，所賴存活惟望歲耳。休養日久，生齒浩繁，歲豐一年之收，僅支一年之食。上年偶值偏災，饘粥不敷。」㉕由於運輸的道路失修，難以及時從別處購來糧食。如果官方從當地購糧以充實賑濟糧倉，便會給當地人造成極大的困難。就在當年夏天，人們便曾因爲洪水的威脅而陷入一片恐慌，並將穀物囤積儲藏起來。李知縣的結論是，在整個江南地區，沒有哪個政區在爲民覓食上遇到了這麼大的困難。此外，我們還知道，儘管官方一再禁止，廣德溺殺女嬰的比例仍然高得異乎尋常。㉖

這個長期遭受災害的地區是否與別處有特別的不同？雖然這可能是一個特別糟糕的個案，但廣德的生態環境卻並非獨一無二。層層疊疊的小山脈在北邊構成了一道長達五百餘里的屏障，處於丘陵地區的各縣東北起自太湖附近，西南抵達江西省界。頗有意思的是，社會學家們以出自這一地區西南角的徽州商人在全國商業上取得的成功，來說明清代的商業生活是何等生氣勃勃。然而，徽州本地的經濟，卻與我們剛剛作過描繪的廣德的情況非常相近：這裡地處丘陵，土地貧瘠，因沿海地區過於擁擠而離鄉背井的無地農民來這裡安身立命，這是一個相對來說尚未商業化的農業地區。在徽州，長期定居此地、以務農爲生的人們之間的關係，是建立在一種近於農奴制的體系之上的，這同平原地區自由發展的農莊經濟，形成了生動的對照。㉗從整體上來說，由於受到將一直持續到下個世紀移民浪潮的影響，這一地區的人口數目大大膨脹。㉘

十九世紀五十年代，名士汪士鐸曾作爲難民生活於這一地區（徽州府績溪縣），他對當地的情況作過如此描述：長期貧困，人口過多，基本商品缺乏。儘管女嬰被溺殺的比例甚高，由於人們成婚的年齡極早（甚至達到了男子「三十即可爲祖」的程度），人口增長仍在繼續。㉙他所記述的這個縣份，出口茶葉、木材製品，偶爾還出口貴重金屬和鉛。但這裡的基本狀況卻是糟糕之極：「環縣皆山，力農者層累而上，尺耕而寸刈之。旱則憂槁，雨則憂沖。雖終歲勤勤而衣牛馬之衣，食犬彘之食。」⑳雖然績溪是地區性市場的一個組成部分——正是由於核心地區的商業化發展，才使得績溪的少數出口商品有可能得到出售——但績溪及其周圍的地區，卻同蘇州與杭州所處的世界形成了驚人的對照。當那些大都市受到困難時期的衝擊時，績溪一類的內地縣份又會受到怎樣的影響呢？

在論述十八世紀的經濟時，沒有人能夠抹煞存在中心與邊緣地區，以及富庶的三角洲與貧瘠的山區之間的巨大差異。與經濟地圖上這一傾斜趨勢同時而來的，則是人口的持續流動：移民與過客，商人與江湖騙子，僧人與進香者，扒手與乞丐，壅塞在十八世紀的道路上。人們外出旅行，有的是為了雄心勃勃的事業，有的是基於獻身精神，有的則是出於絕望與無奈。由旅行者匯集而成的人流，不能不對人們的意識發生影響。㉛

向外部與下層的人口流動

有關叫魂的懷疑，都集中在流浪者身上，包括陌生人、沒有根基的人、來歷不明與目的不明的人、沒有社會關係的人，以及不受控制的人。最有可能淪為暴民私刑和官府堂上刑罰受害者的，是和尚和乞丐。如果我們考慮到和尚其實也是一種乞丐，那就可以說，被懷疑從事叫魂的人都是乞丐。他們究竟從何而來？為什麼他們會使人產生恐懼？

人口增長與生態環境變化。十八世紀期間，中國的人口大約增加了一倍，從一七〇〇年的一億五千萬左右增加到一七九四年的三億一千三百萬左右。㉜這一增長的前提，是中國發展出新的方式，或是開發出新的地區使得人們能生存下去。在這些方式中，包括從新世界引進的玉米和蕃薯一類的作物，從而使得山地也能爲移入的人提供生計。這還包括大規模的國內人口流動，尤其是人口向征服時期因內戰而致人數銳減的四川地區遷徙。人口還移往處於長江與漢江流域的高地，移往滿洲，移往大抵仍由土著居民居住的臺灣，以及移往海外。在中國各地，人們都在向上或向外移動。曾經長滿樹木的山丘，被開發成爲勃勃發展的蕃薯和玉米農場，直至山地因水土流失而變得不可耕種。十八世紀期間，可耕種土地到底有多大擴展，還難以估算。但有人認爲，直到一八〇〇年，這種擴展仍在全國範圍內同人口增長保持著平衡。所有這一切，可以看作是人們意志與行爲的成功，但同時也是生態環境的災難—因爲，中國山地的泥土，都漸漸地被沖刷到江河中去了。㉝

我們應該把乾隆年間的商業看成汲取不斷增長的勞動力的蓄水池。它使得只有小塊土地的家庭，能以出售家中婦女與孩童的手工作品而得以生存。但是，有足夠的證據表明，無論是商業的擴展還是向外部的移民，都不能使每個人都得到關照，總有一部分人會被完全排除在生產性經濟之外。他們的出路，並不在於向外遷徙，而是向社會的下層移動，淪爲乞丐之類的社會下層階級。我們尚未掌握什麼可靠的方法，能夠對時值盛世而離鄉背井的人數及其背景情況，作出精確的判斷。對當時人口進行登記的種種措施，並沒有將無家可歸者包括在內。過了一個世紀後，在十九世紀的經濟危機期間，不少觀察家理所當然地看到了有很多人四處流浪。相形之下，十八世紀看上去就像是黃金時代。㉞然而，儘管對流浪人數的看法不同，早在十八世紀六十年代，社會便意識到流浪者存在的情況，仍然使我感到驚奇。這個問題之所以特別令人感興趣，是因爲各種背景不同的流浪者—不管是僧道還是俗人—在妖術大恐慌中，都成了被人懷疑的對象。㉟

下層道士僧人

當妖術危機達到高潮的時候，一個名叫李英的年邁道士，因涉嫌剪人髮辮而被直隸省當局逮捕，後來又被送往承德的夏宮，交由軍機處審理。㊱李英招供如下：

> 我係定州人，㊲今年五十七歲，父母妻子已身故，一向在外佣工度日。於（乾隆）三十一年在房山縣做工後，因貧乏難過，發願出家，在黃蓮洞跟道士傅月砍柴挑水。傅月因廟中窮苦，不肯留住。有石堂寺僧人廣善，亦係定州人，修理廟宇，我遂往投他做工。

後來，李英又從別人處聽說了「立志修行，從不下山」的大道士王來水的名字。王來水的一個徒弟帶去見師傅，可是王來水「因糧米短少，亦不肯留住」他。十天後，在下山的路上，李英跌傷了腿。「遇村民韓俊發扶我至村中，養活數月。今年二月腿好了，才出來募化度日。七月初七日，至小井地方，遇總督大人經過，我去觀看，即被拿獲。」㊳

處於社會邊緣的下層和尚道士的人數到底有多少？四川省一位按察使曾指出，有越來越多的失業男女，未經削髮，便以「帶髮修行」爲名，「潛居庵觀」。他們既非僧道又非俗人，在寺廟庵觀中過著地下生活，「勾引爲匪，花消寺產」。㊴我們可以將這種現象視爲民衆的一種虛僞的宗教虔誠，也可以把這些人看作難以爲當時經濟所吸納的多餘部分。不管是哪一種情況，在關注安全問題的官員們看來，這些人都是一種威脅。當然，當時並沒有什麼可靠的手段來統計他們的人數。

最令人感到吃驚的是，儘管皇帝本人對於和尚道士深持懷疑，到十八世紀六十年代，清政府用來對他們進行登記的體制已經殘破不堪。在一位經驗豐富的省級官員高晉（曾任兩江欽差總督）看來，政府中沒有什麼人費心收集有關和尚道士的準確情報。高晉曾親自檢查過屬下一些縣的登記名册，發現誤差甚大，不僅未對僧道總人數進行統計，就連發放度牒的體制也已經停止運作。根據高晉的報告，因爲無人認真執行僧人每收一個新徒弟（亦即每剃度一個人）都必須上報當局的規定，只有「十之二三」的僧人道士持有度牒。其結果令人吃驚，大批人冒充僧人道士，以至於「奸良莫辨」。這些人不僅「罔遵戒律，蔑棄清規」，而且「甚有異言邪術，煽惑愚民，干犯法紀，大爲風俗人心之害」。㊵

高晉的擔憂，和反映在《大清會典》中的官方對於僧道人員的普遍成見相當一致。然而，十八世紀中葉的情況是不是使這種焦慮變得更加迫切了呢？高晉寫道，「私行削髮」（亦即未在寺廟中經過正式的剃度儀式）、「漏造入册」的流浪者如此衆多，如果將他們統統圈起並强迫他們回復世俗生活，就會使他們「失業無依」，造成極大的社會動蕩。高晉指示下屬，對沒有登記在册的僧人道士進行徹底清查，列入名册。然而，他奏報皇帝，這樣做還只是一種治標的措施。他提議，除奏報當年的人口及收成情況外，還應當恢復在年底向皇帝奏報當年在册僧道人員的做法，從而使控制他們的努力多少具有一種緊迫性。㊶在這個社會環境中，有著比以往任何時候都多的人（就像「道士」李英那樣）因爲生活無著而四處流浪。「僧道」生活顯然正將他們中的很大一部分人吸引過來，去從事得到社會認可（但未必得到官方批准）的乞討活動。

在官僚們的心目中，不管是什麽人，凡四處流浪的乞丐都是對於公共安全的一種威脅。居無定所、没有家室的人也是無法納入控制的人。㊷當剪人髮辮的危機達到高潮的時候，湖北布政使閔鶚元在一份奏摺中寫道，過去對僧道人員登記在册並加以控制的制度，已不足以應付當前的情勢。㊸現在，成千上萬的遊方僧道（其中有些人同僧道只有極表面的關聯）已成爲煽動叛亂和從事法外活動的可悲溫床，從而構成了一種新的威脅。

透過法令而實施的控制，只對定居一地並受當局管轄的僧道人員才有效力。而現在，收以千計的「遊方僧道」卻在法律不及之處流浪。他們「每托朝拜名山、訪求師友為詞，暮北朝南，行蹤莫測」。每當經過收留遊方僧道的寺院，他們便以「掛褡」為名，居住下來。「其中奸盜詐偽之徒，依草附水，偕影藏身。」每年，各省奉命查緝的人犯數以千計，但能夠捉拿歸案的，只占其中很小一部分。大多數被通緝的人犯都換上了僧道服裝，銷聲匿跡，遠遁外地。這就是為什麼「至如妖言妖書等重大案件，每案必有外來奸僧邪道主持，煽惑良由」。因為這些人居無定所，要追尋他們的蹤跡，也就極為困難。

閔鶚元對於下層僧道人員的看法，表明了這樣一種意見：很多「僧人」和「道士」其實同僧道沒有任何關係，而只是披著僧人道士的袍服來逃避法律的制裁。雖然在剪辮大恐慌中被捕的多數僧人道士，並沒有經過正式程序入教，但他們中的很多既非真正的僧道，又非假冒者，而是處於兩者之間的新近削髮者（對於他們的情況，我將在第五章中作進一步的探討）。不管怎麼說，他們比較像是乞丐，而不是罪犯。他們中的有些人（如蕭山的巨成和定州的李英）是全家經歷悲劇後的孤獨倖存者。然而，從官方的觀點來看，任何人不受其控制的行動都帶有某種危險性。閔鶚元建議，朝廷應作出新的規定，禁止僧道人員投靠本人設籍處以外的寺廟道觀，也不准其外出時越出所屬寺廟道觀百里以外。如有觸犯，則地方官員可以將其逮捕，「究明有無犯事脱逃圖謀」。即便沒有發現犯罪情節，也要根據《大清律例》中那條奇妙的、涵蓋萬事的「不應，重」（不遵守法規為重罪）條款，對其罰以重杖，並

「勒令還俗」。所有的寺廟道觀，都必須將這些「雲遊僧道」驅逐回籍，並向官府具結保證不再收留這類人員（皇帝批注道：「此事可緩，知道了」）。㊹

諸如此類的警告，大大觸動了皇帝本來就敏感的神經。弘曆從來就對佛教僧人有著根深蒂固的懷疑（這同他對佛教大事聲張的贊助很不一致）。這並不僅僅因爲和尚及他們的行動讓當局難以管束。正如弘曆本人在另一場合所表露的，他的這種態度還反映了儒教對於那「甘心剃髮爲僧，並不顧父母妻子，則行蹤可疑」的人們所持有的更普遍性的鄙視。㊺在這方面，僧人的情況與受人歧視的太監相似—太監爲生計，而摒棄了生養後代這一最重要的盡孝的義務。

如果說，閔鶚元關於四處流動的下層僧道人員的描述，並不僅僅揭示了官方受到刺激的神經，那麼，對它作爲清中葉一種社會現象的重要性應如何看待？有人會推測，到了十八世紀六十年代，人口的壓力已開始侵蝕很多地區平民家庭的經濟基礎。然而，我們所掌握的關於下層階級的資料如此之少，以至少除了我們的赤貧狀態以外，我們對於他們的社會背景全然沒有系統性的了解。乞討作爲應付飢荒的一種手段，以及遊方僧道作爲乞丐的一類，當然都不是十八世紀六十年代才開始出現的現象。㊻然而，對於妖術的恐懼，並不是因爲捲入其中的人數多少，而是由於人們對此的想像而產生的。閔鶚元以官方的常用習語所表達的，正是因那些無根無基的人們不受控制四處流動而產生的焦慮。在一般民衆的心目中，是否也存在著相似的焦慮?如果存在的話，那麼它極可能是透過與妖術恐懼有關的種種習語而表達出來的。在一般民眾中，可能正發生著這樣的情況：也許，因爲有更多四處流動的陌生人出沒於自己的社區，人們對他們的恐懼才不斷增加；也許，不管四處流動的人數有多少，人們對他們的看法始終在發生變化；也許，兩種情況都存在。即便沒有這一類的社會變化，如同我在第五章中將要解釋的，在人口稠密的地區，人們對於陌生人的恐懼本來就是根深蒂固的。

平民乞丐

幾乎所有寫到乞丐的人，在開始時都要列舉他們的類型（瞎子、身體畸形的人、在市場上賣唱或賣藝的人、本地乞丐，以及隨季節變化而來的外地乞丐等等）。㊼他們具有一些看上去相當普遍的特徵（例如，只有乞丐才唱的曲調，或流落街頭的乞丐常用的「職業性哀號」，等等）。現在已很清楚，到十八世紀六十年代，僧道人員中相當大的部分其實就是形形色色的乞丐。不管官方對此如何加以反對，以僧道的衣衫舉止在外行乞，是人們所熟悉的，甚至還爲民眾所尊重。

一位十八世紀的觀察者指出，那些鄙視一般乞丐，連一個銅板都不會給他們的富人，卻會把自己口袋中的每個銅板都扔進乞僧的碗中，以便爲來世積德。㊽毫無疑問，一般乞丐的身上有著僧道人員所沒有的某些特徵。僅以他們的外表（例如，骯髒得令人生厭、頭髮纏結、衣衫襤褸等等），便足與通常身著袍服的僧人形成對照。㊾

即便如此，在大衆的心目中，僧人與一般乞丐之間的區別並非一清二楚。很久以來，北京人便習慣於將一般乞丐叫做「叫化子」，這種叫法便是來自於「募化」一詞—指的是佛教僧人宗教性的募化乞討活動。㊿在種種爲乞丐特有並通常扮演的角色中，和尚也許是最能爲人所接受的一種。我們或許可以將這些角色，看作是在十八世紀已經確立的某種社會樣板，每當時勢變得艱難的時候，越來越多的人便能夠將自己依附上去。這種樣板仍然保有塑造人們行爲的力量，這也許正反映了十八世紀狀況的實質：被清代社會的經濟壓力擠壓出來的人們，在社會符號的領域裡，仍然能夠找到可爲人接受的通向生存之路。在後來的社會走向崩潰的時代，人們將會發現，在大衆一貧如洗所產生的壓力之下，這種樣板也開始破裂了。

從一個世紀或更久以後沒有標明日期的資料來看（這些資料在民俗學家徐珂極有價值的清代逸聞及社會掌故集子中可以看到），乞丐在各地社會種種不同的生態環境中，已經有了自己的一席之地。有些人爲縣府服役，擔任遞送令狀的差使。有些人的角色隨季節而變：從安徽北部來的行乞者每年冬天（亦即村裡的農閑季節），都要在江浙兩省邊界上的小城鎮集結，整個冬天都以乞討爲生，到春天再回家鄉。這些人看來是普通的農民，他們無法在兩季收成之間找到活計生存下去。㊶那麼，就理解十八世紀情況的需要而言，徐珂提供的資訊又有多大的幫助呢（這些訊息中的很大一部分，確定是來自十九世紀後期或更晚的時候）？儘管一個世紀後的經濟狀況更爲惡化，人口過密以及社會解體的情況也更加嚴重，但當時人們對於下層僧道階級發展的種種看法，至少能使我們不致放過十八世紀中葉流動人口實際增長的證據。

有關清代外向性移民的討論，都相當集中於人們向人口密度不高的偏遠地區與海外移動。由於這是一個地方官員所必須處理的問題，也由於國家有時會對此予以鼓勵，這種外向性移民在帝國的檔案文件中有著很完善的記載。

然而，要對人口向下移動的情況—人們被迫拋棄固定職業而四處飄泊乞討的情況—作出判斷，就要困難得多。當行乞者變得失去秩序時，這個問題偶爾也會在文獻資料中有所反映：在前文提及的廣德山區中，到一七六七年，乾隆中期的「盛世」孕育了一幫「丐匪」，他們出沒於這一地區，以武力强取豪奪，並以棍棒石塊與捕役交鋒。後來，當這些乞丐被抓到時，才發現其中有十人先前曾因同樣的案由在鄰近的徽州與秀寧被捕過，但他們只是挨了一頓打便被釋放了。這一次，弘曆下詔給他們更爲嚴厲的懲處。然而，他卻完全沒有提及廣德的經濟問題。[52]

妖術、敵意與焦慮

雖然上述訊息具有啓發意義，但我們並不能因此便斷定，到了十八世紀六十年代，中國經濟已將大量人口擠入一個不斷擴大的下層階級。然而，有更多的證據表明，人們的觀念是起了作用的：在妖術恐慌發生的前後，司法記錄中出現了一些關於民衆敵視乞丐的案子，頗能夠引人聯想。在一件案子裡，一個姓黃的乞丐到一家姓黃的家門口乞討（兩人或屬同宗，但並非五服之內）。黃家人要他以後再來。乞丐已是飢腸轆轆，便一面怒吼，一面試圖擠進門去。黃家人便用粗木棍打他，把他打死了。

在另一件案子裡，當一群鄰人正散坐著吃喝時，三個乞丐走來同他們搭訕。他們得到了一小捧吃食，卻大聲抱怨說東西太少，並把討飯碗摔碎了。這群鄰人便攻打他們，結果，兩人逃走，一人被打死。兩個案子中的殺人者均判為絞監候（對於殺人罪一般都作此判決）。㊸如果有辦法證明，這種導致殺人的敵意隨著時間的推移而增長，那就可能說明，或者是下層階級正越來越侵入社區生活，或者是人們對於赤貧者的責任感正不斷削弱，並且變得更為模糊。㊹

我們能否以種種社會的或經濟的焦慮為理由，來解釋們對於妖術的恐懼？有人曾作過這方面的嘗試，但我並不感到滿意。㊺不管事實本身多麼清楚（對於妖術的恐懼，社會中的緊張，等等），但關於它們之間的關係，一般來說卻是既不能證明，也不能否定的。我當然會樂於宣稱，十八世紀的中國人之所以害怕妖術，是因為他們感到自己的生活受到了周圍種種看不見的趨勢威脅（也許是人口的過度增長，或者是擔心市場力量上下浮動的影響力會「偷走」他們的生計）。然而，這樣的說法儘管迷人，卻永遠無法得到證明。但清楚的是，一些晦暗不明的觀念會伴隨盛世應運而生：它們也許並不涉及經濟發展對於生存的無形威脅，但卻可以肯定，它們把四處遊蕩的陌生人視爲危險。隨著叫魂故事的逐步展開，我們將會看到，某到人對於妖術的恐懼很明顯地是與他們的社會經歷有關的。與此同時，我們也必須對國家政治領域中，種種有關十八世紀生活中晦暗不明的觀念進行探討。

中年的弘曆（乾隆）

第三章　或隱或現的威脅

當畫師爲他畫像時，人到中年的弘曆笑得並不由衷—在我看來，簡直就顯得有些勉强。也許，這略帶淒涼的微笑中含有這樣的認識：一宗偉大的事業，往往會因爲那些爲之服務的人們本身的卑下而變得不再偉大；一個偉大的人，往往難以抗衡多數人的卑下；樂到極點，往往會轉而生悲。

如果說，歷史上曾有過哪位君主爲登基作過細緻入微的準備，弘曆便是一人。當弘曆還是幼童之時，他的皇祖父玄燁便因爲他的沉穩勇氣和聰慧才智而對他恩寵有加。他的父親胤禛在於一七二三年繼承皇位後，便立即將他立爲皇儲—胤禛本人剛剛經歷並贏得一場異常殘酷的皇位之爭，他不希望這樣的事在自己身後再度發生。

確實，胤禛繼位時面臨的局面是嚴酷的：皇子們爭權奪利，他們隨從之間的派系鬥爭，使得帝國的政治運作陷於一片混亂之中。爲了自身地位的安全，胤禛剝奪了許多滿洲王親貴族的兵權，並經由整頓綱紀而使官僚體制得以擺脫派系鬥爭之累。從加强安全及鞏固帝國中央集權的考慮出發，他創立了一個新的高層諮詢機構—軍機處，透過它來控制帝國的秘密通訊體系。爲了使地方政府的財政合理化並進而減少腐敗，他以一種公開徵稅的新制度取代了非正式的加額征稅。胤禛矢志不移地使事物趨於合理化，並頗具匠心地建立起了一套新的機制。當二十五歲的弘曆於一七三五年十月繼承大統時，胤禛將自己的所有成就都留給了兒子。同父親繼位的過程相比較，弘曆的帝國簡直是放在一個托盤上奉送給他的。①

即位之初，弘曆將自己的年號定爲「乾隆」。帝國的一份詔諭曾經解釋道（但並非提供正式的文字詮釋）：新繼位的君主從上天（「乾」）得到了不可勝數的支持（「隆」），他將以自己的全副身心（乾惕）使得父皇留下的「豐功盛德」得以進一步發揚光大。②但事實上，在弘曆在位的幾十年間，胤禛留下的遺產卻漸漸地被耗損殆盡了。若說弘曆沒有盡心盡力，那是不公平的，這是由這一時代的種種特殊問題所造成的。③胤禛面臨的是對於自身安全的直接挑戰，而弘曆所要面對的挑戰卻要微妙得多。儘管他不必再同一個時時覬覦皇權的貴族階層相抗衡，但卻每天都要同一個很懂得以無聲的方法保護自己、維護自身利益的官僚體制打交道。這一時期，從表面上看征服者與被征服者已能和睦相處，由於皇帝本人對於中國文化的炫耀賣弄，亦由於他對於書畫的愛好，這一點顯得更爲突出。滿族上層人士已學會了對中國精英文化的因應之道，而漢族上層人士則默認了滿人的霸權地位。然而，這種文化差異的縮小，必須付出代價，弘曆有時甚至懷疑，他的滿族同胞現在有能力對至高無上的皇權所提供的，只是某種微不足道的支持了。滿洲威權正緩慢而平靜地消退。這是一種不能不予以正視，但同時卻又難以有效應對的威脅。更何況，在政治的表象背後，引動歷史變遷的發動機，商業活動和人口增長，不斷地在運作。

關於弘曆生平的各種資料可謂汗牛充棟，最後可能也無人有能力爲他作傳。④要透過他的許多代筆人而真正認識他本人，就必須閱讀皇帝審閱奏摺時用朱筆寫下的評論、詔諭和各種隨心所欲的批語（它們都保存在清宮檔案），除此之外別無他途。⑤要做到這一點，當然必須以事件爲背景。如果與叫魂危機有關的種種事件能對弘曆傳記的寫作有所幫助，那就必須在可能的情況下，透過弘曆自己經手的各種文件，揭示他對於看似特別棘手的問題如何反應。在這些問題中，有兩個至關重要，那就是：謀反與漢化。

關於謀反罪的看法

自十三世紀以後，中國所有的王朝都是在征服的基礎上建立的：既沒有宮廷政變，也沒有禁軍的反戈，有的只是大規模的征戰。這些用征服方式建立起來的政權，就其本質而言，都是經由軍事手段而强加到全國老百姓頭上的。但對於清王朝來說，如同在它之前的十三世紀的蒙古人一樣，征服者的異質文化使問題變得更爲複雜了。不管征服者使用多麼巧妙的語言爲王朝更替辯解（通常的說法是，這是一個充滿活力的政權遵從天命，取代了一個腐敗的政權），卻無法消除這種危險性：可怕的種族感情，始終會對構成新王朝統治正當性基礎的種族意象提出挑戰。人們會宣稱，既然這些新統治者是外來人，他們也就是篡權者。正是這種可能生的存在，使得清統治者始終保持著對謀反的警惕。然而，隨著時間的推移，大清皇帝對於謀反問題的看法也在發生變化。

到弘曆當政的時候，滿清大一統帝國爲自身存在所作的裝點與辯解似乎已大體完成。到了此時，戰勝者與戰敗者之間的關係已沒有什麼新奇特別之處；對於謀反行徑，也已經可以用通常的說法來予以解釋了：在這一對抗關係中，一方是因具有儒家德行而贏得了上天佑護的合法王朝，另一方則是一群無孔不入、墮落敗壞的陰謀分子。可是，在這一表象的背後，舊有的種族敵對情緒是否還存在於深層？這是一個我們永遠也無法作出明確判斷的問題。當髮式這一類尖銳的種族問題因一七六八年發生的種種事件又重新突出時，要理解這些事件，我們便不能不對征服初年的氣氛稍加探討。這是因爲當時髮式問題還是非常突出的。發生於清初，令人毛骨悚然的削髮事件，也許能揭示在弘曆的微笑中可以包含著多麼陰暗的含義。

對於征服年代的回顧

一六四五年，當長江流域各地的戰鼓還交相呼應之時，剛剛即位的滿清皇室，已在爲建立勝利者和戰敗者之間的連接紐帶而進行準備，皇帝福臨只有九歲，年紀尚幼，完全由他的叔父多爾衮主事。雖然多爾衮頗懂得如何贏得漢人的支持，但在一個問題上他卻絕不作任何妥協：滿族文化的一個簡明而一目了然的特徵，將成爲漢人無條件臣服的標誌，那就是：他

弘曆彎弓射箭。馬上騎射是滿清帝王喜好的傳統技藝。

們必須剃光前額，並在後面蓄辮。⑥

削髮令

甚至在滿洲軍隊入關前，投降滿人的漢人便以採納滿人髮式表明臣服之意。有關征服的歷史記載一般都强調，剃光前額是不可或缺的臣服象徵。從進入北京之日（一六四五年六月五日）起，多爾袞就下了明確的決心，要對每個人都强制施行滿州式的削髮。在征服南方的過程中，髮式問題成爲漢人在對滿人的絕望抵抗中，得以團結起來的一個焦點，並使得滿人對於南方的征服，比起沒有這個問題出現的情況，不知要血腥多少倍。可是，在征服北京後的第一年中，多爾袞甚至對於是否要在宮中推行削髮也發生過動搖。但最後，他還是經由政府機構正式下令的形式，發布了削髮的要求。⑦

削髮令的起因，在於當朝中官員們徵引已亡的明朝「禮樂制度」（祭天儀式）對滿人髮式提出譏諷反對時，多爾袞被激怒了。儘管明朝的制度將成爲滿人征服中國後重建帝國政治機制的基礎，多爾袞卻決不願意在有關滿人風俗的問題上被人嗤笑。他指出，這種說法「甚屬不倫，本朝何當無禮樂制度？今不尊本朝制度，必欲從明朝制度，是誠何心？」當問題涉及剃光前額時，多爾袞承認，因爲人的髮膚受之父母，不敢予以損傷，儒生們的反對多少還有點道理。但他又强調說：「若諄諄言禮樂制度，此不通之說。予一向憐愛群臣，聽其自便，不願剃頭者不强；今既紛紛如此說，便該傳旨，叫官民盡皆剃頭。」⑧

一六四五年七月八日，削髮令送達禮部（該部管理的事務包括爲所有重要典禮儀式制定服式），但卻披上了儒家語言的外衣。⑨文中說，天下既已大定，因而也是普及削髮之制的時刻。既然「君猶父也，民猶子也」，則「父子一體，豈可異違」。如果君民的生活方式不予以統一，則他們最終可能會趨於「二心」。如果這樣的話（現在，又回到了這一明喻的政治方面），他們不就幾乎成了「異國之人」了嗎？此事本來是不需由皇帝本人提出，而是應由其他人自然而然便想到的。現在，自法令在北京頒布的十日之內（或法令頒布後抵達某一省份的十日之內），所有人都必須遵照執行。不服從者將「視同逆命之寇」。官員人等若爲那些主張「仍存明制，不隨本朝制度」的人說項，亦將格殺勿論。在衣冠問題上，多爾袞採取的是一種不那麼具有强制性、也較爲寬鬆的態度；但他同時表明，即便在這個問題上，最後仍將頒定統一的政策。

可以確定的是，使用上述語言的用意，在於將剃髮問題與處理謀叛的法律常用語對應起來。在《大清律例》中「謀叛」歸在「十惡」條款之下，列爲第三項。而對這個範圍廣泛的罪項所作出的唯一澄清是：這指的是「謀背本國，潛從他國」。對於「謀叛」的處罰，則開列於《大清律例》的懲罰部分：所有參與陰謀者，不論主從，均一律斬首。罪犯的妻妾兒女則發配給有功官員之家爲奴，其父母、兄弟和祖父母則流放二千里外，⑩尤其令人驚奇的是，削髮令本身並未作爲單獨的條款或子目，出現在《大清律例》或《大清會典》的任何一個版本中。也許，對於新政權的統治者們來説，不管他們推行這一法令的態度多麼堅定，卻仍希望把它留在正式成文的法律文本之外。對削髮令的實行，或者將不涉及《大清律例》和《大清會典》，或者將以《大清律例》中關於謀叛的一般條款爲依據─這些條款的絕大部分都是從以前各朝的律例中繼承下來的，因而也具有更爲深厚的正當性。

在滿清征服中國的年代中，各地以抵制削髮令爲中心意象，出現了許多可歌可泣的抵抗運動。在很多地方上的社區，要讓人們團結起來，與其呼籲他們效忠瀕臨滅亡的明朝政治秩序，不如召喚他們抵制剃光前額，以表示出捍衛自身文化尊嚴的決心。發生於長江流域的那些聞名天下的抵抗事件，顯示了在公衆的心目中，削髮問題與人的自尊之間存在著强有力的聯繫。⑪我們同樣可以看到，這個文化的焦著點對於滿洲入侵者也有著重要意義，促使他們在武力的使用上，直指抵抗運動最頑固的中心。這樣一來，削髮令又成了一項極爲精明的行動：與其讓那種不慍不火對待新政權的消極態度得到滋養生長，不如讓這種抵抗一下子爆發出來而迅速予以蕩平。

可是，挑戰削髮令的個案，在已征服的省份不斷被查獲，對此又應當如何看待？滿人征服者在處置各地蓄髮者時表現出的狂熱與殘忍，顯示若稍稍放鬆對削髮令的執行，便可能釀成民衆的抵抗運動。削髮令便成了衡量官員們對於爲新政權服務熱誠的一把尺。在以下的案子中，幾個人純因偶然因素而被發現有偏離法令的行爲。

這些案子表明，滿人征服者不僅極注意要在普通臣民中統一髮式，也下了很大決心促使官員們順從地爲新政權服務。從這些事件中，可以讓人感覺到清朝初年因削髮令而產生的肅殺血腥的氣氛。時至一七六八年，難道滿人因漢人違反削髮令而繃緊的神經，就會完全鬆弛下來了嗎？在一般民衆中——按照「種族記憶」理論設想——每當到了要剃頭的時候，父輩也許偶爾仍會向兒輩提及當年這件事曾有過的滅族危險？

儒生的方巾

時屆一六四七年三月上旬，滿族征服者大規模入侵華北、占領北京已有三年。⑫即便已是殘冬，遙遠的西北仍然乾燥陰冷。漢軍旗人出身的甘肅巡撫張尚，剛剛接獲北京要他外出巡視的敕諭。三月四日，他到達了位於長城內的邊城永昌城外。縣學的所有生員都跪在塵土飛揚的道路兩旁迎候他。張巡撫騎的馬背上，頗爲滿意地注意到每個學子都戴著滿族風格的暖帽。然而，正如他後來所奏報的那樣：

> 中有一人，臣默窺其蓄髮。及至公署，隨喚通學進試，親自去帽驗看。本生呂可興，果然全髮未剃。

張尚大怒，命令地方官員對此進行調查。他們報告說，根據張尚的命令，關於削髮令的告示曾在這一地區廣泛張貼，因而這個不幸被捉住的武生員呂可興雖來自農村，卻實在是沒有什麼藉口可尋的。張尚將呂繫獄，並上奏皇帝，要求將他「立刻梟首，已彰國法」。皇帝下詔曰（可以設想，這是由嚴厲的多爾袞代筆的）：

> 呂可興即就地正法。這不剃頭的該管，地方官並家長、鄉約地保、鄰佑，應得罪名，又有成例，如何不遵？著察奏再逼行申飭該部知道。欽此。

結果，呂可興未經剃髮的頭顱被砍下，公開示眾。呂氏家長與當地保頭及鄰居亦受到廷杖的懲處。當地知縣則被罰了三個月的薪俸。

市場上的騷動

同年晚些時候，在離湖北省省會武昌不遠的華中商鎮，發生了一場小小的風波。⑬一個名叫郭尚賢的農夫來到了鎮上賣雞，因區區小事而肝火中燒，與人發生了口角。有人召來了兵丁。對郭來說很不巧的是，兵丁發現他前額的頭髮已有寸把長了，便把他抓了起來。兵丁又在他身上找到了一張有某個姓尹的人簽過字的紙條，而當地一個已經死去的盜賊正好也姓尹。郭農夫因被疑爲賊黨而帶到了縣衙門。在那裡，事情很快就搞清楚了，紙條原來是郭農夫的尹姓地主所寫，並沒有什麼特別的意義。審理此案的是漢陽府通判、代知縣章文登，他顯然沒有把郭農夫蓄留頭髮當作什麼大事，因而把他釋放了。可是，郭不久又因頭髮的事再次被鎮上的差官逮捕，並又被送到了縣衙門。這一次，章文登爲他剃了頭，然後又像上次那樣釋放了他。然而，那個差官也許是爲了謀求升遷，不肯讓事情就此平息下去。他直接向省裏告了一狀，不僅針對主犯郭農夫，還將矛頭指向了章通判，說他「包庇叛逆」。

省裏的按察使重新把郭抓了起來，並把他及鎮上的差官和章通判帶到一起當面對質。結果，按察使發現這個案子確實是判得過於寬大了。不僅郭農夫和章通判，就連尹姓地主和郭的鄰居們，也都統統應該受到懲罰。然而，他又認爲，應當把有意蓄髮的行爲（就像長江下游一些城市蓄意抗命的義軍所作所爲）同無意中忽略及時剃頭區分開來。他提議，對郭農夫應在責打後予以開釋。

這一溫和的判決被湖廣欽差巡撫所推翻。在簽置意見時，巡撫指出，削髮令早已經三令五申。郭農夫只是一個無知的鄉巴佬，但他的作爲卻使自己一再因同一罪名被捕。爲什麼沒有把他當作一個懲一警百的例子呢？他只是在事情敗露之後才被迫剃了頭，顯然是故意再犯；至於章通判，他未能控制住一個蓄意反抗的臣民的行爲，這已是不可原諒的了；更有甚者，當此人被捕後，章通判先是對此案姑息因循，而後又縱容他「將髮頓削」，從而銷毀了他頭髮長短的證據。皇帝批准了更爲嚴厲的處置決定：郭農夫予以斬首，章通判予以革職。

結果，巡撫又奏報道，郭農夫已在獄中因病死亡，此爲「天刑……信王法之絲毫不爽也」。

滿清征服中國的最初幾年是危險的。這不僅僅對那些獻身成仁的烈士們來說是如此，任何人——不管是出於懶惰還是因爲無知——只要未能達到新政權對於髮式具有象徵意義的規定，便都會受到制裁。這些人並不是效忠明朝的激進分子——在大多數情況下，他們是因爲某個偶然機會而被逮住的個人。而每當有一個「逆叛之徒」被正法時，至少也會有一個官員相應地受到紀律制裁。壓力便由此而產生了。在這片已被征服的土地上，即便是在最爲偏遠的角落，對於政治犯罪的容忍也可能意味著某人爲官生涯的終結。這樣的做法，不僅使得漢人百姓，也使得主管他們的漢人官員，都必須要對不徹底執行削髮令的行爲承擔責任。削髮令本身由此成了滿清皇帝用來測試臣民的一塊試金石。

頭髮，羞恥與歸順

在早期的削髮案件中，蓄留辮子本身從未成爲滿人强制施行的目標。這似乎是由滿人與漢人兩方面的態度所決定的。削髮令一旦公布後，征服者便立即將注意力集中到剃光前額的問題上，而忠於前朝的漢人對這一點的抵抗也最爲頑固。個中原因，顯然是由於前額削髮比之背後蓄辮包含著更大的恥辱。當寺人也許曾由削髮而聯想到閹割——這上面並沒有直接的證據——因爲在舊體制下，男子的人格（也是男子社會上層人士的地位）是以精心蓄留的長髮爲象徵的。具有諷刺意味的是，那些在滿族勇士看來意味著陽剛之氣的東西，在漢人的眼中卻是嬌弱婦道的象徵。⑭更有可能的是，如果艾德蒙・李奇（Edmund Leach）關於頭髮禮儀性意義的說法是對的，滿人的削髮便是一種自制戰勝放縱的象徵。還有一種在當時即爲儒生們所接受、更爲穩妥的解釋是，損傷受之於父母的髮膚是一種褻瀆。⑮關於漢人抵抗前額剃髮行爲的另一個解釋，則在於剃髮在歷史上同恥辱和懲罰的聯繫。例如，在公元前三世紀的一部刑典中，便將剃髮（包括剃去頭髮與鬍子）同紋面、殘肢並列一起，作爲對於奴僕與已定罪犯人的羞辱。剃髮的這種涵義，很可能貫穿中國整個帝制時期而一直留存下來。⑯在清代，讓已定罪犯人遵守剃髮規定的問題也受到了關注。典獄長必須讓所有待決人犯在秋決前保持剃光前額。對那些被流放的人犯，則每個季節都會對他們進行一次檢查，以確保他們剃光自己的前額（但辮子問題卻從未提及）。⑰

於是，漢人對於前額制髮的恐懼，正好把滿人對於削髮令的强制推行集中到這一點上來；而從象徵的意義上來說，蓄辮成了一個不太引起滿人關注的問題。然而，當某人已經留起當局所要求的髮式以後，除非割去他的辮子，便難以通過他的髮式對當局提出突然並具有象徵性意義的挑戰（因爲前額頭髮的生長是需要時間的）。很顯然的，要迫使別人因髮式而捲入具有象徵性意義的抗命，最容易的辦法便是割去他的辮子。⑱再則，當某個人並非出於自願而被別人割去辮子時，他的心中又會作何感想？由於別人的行動，他的全家卻陷入了被政府滿門抄斬的危險境地！當我們試圖解釋一七六八年人們何以對割辮的妖黨術士懷有那麼大的恐懼時，便不能排斥這種焦慮所起的作用。然而，迄至妖術大恐慌爆發之時，作爲削髮令要求之一的蓄留辮子，其實一直遠不如剃光前額那麼重要。⑲

弘曆面對謀叛

弘曆的盛世，看上去離那些血腥的日子已相去甚遠。如果剪人髮辮確實是一種謀叛的行爲，亦即是對滿人統治地位的一種象徵性的反抗，那麼，這是一件無論是北京或省里的官員們都不願公開與之發生對抗的事情。那種種族間充滿仇恨的日子不是已經被一個平靜和諧的大一統帝國所取代了嗎？與這種情緒相適應，在叫魂危機發生的前六個星期裡，弘曆在與各省官員的秘密通信來往中没有一處提到剃髮這件事。他所一再提及的只是妖術問題。在這個大一統帝國，這是一個不管由誰擔任統治者都會遇到的古老問題。然而，剃髮問題決不會長久地被埋没。到一定的時候，皇帝的另一副面孔也會展現出來：在對其外來異己性質的象徵性挑戰面前，這個外來人的政權從來便是極爲敏感的。

滿清統治者所使用的語言，既表現了大一統帝國寬廣的普世主義，又反映了他們作爲少數種族的狹隘防衛心理。身爲一個統治著龐大帝國的少數種族，滿清朝廷必須兩者兼備—既必須從普世主義的角度，又必須從種族的角度來表現出自己高人一等的優越性。要解決滿清政權所面臨的基本問題，兩者都是必不可少的。他們既需要以具有正當性的皇族身份來統治這個大帝國，同時也需要維護征服者精英層本身的凝聚力與活力。

作爲大一統帝國的統治者，他們權力的基礎並不在於自己的種族特性，而在於德行與文化上爲人普遍接受的規範。但是，要作爲一個握有權力的少數種族而生存下去，他們自己的種族特性不僅需要得到保護，還需要受到頌揚。弘曆相信，正是由於滿人可貴的種族傳統，他們其實能比漢人更好好地統治中國，也特別有資格將儒家的道德箴言融入帝國的統治之中。滿清朝廷因而需要兩個展現言辭的舞台，一個用於表現政權的普遍性，另一個則用於捍衛政權的種族特性。然而，謀叛的行爲卻使滿清朝廷面臨微妙的選擇。謀叛者對於滿清王朝提出的挑戰往往會突出種族問題，强調因爲滿人是外來人，他們的統治也就是不合法的。因此，謀叛的案子並沒有爲頌揚滿人特性提供一個特別有利的舞台。

弘曆的風格，是尚武的滿人種族特性，與普世主義文化的一種不太和諧的混合物。他希望將滿族特性變爲帝國機制的一個有機組成部分。君權既要成爲滿人文化完整性的保護者，又要成爲多種族霸權的一種象徵，其正當性則應通過普遍性的儒家言辭得到證明。⑳作爲滿族德行的捍衛者，弘曆採用的方法有二：第一，他要在種族問題的真正細節或只具有象徵意義的小處上，都要讓漢族文人感到驚恐不安；第二，他要向自己的滿族同胞宣講本族尚武的傳統和優越的品質，激勵起他們的種族意識。可是，一旦涉及到真正的謀叛陰謀事件時，再提及種族問題便不僅危險，甚至還帶有刺激性。弘曆處理乾隆十六、十七年間兩個嚴重謀反事件時的態度便生動地表明，當他真的相信滿清皇朝面臨危險時，他會多麼小心翼翼地對具有種族象徵意義的問題—尤其是對極爲棘手的削髮問題—保持沉默。

僞稿案

當弘曆年屆四十，已是一個在位十六年的老練君主的時候，他遇到了一場危機，其根源十分複雜，以至於我們至今仍不能完全理解。一七四八年春天，他所鍾愛的孝賢皇后去世了。同年，傳來了征服四川金川土司之役用兵失利的消息，從而揭示了滿清軍事機制存在著無可質疑的弱點（弘曆極爲震怒，下令將兩名最高級的官員斬首）。然後，在一七五一年，他像自己的皇祖父那樣，以炫耀宏大的皇家儀態首次出發南巡。悲哀、沮喪、加上華麗浮誇，爲他統治中的這個關節點帶來了一種充滿火藥味的特殊氣氛。弘曆，應該在這個行動前後，弘曆遭遇了他治下第一場煽動叛亂的嚴重危機。

這一危機包括兩個不祥的事件，一個與上層文人有關，另一個牽涉到的則是普通百姓。但這兩個事件在時間上可疑地接近。所謂「僞稿案」和馬朝柱起義的相像之處，只在於這兩個案子最後均未破獲。然而，它們明顯地向朝廷敲響了警鐘，因而會使人設想，當這兩個事件發生時，中國的社會與政治一定極不穩定，絕不可能處於歷史上最爲成功與繁榮的政權統治的中期。雖然沒有任何證據表明這兩個事件之間存有關係，但在弘曆的心目中，兩者卻必定是被連在一起的。這兩個事件結合在一起，動搖了弘曆關於「外人統治」問題已得到了一勞永逸的解決的信心。在處理這兩個事件中的任何一個之際，弘曆即便在秘密通信中，也不敢無所顧忌地提及其中所涉及的種族問題。

那是在一七五一年八月，一份奇怪的文件引起了貴州一位地方驛傳官員的注意㉑。這是一份據稱由時任工部尚書的高級官員孫嘉淦（一六八三年生，一七五三年卒）所擬奏摺的抄本。在其官僚生涯的早期，孫嘉淦即以敢於向弘曆的父親胤禛提出直諫（而胤禛則不落俗套地對之予以褒獎），並對官吏的不法行爲提出尖刻的批評而聞名於世。雲貴總督將這份在貴州發現「奏摺」上送北京。根據他的一份秘密報告，這份「奏摺」中充滿了「誣謗」與「虛捏」之語；在其末尾，甚至還有皇帝贊同的御批（而這是完全不合情理的）。在此後的幾個星期裡，皇帝又接到了來自大清帝國相距甚遠的不同地方的許多報告，在那兒出現了其他的抄件。到年底，搜尋「僞稿」始作俑者的大網已在全國張開。數以千計的人被捕入獄。令人吃驚的是，近在京師的學衙，遠至西南邊疆，僞稿抄件均有發現。因擁有或轉抄僞稿而受到指控的人，則從高級的省級官員到商人、僧道、紳士無所不包，甚至還有旗人。逼供產生了許多虛假的線索，但最後，江西巡撫於一七五三年一月宣布將一個名叫盧魯生的千總逮捕歸案。不久，軍機處的一個審議庭便宣布他即是該案正犯，在盧被凌遲處死後，弘曆便宣布此案已經結案。然而，漏洞百出的證據以及「正犯」的匆匆就刑，使這個案件的「解決」充滿疑點。可是，僞「奏稿」的實質內容及其廣泛傳播，卻爲我們理解弘曆在謀叛問題上的困惑提供了線索。

到那個時候，雖然連「街上的腳夫」都知道僞稿中寫的是些什麼了，㉒它的抄本卻未能保存下來。弘曆對所有被發現的抄本留檔存底。對弘曆來說，僞稿的內容一定是太羞辱而太難以容忍了。其他有關的證據表明，這份「奏稿」列舉了「五不解十大過」，對弘曆本人及與他接近的官員們進行了嚴厲的個人攻擊。它似乎也間接提及了因弘曆的首次南巡而帶給各地的沉重財政負擔。它可能還抨擊了弘曆對幾位高級官員，特別是對漢軍旗人出身的將領張廣泗的嚴厲處置—一七四九年，張因爲在征伐金川之役中「處置乖張」而與另一大臣納親同被斬首。最後，馬朝柱一案（對此我在下面還要討論）的證據表明，它甚至還對滿清皇朝的合法性提出了非難。㉓可以肯定，弘曆在追尋僞稿始作俑者，懲罰擁有或轉抄僞稿者、以及有效地銷毀僞稿的所有抄件上所表現出的極度憤怒，揭示了僞稿的抨擊令他感到多麼害怕。而這種恐懼的根源，決不僅僅在於由這個案件所表現出來的文人之中對於滿清的廣泛敵意。由弘曆的性格特點所決定，他很快便懷疑到這是針對大清帝國的一項根深蒂固的陰謀的反映—僞稿案不僅和在他父親統治時期發生的文人謀反事件有牽連，也與神秘的馬朝柱事件有關係。㉔

馬朝柱謀反案

我們之所以設想僞稿案對於滿人統治的合法性提出了質疑，這是因爲，甚至連弘曆也逐漸相信，這件事是同一七五二年春天露頭的馬朝柱公然反清的陰謀有關聯的。㉕馬朝柱事件是弘曆首次遭遇以復明爲號召的運動。爲對付這一運動而採取的血腥報復行動，則成了弘曆統治上半段後期一個聳人聽聞的序幕。

據稱，馬朝柱本係農民，來自位於長江流域，座落於湖北省會武昌下游約一百三十里處的蘄州。當他越過省界來到安徽西部時，受到了一個僧人的影響，並從那個僧人處（根據政府的調查）獲得了一種自己將擔當大任的幻想。馬朝柱開始宣稱，自己同居住於「西洋國」、以明室楚王後裔「幼主」爲首的明朝遺族有聯繫。據說，被清廷打敗的西南軍閥吳三桂的後代也在西洋國居住，同時駐紮在那裡的還有三萬六千名兵丁。住在那裡的還有李開花，這是一個在民間很有名的據說將來要做皇帝的人。還有一位「娘娘」（這是百姓用來稱呼送子神祇的）也住在那兒。馬朝柱自稱是西洋國的一位將軍。他告訴自己的追隨者們說，一種名爲「遮天傘」的飛行器可以在幾個時辰内。把他的軍隊從西部的據點帶到華中，而他們對於長江流域的進攻已是迫在眉睫了。㉖

當警覺的官員們在武昌東北大約二百四十里處的羅田縣東面山中，發現了新鑄的刀劍及號召反叛的檄文時，所有這一切都暴露了。這個貧窮困苦的地區，恰好座落在高度商業化的中心地區以外，在那裡定居的人們靠著刀耕火種的原始農業勉强爲生。雖然馬朝柱本人脱逃，但他的許多部衆，包括他的一些親戚卻都被捉拿歸案。在武昌的監獄裡關押著人數衆多的要犯，以至於當局因爲害怕這會引起公衆的騷動，不大願意同時對他們進行審判。然而，

弘曆下令，審判應照常進行。㉗

羅田縣的發現使弘曆爲之震驚。他下達諭旨，將先前未對馬朝柱一伙進行鎮壓的羅田知縣「即行正法」——在同類案子中，這種處罰是一種很少見的情況。㉘對馬朝柱本人的瘋狂追捕，造成了數以百計的嫌疑犯被捕入獄，並將持續多年。然而，馬朝柱卻一直未被捉到（如果他這個人確實存在的話）。㉙到頭來，正如同當局對於僞稿案主犯的狂暴追捕一樣，馬朝柱案件顯然令弘曆相信，清廷已成爲一場大陰謀的目標。

毫無疑問，羅田縣那些陰謀造反的人是將滿人當作外來者看待的，因爲他們對滿清削髮令的違反是蓄意的。根據兩個曾經「受誘惑」而變賣土地加入馬朝柱一夥人的供詞，當人們進入馬朝柱的據點「天堂寨」時，要用嘴舔血（這是爲了表明他們會忠誠於自己的誓言），也要吞服符紙。同時，他們還讓自己的頭髮任意生長，並不再剃光前額。㉚然而，弘曆的反應卻在措辭上極爲謹慎，不管這些人對盛世構成的威脅令他多麼不快和震驚，他卻始終用一種帶有普遍性的標準來看待這種威脅，强調這些謀反者只是在造一個大一統皇朝的反，而不是在反對一個外來人的政權。在不得不承認這裡存在著削髮問題時，他有意突出的是謀反者冒犯了「列祖列宗」：

> 我大清百餘年，深仁厚澤，不意竟有此等覆載不容之梟，獐虺蝮酖，潛毒一至

於此。㉛

值得注意的是，即便在弘曆與行省官員的秘密通信中──更不必説在公開的詔諭中了──他卻從未提及巡撫報告中關於謀反者對於削髮令的違抗。

然而，弘曆極度憤怒的反應，卻不可避免地將他的內心世界暴露了出來。他下令，對那些被捕的疑犯要「備極嚴刑」，但暫時又不要處死他們，以便獲得他們的供詞。㉜甚至在同高級官員的秘密通信中，他也明顯地希望避免提及種族問題。看來弘曆刻意保守秘密的主要動機，是爲了不使公衆的信念受到動搖。他寫道，雖然這些微不足道的叛逆之徒本來「不足爲慮」，但因爲「星星之火，可以燎原」，對他們仍需迅速地予以壓制。而對這一案子本身的情況（他在這裡指的是這一案子的反清象徵性意義）則必須予以保密。㉝不管是在公開或私下的場合，任何人若提及剃髮一事，便都是在自尋麻煩。

在這裡，我們第一次遇到了我所謂的「恐慌因素」：弘曆其實相信，百姓大衆是輕信的，一有政治危機或天下大亂的跡象，他們就會驚恐萬狀，作出暴力的反應。在我們的故事中，弘曆的這種信念一而再、再而三地表現出來，並決定了他那種只要有可能，便避免承認存在著謀反與妖術的政策。這種信念甚至還影響到了官方內部文件所常用的語言──似乎僅僅提及某一罪惡便會在實際生活中造成這一罪惡的發生。於是，作爲一種常規，這也意味著即便是對那些最不尋常的威脅，也不能不用最尋常的語言來加以描述。如果我們可以從弘曆的恐懼中判斷出公衆的情緒，我們就不能不說，這種情緒是變化多端極不穩定的。在一七六八年妖術大恐慌發生的過程中，弘曆的恐懼或多或少地始終存在。在我看來，這就是爲什麼在妖術大恐慌初起時，弘曆甚至在與清廷高級官員的秘密通信中，也避免提及削髮令遭違反一事的原因所在。

不論是在處理僞稿案，或是在對付馬朝柱起義時，弘曆都沒有提及種族問題。儘管富有挑釁性的剃髮問題在這兩個事件中都出現了，但弘曆在處理它們時的最初動向，卻與處理一七六八年叫魂危機時非常相似：他知道，不管「種族層次」的問題對於征服者政權的生存有多麼重要，對此卻只能經由其他的場合來處理。那樣的一個場合很快便爲弘曆抓到了，那就是文字獄：揪住他所謂文人們影射攻擊「滿人根基」的種種文字上的偏差，而對他們大開殺戒。到十八世紀七十年代，這更成爲他在全國範圍內使用的一種手段。弘曆對於剃髮一類公然威脅到滿人統治的問題固然不願公開提及，但在對充其量只是對滿人名譽造成微不足道損傷的文字表達問題上，他卻是一觸即發。在涉及種族時，甚至某種幾乎完全讓人覺察不到的文字偏差，也會讓一個文人喪命。和那些有可能造成群衆性騷亂的大規模謀反案件相比較，弘曆在處理文字獄時，可以隨心所欲地掌握事件的範圍與節奏。在對付此類「謀叛」案件時，他盡可以大聲頌揚滿人的種族尊嚴，卻不必擔心因此會引發出什麼意外。

文字獄的預兆

我們剛剛敘述過的這些事件發生僅僅三年後，弘曆便看到了通過言辭而大興文字獄的有用之處。一七五五年，漢人學者胡中藻被指控利用詩作煽動對滿人的種族仇恨（即便在當時，這看上去也顯得是在强詞奪理）。胡中藻是已故大學士鄂爾泰（鄂是弘曆從他父親那裡承接下來的兩個大學士之一）的門生與派系中的核心成員，並與鄂爾泰的侄子鄂昌常有詩文往來應酬。弘曆對於胡中藻的凶猛攻擊（說他「尚有人心者乎？」），曾被認爲是對於官場派系活動的一種抨擊。㉞然而，這個案子讓我感到驚奇之處，在於弘曆大罵胡中藻「詆謗滿人」，又嚴斥鄂昌的行爲使他不配當一個滿人，並把這兩者連在一起。這就說明，只有把胡鄂案件的兩個面向放在一起考察，才能理解這個案子的意義：在弘曆的認識中，謀叛與漢化其實只不過是同一威脅的兩個不同面向。㉟

在對鄂昌矯揉造作的詩文予以痛斥時，弘曆極爲憤怒地寫道：「滿洲風俗，素以尊君親上、樸誠忠敬爲根本，而騎射之外，一切玩物喪志之事，皆無所漸染。」但是，弘曆宣稱，近來因與漢人文化的接觸，已使得很多滿人因能在詩文上故作風雅而自得其樂，而這對於他們的品質是極爲有害的。先時，滿人雖「未經讀書」，卻懂得「尊君敬上之大義」。盡管孔門儒生亦通過詩書傳學，但他們也將忠孝之道視爲上德。如果讀書只知「剽竊浮華」而「不知教本務實之道」，則這種學問又有何用？弘曆因而警告道，他將對數典忘祖的滿人予以懲罰，並將嚴禁他們與漢人發生詩文上的應酬往來。㊱如果要對弘曆的警告發表評論，則可以說，這種警告也許確實對當時的朋黨活動起了某種抑制作用，因爲滿漢官員之間的詩文應酬，是文人結爲朋黨的主要途徑之一。可是，我們也不能忽視這裡所包含的一個具有實質性意義的訊息，那就是，它同謀叛與漢化是有關聯的。

漢化帶來的腐化

既勇敢又富有生氣，既誠實又不吝豪華，這就是滿族上層人士自我宣稱身爲征服者而具有的美德，也是經精心加工後，征服者在被征服者心目中應有的形象。這些品質不僅在作戰中是致勝的因素，而且也適用於統治這個被敗亡的明朝搞得一團糟的大帝國。然而，爲了要統治這個大帝國，滿人卻又不能不借用漢人的制度並獲得漢人的協助，這就又從一開始，便使得上述這種看似無懈可擊的說法產生了漏洞。

在滿人還沒有越過長城之時，滿人貴族的內部爭鬥，便促使滿清朝廷採納漢人施政及中央集權的種種措施。在那以後，爲了賦予征服者的政權以一種上承天命的合法性，使其以天命繼承者的身份出現，滿清朝廷需要對官化的儒家意識形態予以推廣—根據這種意識形態，合法性統治的基礎在於德行而非種族特性。但與此同時，它又必須保持滿族本身的特質。征服者沒有與被征服者同處，也沒有被腐化，這一點必須保持下去。但在這樣的情況下，征服者又怎能將一種異質文化與他們自己的文化嫁接在一起呢？這是一個無法解決的難題。如果我們進一步考慮到，滿人還必須「進入到」漢人的世界中（更不必說享受其中的樂趣了），那麼，我們對十八世紀滿人所面臨的問題便開始有所了解了。對於弘曆來說，謀反與漢化是互有關聯的危險。然而，漢化的危險更爲隱蔽，因而也可能會使他產生更大的焦慮。對於滿族上層人士來說，乾隆時期（一七三六～一七九六）是一個痛苦的轉折時期。他們面臨的漢化威脅，比以往任何時候都更爲明顯——但卻還沒有明顯到無論做什麼都已無法使之改變的地步了。

八旗精英

當弘曆在位的時間上達到中點時，他在一個統治全國的少數種族集團中高踞於權力的頂端。但這個集團本身並非鐵板一塊。在一小批上層精英與大批窮困群衆之間，已經出現了分裂。在一六四四年征服了中國的軍事群體是由三個部分組成的：除了滿人以外，還有在滿人入關前便已降服他們並加入了八旗組織、居住關外的漢人、以及和滿人結盟的蒙古部落。在這個擁有三十四萬七千名男子以及他們的家庭成員的群體中，滿人本身只占大約百分之十六。到十八世紀二十年代，這一群體中體格强健的男人的數目幾乎增加了一倍，而滿人則大約占其中的百分之二十三。㊲在帝國的總人口中，這只是一個很不起眼的少數（連同他們的家屬在內，到十八世紀中葉可能仍少於人口總數的百分之一）。雖然他們中有數千人擔任著收入豐厚的文武官職，但大多數人則陷於「貧窮、負債與失業」的境地。㊳那些專門留給他們的土地，此刻大部分已落到了漢人土地經營者的控制之下。旗人自己則幾乎全部居住在位於都市的兵營中，而在兵營中，禁止他們與周圍漢人通婚的法令正日益失去效用。在軍事技能不斷衰退的同時，征服者上層人士的文化特徵—尤其是他們的滿語能力—也日益退化。㊴對於普通旗人來說，他們既缺乏一種建立在堅實經濟基礎之上的自我尊嚴，又沒有由軍事威脅而帶來的促人清醒的挑戰，幾乎再沒有什麼東西可以讓他們用來支撐身爲征服民族的驕傲了。然而，對於弘曆來說，弘揚滿族的驕傲卻是一個極爲緊迫的問題。他顯然知道，要保持自己對於官僚體制的影響力—更不必說要保持自身政權對於被征服的漢人的控制了—就必須以滿人能夠繼續維護自身的種族特徵爲前提。在這個滿人正在被漢化的時代，弘曆成了滿族語言和價值觀念的積極倡導者，儘管如此，同時他也是中國文化的熱烈擁護者。㊵

要同時完成這兩項任務，看上去似乎毫無希望。但是，這卻是任何一個統治王朝—不管是由本族人或外來人所建立的—都必須要做到的。領導統治一個國家和官僚們日常管理一個國家是不同的。正是這一點，將征服者與成千上萬管理國家的文職官僚區分了開來。要作爲一個統治者集團生存下去，征服者必須保持自己先前的活力和與衆不同之處。然而，爲了將文職官僚帶入征服者的陣營，同一征服者又必須以儒家文化合法分享者的面目出現。要將排他性與漢化完全孤立區分開來是無法想像的。這就是弘曆作爲滿族首領，同時也作爲大一統中華帝國皇帝所面臨的兩難處境。對他來說，如何將這兩個角色合爲一體，是一件頭等大事。他統治下的政治史正是從這裡開始發生的。

文化的傳播

弘曆在表達自己對滿人素質退化的恐懼時，一般來說，會講到他們正在失去些什麼（如武功、文化資源及個人品質，等等）；但他在講到這些問題的同時，也會表露出對腐化墮落的漢人上層分子的蔑視，並擔心滿人會向他們看齊。旗人應當在勇氣、儉樸、堅毅等方面成爲具有超高水準的典範，而這種水準應是任何漢人（甚至包括那些先輩早在滿人征服中國前就已開始爲其服役的漢軍旗人）所難以想像的。然而，一個接一個的事例卻向弘曆表明，那些舊日的美德正在漸漸褪色。

一個出身顯赫的滿人武弁經由與兵部書役的小心勾搭，向那些頗有野心的旗人出售官位。弘曆把他當作一個例子問道：「我滿洲中，豈有此臣僕？」而更令他感到厭惡的是，滿人中竟有人會刻意尋求這種舒適的職位：

> 朕前令八旗人員，簡用外任，原以爲伊等克受滿洲淳樸素風，共知自愛。且人材弓馬，均有可觀，足爲外省綠營表率，並非僅爲伊等疏通進用之途。

弘曆强調，再不能對於滿人中的無賴之徒表現出特別的仁慈了。在本朝初年那個偉大的時代，道德水準要高得多，這樣的人似乎還值得改造。但隨著滿人人口數目的增加，他們中的許多人已「漸染惡習，浮靡囂薄，殊失國初渾厚之風」。這些人「希圖安便」，已經「幾與漢人無異」。㊶

一個甚至更令人震驚的案子，發生在一位臨時服役於綠營的旗人身上。這個旗人未能平息一場地方叛亂，又不願面對制裁，便懸樑自盡了。皇帝為之大怒。他宣布，錄用滿族人於綠營，是因為他們騎射精進，也因為需要依靠他們「整頓綠營庸劣之習」。㊷這個自殺的人，「身係滿洲世僕」，他本來應該帶兵平息地方上的叛亂，即使因此殉職亦在所不惜：

即偶因拒捕致傷，雖非陣亡可比，朕亦必念其因公身殞，格外加恩。似此畏懼自縊，究屬一死。……滿洲世僕內，又豈應有此庸劣之人乎？此風甚陋。著通行曉諭各省綠旗滿洲官員，嗣後凡一切事務，惟勇往奮勉，以蘄復滿洲舊習，痛戒懦弱怯懼之風。

在弘曆看來，滿人的墮落從他們的語言能力上頗為不祥地表現出來。除了朝中使用雙語的規定外（據此，一定等級以上的文件均需由譯館譯成滿文），一個更為廣泛的假設前提是，旗人對於自身語言傳統的掌握應當如騎射功夫一樣嫻熟。滿語是大清朝在中亞地區權力的象徵。如果邊防衛所的滿人喪失了自己的「文化傳統」，他們就會受到回民與廓爾咯部落的嘲笑。可是，不論是在內地還是在邊防衛所，滿人的語言水準正在急遽下降。地方上的一位八旗總兵就曾爲所在行省用滿文寫就的文件中，充滿文法與用辭的混亂而發出哀嘆。雖然滿文是「旗人根本」，但他們的寫作中卻是「錯上加錯」。㊸這種腐化甚至也在滿人家園內部擴散開來。有一次，弘曆發怒道，在滿洲任職的官員，本來主要是應以滿文來撰寫奏摺的，但他們卻只是使用漢文。「如所奏之事太繁，清字不能盡意，必須漢文者，亦應兼繕清文。」弘曆因而指責這些滿人「竟染漢人習氣，有失滿洲舊風」。在他看來，雖然目前滿文也許還不能完全滿足政府治國的全部需要，但它卻是測試滿人文化完整性的一把尺。㊹

弘曆很自然地將自己推出來作爲一個榜樣。他從不放過任何一個機會，來糾正某一翻譯上的錯誤，或直接用滿語向某一候選官員提問。對於有關軍事事務的滿文詔諭的漢文譯文，弘曆極爲挑剔。準噶爾之役編年史的編撰者在處理譯文時過於自由發揮，使滿文原文「意義盡失」，便受到了弘曆的嚴厲申斥。在這個問題上，弘曆對於忠實於滿文原文的强調，當然不是爲了賣弄學問，而更是將之當作驅邪護身的一種法寶。㊺

除了具有驅邪護身的力量外，在敏感的國家事務，尤其是軍事事務上，滿語還可作爲機密語言使用。一七六七年，弘曆派遣爲自己所信任的皇族成員福靈安（弘曆的連襟福恆的長子）就遠征緬甸之役停滯不前之事進行調查。福靈安送回的奏摺是用滿文寫成，揭露了此役統帥楊應琚和李時升的奏報全屬「虛揑」。楊、李兩人後來均被逮捕處死。頗爲重要的是，在一個以漢人統帥爲調查目標的案子中，使用滿文爲一個本來就相當機密的通訊體系又加了一層保密因素。㊻

江南問題

既恐懼又不信任，既讚嘆不已又滿懷妒忌，這便是滿人對於江南的看法，而叫魂危機正是由江南而起的。在這個「魚米之鄉」，繁榮興旺的農業與蓬勃發展的商業造就了優雅的氣質和學術成就。北京大部分的糧食供應，是經由大運河從江南運來的。因此，幾百年來，帝國的統治者們便發現，他們需要不斷地同江南上層人士爭奪多餘的糧食。同樣令北京統治者感到頭痛的，是如何才能建立起對江南踞傲不遜的上層學界的政治控制。江南的學界精英所期期以求的，並不僅僅是在科舉考試中占有一席之地或獲得高官厚祿。如果有什麼人能讓一個滿族人感到自己像粗魯的外鄉人，那就是江南文人。面對這個久已存在的江南問題，在處理這種愛恨交織的關係時，弘曆以自己的方法表達了自己的看法。㊼

凡在滿族人眼中最具漢人特徵的東西，均以江南文化爲中心：這裡的文化最奢侈，學究氣最重，也最講究藝術品味，但從滿人古板嚴謹的觀點來看，這裡的文化也最腐敗。正是因爲江南文化有著種種非常吸引人的地方，它才對滿人的價值觀念—那種弘曆喜歡想像的價值觀念─構成了威脅。如果滿人在中國文化面前失去自我的話，那麼，江南文化對他們造成了最大的損害。

皇帝本人既爲江南所吸引，又爲江南所排斥。在訪問江南後，弘曆將江南精英文化的一部分移植到滿人在承德的夏都，予以尊崇。但除了精巧與優雅外，江南也意味著墮落與漢化。江南頹廢的文化正在葬送到當地就任的優秀官員們，不管他們本是旗人還是漢人。㊽長江下游的社會既奢侈又腐化，如同糖果腐蝕牙齒一般腐蝕著人們的美德。大學士劉統勛的兒子劉墉（這當然是北方的一個好家族）在剛剛擔任了一任江南學使後，於一七六二年就這個問題提出了一份措辭嚴峻的奏摺。他對江南已然商業化的富紳在力量與影響上超出了政府控制能力的情況作了描述。「生監中滋事妄爲者，府縣官多所瞻顧，不加創艾。」官吏們「既畏刁民，又畏生監，兼畏胥吏」，結果使枉法的人得到開釋，而官府則對極端的行爲熟視無睹。由於地方上層人士勢力强大，府縣官吏爲明哲保身，學會了對麻煩睜一眼閉一眼的精妙技巧。弘曆批示道：劉墉「所奏實切中該省吏治惡習」。江南士民風尚本來便「浮靡喜事」，再加官吏姑息放縱，「遂致漸染日深」，達到了「牢不可破」的地步。

弘曆接著寫道：「近年封疆懈弛，直省中惟江南爲甚，此固非劉墉一人之私言也。」兩江總督尹繼善和江蘇巡撫陳宏謀便是不好的榜樣。這兩人在這一地區任職時間最長（尹繼善六年，陳宏謀四年），但兩人均以「無事爲福」爲信條。兩人都有豐富的行政經驗，但「上和下睦」已成爲他們爲官的習慣。再加「其下屬又大半往年舊屬」，他們已慣於爲之文過飾非。上司對下屬的監督極爲鬆散，以至於貪官污吏敢於串通一氣，「有意延擱公事」。尹、陳兩人對這種混亂局面的形成難逃其咎。如果像這樣的高官能身爲表率，其下屬又怎麼不爲非作歹？他們必須對「怠玩相沿如劉墉所奏」的官吏「據實參處」。如果他們只是以此來對付自己的政敵，則「更難逃朕洞察」。㊾

江南的墮落甚至侵蝕了尹繼善這樣的滿族中堅分子，更不必說像陳宏謀這類的漢族資深官僚了。江南的烏煙瘴氣滲入了各個層次，從省級大員到縣級官員，無不爲之波及。爲使官員們避免受到地方影響而設計的迴避制度，也難以抵制在道德風氣敗壞的長江下游地區長期爲官而受到的侵蝕。如果說，江南文化對滿人來說一個陷阱，那麼，素質本來就差一些的漢族官吏（甚至是最優秀的漢族官吏）就更容易受到感染了。放縱、任人唯親、事不關己、高高掛起、小心翼翼以及優柔寡斷，等等，所有這一切都造成了官員們在與皇帝的通訊中戰戰兢兢、謊話連篇。這就是對滿清政權的完美健全構成了威脅的江南陋習。當我們對一七六八年官吏們在皇帝反妖術運動的巨大壓力下的所作所爲進行考察時，就會對這些陋習有更多的了解。

弘曆在江南問題上的恐懼，又將滿人被漢化的問題與他作爲皇帝的一個更常見的憂慮——行政機構效率下降的問題—聯繫在一起。到弘曆統治中期，從他的言論中似乎透出了一種直接的預感：被漢化的滿人與腐敗的漢人官吏，正在攜手使大清帝國走上王朝没落的下坡路。叫魂危機爲弘曆對抗這種焦慮提供了一個内涵豐富的機會與環境。弘曆可以用極爲輕蔑的語言，爲那些威脅到或背叛了滿人文化特性的人打上記號，以此來廓清並捍衛這種文化特性。他也可以揭露江南那些行爲醜陋、倒行逆施的精英—亦即南方的妖黨術士，透過對他們的鎮壓以去除江南文化的墮落腐敗。㊿但就在這個當口，妖術之風卻正要越出它在江南的發源地，在全國範圍内爆發出來。

第四章　罪的界定

一七六八年七月下旬，炎酷的暑熱籠罩著北京城。紫禁城裡，人們開始爲一年一度向夏都承德的轉移做準備。在那裡，在長城外曾是滿族人舊日家園的山丘叢林之間，有著一片按照江南—亦即弘曆一如他祖父那樣喜歡出遊的長江下游地區—的風格與神韻巧妙設計而成的園林。在近八千畝的土地上，坐落著富有南方情調的豪華宮殿以及令人賞心悅目的樓台亭閣，四周是柳樹環繞的幽靜湖泊。它的輪廓設計頗具匠心，未留下絲毫人工斧鑿的痕跡。位於滿洲的這一小小的江南勝景，由弘曆的祖父康熙皇帝於一七〇二年開始建設，並經弘曆之手大大擴展而成。

在承德度過夏天的幾個月，並不僅僅是爲了擺脫北京城惱人的酷熱。通過到這裡來避暑，皇帝也將滿洲貴族們帶回到了自己的舊日家園，召喚他們重上戰馬，統率他們以當年的粗獷形式，從事大規模的狩獵與操練活動。整個夏季，生活中的幽雅會在這裡被勇武剛烈所取代；同時，不管多麼短暫，定居生活的積塵，也會在這裡被這些征服者抖落足下。但在這通向北方草原森林的大門口，上層政治活動仍在進行。來自亞洲內陸各藩屬的王公酋長在這裡拜見大清皇帝，重申他們對大清帝國的依附。在這裡，弘曆大事鋪張地對於亞洲內陸的喇嘛教信仰予以贊助，而這對於大清帝國控制蒙古與西藏是至關重要的。爲了向喇嘛們示好，弘曆修建了西藏風格的宏偉寺廟。當我們的故事發生之際，弘曆已開始建造以拉薩布達拉宮爲原型的龐大宮殿，以備兩年後中亞各國王公酋長來此慶祝他六十壽辰時的朝拜活動之需。這個大清帝國奇特的夏都，這個集滿族陽剛氣概、江南矯揉風格以及中亞外交活動爲一體的合成物，距北京城只有四百里。兩天的時間，便足以讓一位信使將留守北京的軍機處所提交的報告送達承德，再將皇帝的詔諭帶回北京。大清帝國的種種公務仍在不間斷地進行著。

源於南方的罪惡

這一年，正當朝廷的夏季活動將要開始之際，弘曆收到了幾份機密情報。關於他究竟是如何發現山東的情勢的，在七月二十五日的那份上諭（他就是在其中首次提到山東的案子的）模糊混沌的開頭中，被小心翼翼地掩蓋了起來。這一上諭，是由大學士傅恆、尹繼善和劉統勛起草，並下達給浙江、江蘇（包括地涵三省的兩江總督）及山東省官員的。上諭中寫道：

聞江浙一帶有傳言起建橋座，因而偷割髮辮、衣襟等物，稽墊橋樁，以爲魘勝之用者，流傳並及山東地面，其言甚爲荒誕，或係市井剪綹匪徒，借端揑造，冀得逞其鼠竊伎倆，亦未可定。但此等造作訛言，最易煽惑民聽，理應留心查禁，以杜澆風。著傳諭各該督撫飭屬，密行體察，如果有此等情事，即行嚴拏重治其罪，否則將倡播之人查拏一二，嚴加懲治，以儆其餘。並須不動聲色，妥協查辦，不得任聽胥役人等，從中借端滋事，致累閭閻。①

這真是一個奇特的文件。讀了它，我們對於皇帝陛下真正相信的是什麼仍然不甚了了。儘管他認爲種種路途流言「甚爲荒誕」，但他仍然相信，可能有人在惡意散佈這些流言。那麼，他是否相信真是有人在從事妖術活動呢？不管他可能相信些什麼，有一點是清楚的，亦即在他的腦子中占首要地位的是恐慌這一因素。百姓是輕信的，最容易受到「煽惑」。因此，官員們不僅需要對流言的散佈者予以壓制，更需要在這樣做時不使百姓受到驚嚇。這個文件的最後一個奇特之處，在於它把普通百姓關於妖術的說法中有關「建橋座」與「割髮辮」的概念連到了一起。不管弘曆在南方的消息來源是誰，那人是聽說過德清石匠與蕭山和尚的故事的。同時，這也是大清帝國第一份將妖術與削髮問題聯繫起來的文件。

資訊是一種權力與力量，但也與安全有關。正如同弘曆有著從山東獲得訊息的途徑一樣，山東巡撫富尼漢看來也有著從朝廷獲得訊息的管道。就在弘曆批准妖術案首份上諭的前

承德（夏都）附近的皇室狩獵場。

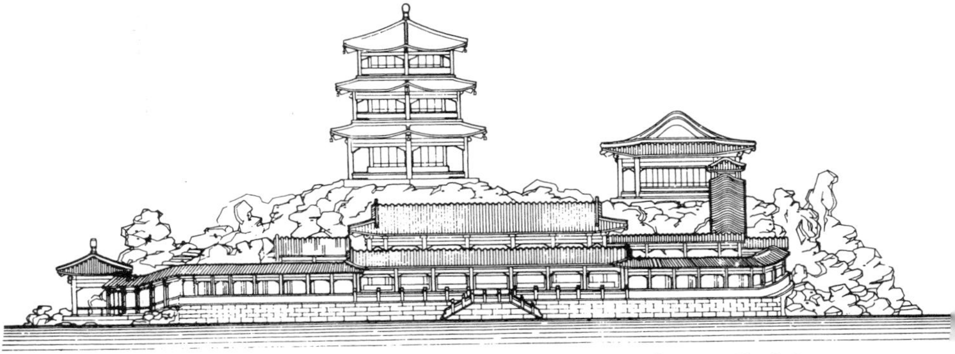

承德金山寺，自左至右約五十三公尺。該寺係弘曆的祖父玄燁根據江南風格，仿照江蘇鎮江金山寺建造。

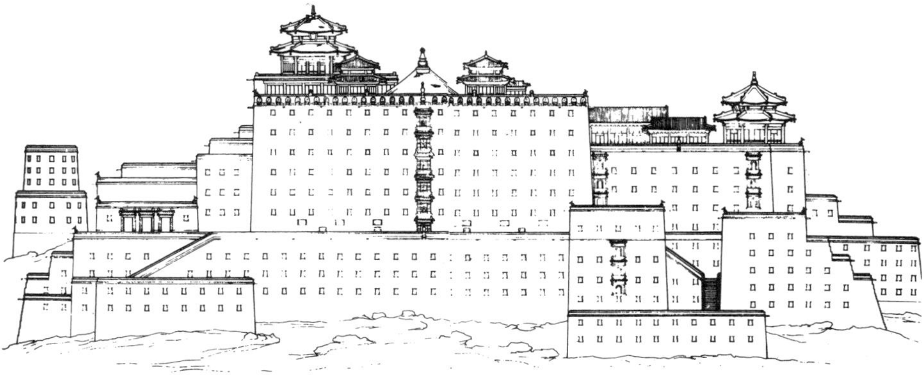

在承德仿照西藏布達拉宮風格建造的宮殿，在一七六七年動工，竣工於一七七一年。自左至右約一百四十三公

一天，即七月二十四日，富尼漢發出了關於割髮辮的第一份奏摺。這看來不大可能僅僅是出於巧合。更有可能的是，這份奏摺是一份爭取先機的報告。掩蓋資訊，是發生於皇帝與官僚之間的一個嚴重問題。要使地方上令人煩惱的妖術事件不爲皇帝所知，就要冒皇帝會從流言的網絡獲知這些事件發生的某種風險。一旦富尼漢獲知弘曆已經知道了這些事件，只有迅速作出報告，才能使他免於欺君罔上的罪名②結果，富尼漢奏摺中的故事越出了有人散佈「荒誕」流言的範圍：世間竟然真的有人在嘗試妖術。

在山東發生的案例

富尼漢一直在爲執行皇上確保當朝安全的任務而奔忙。他在陰曆五月（陽曆六月中旬到七月中旬）聽說，省府濟南發生了「剪人辮髮，其人即昏迷之事」。他認爲，這是一種「邪術」，應當迅速對之採取行動。於是，他立即下令要地方官秘密進行調查，並撒下了捕捉正犯的天羅地網。後來，富尼漢到山東南部城市兗州閱兵，又從他治下的兩個縣的地方官那裡得知，有姓蔡與姓靳的兩個乞丐因剪人髮辮而被逮捕。這兩個縣西臨大運河（南方的糧食就是經由它而運往京城附近的大糧倉），東靠從杭州通往北京的大道。③富尼漢下令將這兩個人連同他們的受害者一起帶到兗州衙門，他要親自審訊他們。他後來在給弘曆的奏折中報告說，這兩個人作了我們將在下面引用的招供。他們的供詞爲官員們提供了一個窗口，使他們得以窺見那個妖術猖獗的黑暗世界。在這些供詞中，妖黨主犯的身份第一次被揭露；政府採取大規模鎮壓妖術的行動，也正是以這些供詞爲基礎的。④

蔡廷章初識魂魄之力

乞丐蔡廷章來自四川。他奇特的歷險記是從他遠離家鄉暫住北京時開始的。在北京城，他栖居於西四牌樓隆長寺，依靠賣字勉强度日。在那裡，他認識了一個名叫通元的僧人。後來，因爲實在活不下去了，他離開了北京去南方。三月末或四月初，他在運河邊的揚州城外又遇到了通元。和通元在一起的還有另三個和尚，即他的徒弟怡興、怡德和怡安。通元告訴蔡說，他知道浙江省仁和縣有幾個術師，一個姓張，一個姓王，還有一個是名叫吳元的僧人，精通神奇法術。他們先以迷藥彈人之面，當那人昏迷之際，便乘機剪去那人的髮辮。然後，對著被剪下的髮辮口念咒語，即可攝得那人的靈魂。再將剪下後帶有靈魂精氣的髮辮扎在紙人紙馬上，便可以用它們來獲取別人的財物。通元還告訴蔡乞丐，在浙江，僧人吳元已經集合了十六名同黨，有的是僧人，有的則是俗人，每個人都經常外出發展更多的人入夥，參加剪人髮辮。顯然，一個規模頗大的地下網絡正在南方擴散發展。

按蔡乞丐的供詞所述，通元說服了蔡乞丐也加入他們一夥，並教給他如何使用迷藥的方法—這是中國妖術的一個基本特點：妖術的力量在於任何人都可以學到手的技巧。通元、蔡廷章以及通元的徒弟怡安又一起上路北行，希望能在路上剪人髮辮。當他們到達山東省鄒縣的一個小鎮中山店時，蔡乞丐從通元那裡得到了一些迷藥。他隨後便去了一家小飯鋪，看到一個當地人郝國坦正在買飯。蔡乞丐將迷藥彈向郝的面部，並取出小刀企圖割取他的髮辮。可是，郝卻並沒有被迷倒。他和一群憤怒的當他人追上了蔡，並召來縣役將其逮捕。可是，僧人通元卻在一片混亂中失蹤了。

靳貫子路遇算命先生

乞丐靳貫子原籍山東省濟南府屬下的章丘縣。不久前，在附近的一個道觀中，他遇到了過去便相識，來自江南的算命先生張四儒。伴隨著張先生的還有三個山東人。張先生告訴靳貫子，在安徽宿州有個石莊鎮，鎮上有座青龍寺，寺裡住著一位名叫玉石的僧人。此人懂得割人髮辮的法術，能夠將髮辮與紙人紙馬扎在一起，用來取人錢財。張四儒隨後便邀請靳貫子入夥，並給了他一把刀和一包迷藥，要他轉走四處割取幼童的髮辮。在這幫人分手後，靳貫子一路走到自己家鄉章丘縣屬下的商鎮蕭莊集，在那裡迷拐了一個名叫靳玉子的幼童，並强行雞姦了他。七月一日，他到了嶧縣，又剪了另一個名叫李狗兒的幼童髮辮。過不多久，他便被縣裡的差役拿獲了。

在給皇帝的奏摺中，富尼漢注意到了一種不祥的可能性：妖術的源頭雖然一個在浙江，一個在安徽，卻可能是產生於同一根源。也許，一個危險的密謀者正潛藏在這一地區的某個地方。在他心中隱隱產生了一種懷疑：術師們將自己手下的一幫人派往各處，並迷誘或煽惑人們加入妖黨，也許並不僅僅是爲了謀取財物。於是，這位小心謹慎的巡撫又分別向浙江、江蘇、安徽各省巡撫以及兩江總督送去了密信。他還下令將人犯押往濟南，由省裡按察、布政兩司再行審訊。同時，在報告逮捕這些人犯的奏摺之外，他還附上了對他們進行初審時錄下的供單。⑤

富尼漢並未將這些人犯的罪行僅僅當作妖術來處理。他的建議是，這些罪行所涉及的，遠不止偷取財物，在他看來，妖黨的最終目的是謀反，也許還會佐之以在公衆中製造混亂。事實上，維護公共秩序正是《大清律例》中禁止妖術的明顯原因。然而，值得注意的是，身爲旗人的富尼漢對於髮辮所包含的政治象徵意義，卻從未有過任何提及。這是否因爲只有剃光的前額才被認爲是削髮令的關鍵性象徵？以新近發生的一系列事件爲背景，我認爲不能這樣來看待這個問題。富尼漢一定知道，任何事情只要涉及到削髮令，便具有了爆炸性。可是，他並不想自找麻煩。種族的問題最好還是讓別人去談吧！如果說，甚至連弘曆本人在同各省官員的秘密通信中對此都緘口不提，那麼，一個區區巡撫，又何必要提及這一點呢？

拿獲蔡廷章和靳貫子還只是事情的開端。富尼漢屬下的知縣們很快便報告道，又有更多剪人髮辮的案子在山東鄉村地區發生。這些案子又更清楚地顯示出，確有妖黨潛藏在長江下游的各個省份。富尼漢於八月十一日奏報道，有五名剪人髮辮者被捕，每個人的供詞都在江南引出一個不同的大術士。一個窮極潦倒的讀書人韓沛顯在被捕後，引起了官府莫大的興趣。⑥

韓沛顯拜請術士為師

韓沛顯告訴拘捕他的人說，他今年四十一歲，是與山東相鄰的直隸省一位舉人的兒子。因家中貧窮，他被迫來山東找尋生計。在過去這幾年裡，他一直在離省府大約二百里的沂州青州一帶行醫教書。一七六七年，時值初秋，他聽人說起江南有個明遠和尚，醫道甚好。他便遠途跋涉，到地處江蘇省濱海地區的海州三教堂去拜訪和尚。見面後，明遠和尚對他表示歡迎，並告訴他，自己頗有法術，要他也拜師入夥。

「他善使障眼法，」韓沛顯繼續招供道，「他在銅盆裡放了水，加上藥末，給小的洗臉，又給小的一塊白布擦了擦眼，就看見高堂華屋，……金銀財寶，都是富貴氣象。」就這樣，韓沛顯完全被迷住了。幾天後，明遠和尚對韓說，他要「叫人去剪一萬個人的髮辮，取萬人魂，造萬魂橋」。他又向韓作了示範，教他如何將藥末彈到別人身上，便可令那人著迷。然後，只需要割下那人兩三指長的辮梢，貼在用五色紙剪成的紙人紙馬上，「用七隻缸盛著，念咒祭他七七四十九天，再用活人血點了」，紙人紙馬就變活了。再然後，便可以將他們派出去取人財物。到一七六七年十一月下旬，明遠和尚指派韓沛顯和自己的另一門徒法空一起外出，並給他們每人發了五百大錢和一包迷藥，要他們另找幾個朋友幫忙一起剪人髮辮。明遠和尚還和他們約定，第二年的八月底再回到廟裡碰頭。

韓沛顯和法空出發後，向北朝山東一路走來。但他們卻因「怕人查拿」，而遲遲不敢下手。兩人在山東境內走了兩百多里，到了沂水縣，還是什麼都沒有幹成。他們在那裡分手後，韓沛顯一個人往西北方向走去，到了博山一帶，又重操舊業靠行醫爲生，而他那施展法術的任務看來則被擱到了一邊。一七六八年六月四日，他在當地的一所道觀遇上了法空。法空馬上就追問他，剪髮辮的事進行得如何了。韓只得應承說，自己立即就去做這件事。六月七日，他「在萊蕪縣城南剪了一個十四五歲孩子的髮辮」。六天後，他又如法炮製，剪了一個正往田頭送飯的孩子的髮辮。六月十六日，他去泰山腳下的泰安縣城，將剪下的辮梢交給了法空。七月十九日，他遇到了另一個十四五歲的孩子，正站在一棵槐樹下，便「近前用藥彈了一彈，他就迷了」。可是，正當韓將剪下的辮梢放入隨身的褡子時，村民們趕來將他抓住，又把他送往縣衙門處置。

李紹舜淪於妖人為奴

李紹舜四十三歲，是一個窮雇工。有一次，主人派他送一百五十兩銀子給東昌府的一位糧食商人，以歸還所欠購買黃豆的款項。李紹舜遵照主人的吩咐辦了此事，並在城裡住了一夜。第二天，他在回家的路上遇到了一個身背錢褡的男子詢問他的姓名住處。說話之間，那個陌生人轉身取出一些粉末向李的臉上撒去，李頓時便「糊糊塗塗」地跟著那人走了。當他的腦袋略爲清醒時，他意識到自己是著了迷魂藥，便開始求那人饒命。那個陌生人要李紹舜拜他爲師，並對天發誓，若是他敢反悔的話，便會遭到天打雷劈。那人隨後又在李的背上拍了一把，李便清醒過來了。那個術士還告訴李紹舜說，他的法力很大，如果李「膽敢逃走」或「說出情由」，他便會作法勾魂，要去李的性命。他給了李一把月牙形的小刀，叫李夾在右手，同時，又從包中取出一把黃色的藥末給李。李紹舜趕上一個正在行路的年輕人，從背後用藥末撒他，又用刀子割去了他的辮尖。那位受害人竟對此毫無知覺，李紹舜因而得以完命而返。

那位術士隨後與李紹舜到一棵大樹下休息，他這才告訴李說，他姓劉，是江南卞橋人。可是，他並未說出自己的名字（因爲他頭是禿的，李便稱他爲「劉禿子」）。他還告訴李，自己是在江南學得的法術，同他一夥的還有四五個人。他本人扮作一個過路醫生，到山東來的一路上割了好幾個人的髮辮。李又問他：「割辮子何用？」他叫李「只管跟他割了，日後自有好處」。走不多久，這兩人又在路上遇到了劉禿子的兩個同夥，他們四人便在一塊高粱地裡歇下避暑休息。一會兒，劉禿子又命李進到附近的一個村莊裡，去割取村裡正在街上歇晌的人們的髮辮。然而，李紹舜進到村裡後，卻害怕了。當他轉身離開時，一位村民喝問著趕了上來。李怕不能脫身，便回身用手裡的藥末向那人撒去，那人跌倒在地上。李扔掉手中的刀子，倉惶逃去。可是，他很快便被追上來的村民們抓住了。他馬上就將自己被人迷住爲奴的事告訴了他們，又引著他們到高粱地去抓劉禿子。劉還想用刀子抵抗，但還是被制服了

（另兩個同伙則逃走了）。村民們隨後將劉、李二人押到村裡的廟中，整整看守了他們一夜。第二天一大早，村民們將兩人捆上，用車子推往長清縣城報官。一路上，村民們未讓他們喝水。當天下午，還未到達目的地，劉禿子竟在路上熱死了。李紹舜在受到審訊時中辯道，自己並非術士，而是被迫拜劉禿子爲師，以求活命。

除了將韓沛顯與李紹舜被拘捕之事報告給皇帝之外，富尼漢在八月十一日的一份奏摺中還說，他屬下的地方官員們又抓住了另外三個剪人髮辮的傢伙，而他則要將他們的案子一一向皇帝報告，並附上了他們的供單。一個名叫張成先的化緣道士一次遇上了另一道士，那人要他割人髮辮，說每割一條就給他三百錢，並教他說：「把藥放在指甲縫裡，向人面上吹去，人就迷了。」另一個乞丐，名叫張玉。一次，一個坐在槐樹下乘涼的人讓他吃了一口煙，便把他給迷住了。等他醒來後，那人正對他念誦咒語，他萬般無奈，只得聽從那人的指派。還有一個飢腸轆轆的乞丐，人稱胡瘸。一個和尚嚷他去割人髮辮，每次付他一百錢。富尼漢在奏摺中指出，這些人犯中，除韓沛顯外都是窮人。他們或是被强迫，或是收受了錢財，而入了妖黨。他們中只有韓一人到過長江下游地區，而這些可惡的勾當正是在那裡開始發生的。所有的跡象都表明，一個跨越省份的犯罪集團，正在各地吸收當地人從事活動。

事實上，從現有的材料中，已經可以得出不少線索。在山東被逮捕的幾個正犯，都是由術師召納入夥的，並大都來自南方。三名名字已可確定的術士（不包括已死的劉禿子），都同神鬼世界有特殊的關聯。他們的身份或爲和尚，或爲算命先生（如張四儒）。其中兩個召人入夥的術師（和尚通元和算命先生張四儒），又都是由潛藏於南方的大術師召納入夥的，那就是浙江的吳元和皖北的玉石。他們在山東所吸納的人員，大都是從事這類勾當的門外漢，只學到用濃烈的迷藥來剪人髮辮的某些手段，但卻從未被允許接觸大術師們的深層秘密。很明顯的，當局對此事的處置決不能僅僅滿足於逮捕這幾個小嘍囉，而必須追蹤逮捕那幾個大術師本人，從而挖出罪惡的根源。通過對於山東這幾個人犯的審訊，已經得到了其中兩個大術師（吳元和尚和玉石）相當詳實的地址。對於算命先生張四儒，只知道他是來自江南。而通元和尚，則最後是在江北大運河邊的揚州爲人所見。至此已可知道，這些陰謀分子分爲三個等級：

大術師	處於中間的術士	剪人髮辮者
吳元	通元	蔡廷章
玉石	張四儒	靳貫子
？	明遠	韓沛顯

七月二十九日，弘曆向各省總督巡撫發出了一份緊急詔諭，宣布山東逮捕了若干人犯，命令對大術師予以追捕。弘曆現在認爲，在山東所發生的妖術案件，並不僅僅對長江下游各

省，也對整個帝國構成了威脅。根據這種看法，弘曆的命令是發給全國各地總督巡撫的。那麼，弘曆對於叫魂事件的威脅究竟是如何理解的呢？他又是以什麼爲基礎，對各省官僚機構進行動員，以應付這種威脅？這些罪犯「行蹤詭秘」，利用妖術來「迷誘善良」，因而構成了地方上之大禍。在這裡，弘曆描繪了一幅皇帝保護百姓免受鬼怪力量之害的圖畫。在這一說法的背後，有著頗有堅實的法律基礎，那就是《大清律例》中不少針對妖術的條款。⑦

《大清律例》中有關妖術的條款

清政府在帝國禮法生活中占據著統治地位，可是，它竟還會將妖術視爲一種威脅，這實在令人感到奇怪。然而，正如刑律在這一問題上的嚴厲條款所證明的，清廷確實是將妖術當作威脅的。毫無疑問，禮法的首要使命，既是要確證清廷是因上承天命而得以統治天下，也是要在所有層次上，使清廷的國家權力神聖化。正是由於這一點，清廷便需要對自己同天國進行交流的特殊權利予以特別的保護，同時也下決心，對別人與神鬼世界發生交流的行爲進行控制。然而，《大清律例》卻沒有直截了當地提及關於妖術的恐懼。妖術並未被單獨列爲一項，而是放置到了有著廣泛含義及關聯的許多條款與子條款之下。以下，我將對《大清律例》中和處理神怪世界有關的條款內容作一概括。由此我們可以看到發生於一七六八年的案子究竟觸犯了那些條款。⑧

《大清律例》中包括有禁止妖術內容的條款如下：

十惡
—不道
禮律（亦即在禮部管轄權限下的犯罪行爲）
—祭祀
—儀制
刑律（亦即在刑部管轄權限下的犯罪行爲）
—賊盜
—人命

「十惡」條款下的妖術

「十惡」先是在《大清律例》的序文中被提及，而後又在其它條款中重複出現。所謂「十惡」，是一些有關大原則的聲明，而並不是直接讓執法者援用辦案的。由於這種特殊地位，「十惡」是中國法制思想中，最爲深刻的文化層面的一種象徵，其內容則幾乎完全是從公元六五三年頒布的《唐律》中吸納而來的。被我們稱之爲「妖術」或「邪術」」）的行爲，在《大清律例》中歸在懲罰各種「不道」行爲的子目之下：「採生折割」—亦即「取生人耳目臟腑之類，而折割其肢體也」；以邪術「造蠱」殺人（這同使用有毒草木之類的毒藥殺人是有區別的）；以及「造魘魅符書」，以之咒詛殺人，等等。所有這一切，都是以個人而非國家爲對象的陰謀活動。⑨如果說，人們對於妖術的反感應當在《大清律例》的序文反映得最爲强烈，那麼，在讀到《大清律例》以下的內容時便會發現，這種反感具有驚人的非政治性質。

禮律條款下的妖術

在禮律條款下，針對「妖術」的司法活動大都被歸到了「祭祀」名目之下。在其中的第一六二號案例中，應予禁止的「師巫」（「巫」是一個與薩滿教有關的名詞）及「邪術」包括：㈠假借邪神；㈡書符咒水；㈢扶鸞祝聖；㈣妄稱彌勒佛、白蓮社、明尊教、白雲宗等會，一應旁門左道之術；㈤隱藏圖象，燒香聚衆，夜聚曉散，佯修善事，蠱惑人民。⑩反對官方祭祀活動的罪行，也和「祭祀」條款放在一起，這就清楚地表明，凡以祭祀爲手段而追求不同於官方的神靈崇拜、或和未經官方批准的神靈發生交往的行爲，都是「祭祀」條款的打擊目標。

那麼，「祭祀」條款的制定者，對於上述禮儀性冒犯行爲的恐懼究竟有多深？他們是否真是因爲民間存在著和神靈世界交往的不同管道而感到恐懼？十八世紀早期的一位輯注者沈之奇的看法，提供了不同的答案。他寫道，「祭祀」條款所强調的是「煽惑人民」這一因素：小民百姓若是受惑於異端邪說，便可能會產生思想「搖動」，從而引致「蔓延生亂」。

⑪他想告訴我們的是，國家的關注重心，其實在於社會秩序和國家安全。毫不奇怪的是，「祭祀」條款提供了一種法律的標尺，從而爲針對左道旁門行徑的一系列子條款提供了依據。在中國帝制晚期——尤其是在一八一三年八卦教叛亂後——當局在對所謂顛覆性的民間組織殘酷無情地起訴定罪時，便都是以匯集在此的這些子條款爲依據的。雖然《刑案匯覽》的編纂者選擇案例的依據，是案子在法律上的重要性，而不是某一種案子發生的頻率，但在二十四個入選案例中，仍有二十個涉及到左道異端行徑。這是頗能說明問題的。⑫

然而，他們不能據以認定，「祭祀」條款僅僅與國家安全有關。值得注意的是，十九世紀早期，這一條款曾經被用來對兩起涉及和尚改扮異性的性變態行爲起訴定罪。第一個和尚身著女子服裝，而騙得一位已婚女子與他通姦（他還試圖欺騙另一女子，但未得手）。第二個和尚則捲入了一場三角同性戀，此事最後以一位戀人向官方舉報他而告終。兩個和尚都因以妖術手段「惑人」而被定罪。這就表明，審案者認爲，這種改扮異性從事性誘惑的行爲極不合人之常情，已足以使其適用針對妖術的條款。⑬

在「祭祀」名目下對妖術定罪的做法，傳遞了一種複雜的訊息：在清廷看來，凡未經授權便與神靈發生交往，便是對於公共秩序的一種威脅，因而需要動用「祭祀」條款來對付此種邪行。然而，在涉及到個人受到傷害的案子時，「祭祀」條款又被認爲有助於受害者得到某種補償——至少，當被告使用不合人情的性誘惑手段時情況便是如此。在這兩個方面，國家對於非法與神靈交往的行爲究竟是否存在或是否有效，所持的是一種不可知的立場，這從有關案卷中「惑衆」說法占有突出地位這一點上表現出來。在對妖術案件起訴定罪時，官方稱其抨擊的主要目標是這種行爲的社會後果。然而，對這些邪行定罪，實際上又被歸到「祭祀」的名目之下。這就表明，大概正是與神靈世界的非法聯繫這一點（不管這種聯繫是真實的還是假冒的），才是問題的實質所在。

和「祭祀」條款將重點放在與神靈交流上的做法形成對照，「儀制」條款所强調的是人的具體禮儀行爲。這一條款對官員們在正式典禮中的行爲舉止及冠服、並對宮廷星相家們所應遵守的規則作出了規定。在這些規定中，有一條是禁止術士居於「大小文武官員之家」並從事預卜活動—尤其是禁止他們預言「國家禍福」。官方輯注者批道，這種行爲構成了「干涉國家之事」，會造成「凡人即起趨避之念」。⑭雖然《刑案匯覽》中並未包括這方面的任何案例，但康熙時期的一項子條款，明文禁止無官方身份之人「習學天文」，妄言禍福，並以此「惑衆」。這就說明，這絕對不是一條時效已失的條款。⑮「惑衆」的說法在這裡再次成爲一種掩護，不致使《大清律例》看似承認術士們實際上和神靈世界之間有所聯繫。

刑律條款下的妖術

根據「儀制」條款對試圖預卜未來的術士的懲處，相對來說還是比較輕微的，只是杖責一百下而已。但當我們進入《大清律例》中處置「謀反」和「賊盜」的部分時，同樣的行爲便可遭致死刑的懲處。《大清律例》中，在「謀反」與「謀叛」後有這麼一條，「凡造讖緯妖書妖言及傳用惑眾者，皆斬監候」。制定於一七四〇年的一項條款，又將處罰大大提高爲「斬立決」，這就同對於謀反的處罰一樣了。⑯據稱，兩者的區別在於意圖。爲「儀制」條款所禁的術士只是騙子，他們對社會所造成的危害，也只帶有隨機的性質，但因爲具有「煽惑人民」，陰謀煽動叛亂的意圖，他們仍然受到了「謀反」的指控。問題看上去非常嚴重，但實際上，這一條款似乎只被用來起訴一些微不足道的案子——大多數涉及的，只不過是未經許可，便擁有用於治病或自保的符咒。而當這一條款被用於這些案子時，往往也只是比照援用，而不是直接引用。⑰我們只能猜想，所有煽動叛亂的重案，都是依據「祭祀」名目下對付左道異端行爲的條款處理的；而陳舊的「儀制」條款（最早可追溯到公元七世紀）則在相當程度上已經過時了。

在「殺人」這一部分，與處置妖術有關的有三項條款，其中前兩項是「十惡」有關條款的重複。第一項是「採生折割人」。⑱這一罪行的極度恐怖性質，可以透過對它的懲罰——「凌遲處死」——而顯示出來。這樣的懲罰，同殺死自己的父母與祖父母是相同的，甚至和謀反的處罰也是一樣的（對謀叛的處罰僅爲斬首）。如果受害人只是受傷而未死，懲罰依然相同。如果罪行「已行而未曾傷人」，則懲罰僅僅爲斬首。官方的「批語」將「採生折割人」同殺人後肢解屍體作了區分。後者只是出於對受害者的仇恨，而前者則是「殺人而爲妖術以惑人，故特重」。

看到「惑衆」的說法被用於如此恐怖的罪行，似乎令人感到奇怪。這一條款是否是用來抵消妖術的社會效果?或者，它是用來對抗以妖術散布社會混亂的行爲?《刑案匯覽》中提供的唯一案例，說明問題的答案並不在此。這是在浙江發生的一個案子。一個七十歲的老頭因爲汲取了十六名女嬰的「精髓」（其中十一名女嬰因而死去）而被定罪。很顯然，老頭汲取「精髓」時，實際上並沒有使用什麼妖術，這可能便是法官審訊此案時，以類比方法援引了「採生折割人」條款的原因。就這一案子對人們情緒的影響而言，它和我們前面敘述過的其他性犯罪案子是相似的，只是這個案子甚至更令人作嘔。這件事完全是反常的，因而只有處置妖術的條款，才能提供最接近於適當的懲罰。嘉慶皇帝在關於此案的一份言詞激昂的詔諭中，使用了「人妖」一詞（即是將用來形容術士的「妖人」兩字顛倒了過來）。[19]人們這麼做時，完全沒有想到「煽惑人民」或社會混亂，而只有對於這起超乎一切常理的罪行的極度反感—只有用處置妖術的條款，才足以對如此違反人性的罪行作出懲罰。[20]《大清律例》的編纂者們還征引了一些相關的案件，其中包括，用符咒「騙誘子女」以汲取他們的身體精髓，以及覓取孩童的屍體後「煮炙合藥」，等等。在發生於十八世紀的一個案件中，一名男子殺死了某人，以便取用他的膽囊來調製治療麻瘋病的藥物。「採生折割人」條款便被援用對此人定罪。關於這一案子的文件並未提及此案涉及妖術，而援引的法規條款，看上去卻是用來對付妖術的。㉑這些罪行的違反人性、甚至近於食人生番的性質，顯示出犯案人已觸犯了一系列基本的人間禁忌。那麼，這是否又反過來暗示，這些罪行和超自然世界其實是有聯繫的，而依據妖術條款對它們定罪也就是正當的呢？雖然官方處置這些案子時曾用「惑人」的說法來抵消妖術的效力，但就案子對公衆的影響而言，官方也認爲，這些案子和妖黨術師爲納人入夥而大肆「煽惑人民」，並因而依「儀制」條款被定罪的情況是很不相同的─在那些案子中，黑暗世界的力量很明顯地是在發揮作用。

第二八九款所處置的罪行包括：製造和使用從有害昆蟲處獲得的邪毒（造畜蠱毒）、以符咒害人以及將被迷惑之魂强加於人（「魘魅」）。㉒官方的批語對這些罪行所涉及的技巧有專門的說明，其中包括：描畫或製作仇人的人形，而後再刺其心目；在印章上刻上符咒再予以掩埋，以此來「招鬼」，等等。批語還特別指明，此類罪行均應依據預謀殺人的條款來起訴定罪。

但《刑案匯覽》事實上並未提供依據這一有關妖術的特別條款起訴定罪的案例。㉓在《大清律例》批語中所提及的下毒案子，涉及使用的都只是普通的化學毒物，而不是超自然的毒品，因而這些案子實際上均是依據其他條款被起訴定罪的。根據這方面案例資料明顯不足的情況來判斷，到中國帝制晚期，有關用邪術害人的古老法律條款（它同「十惡」第五項「不道」是相呼應的）已經不被使用了。雖說顯然仍有人相信爲這一條款所禁止的妖術行爲

是存在的，但這種行爲已不再是官員們在審案時會加以考慮的問題了。㉔

國家與超自然力量

國家與妖術對抗時目標模糊不清的情形，反映了它在對待超自然力量的問題上的立場曖昧不明。一方面，國家本身經由許多途徑建立了與神靈世界的種種聯繫。它有著自己的天地崇拜，並在爲自然神靈歸類的同時，也爲那些已被融入自身宗教體系的民間神靈歸類。國家一直透過宮廷星相家從事著解讀天象的活動。因此，國家很難全盤否認人與神靈之間存在著聯繫的現實；另一方面，國家若公開加入與之處於競爭地位的不同天地崇拜的爭鬥，那就只能意味著它承認了它們和神靈世界存在著有效聯繫，從而會大大提高它們的地位。《大清律例》所使用的語言及其中包括的各種批注和案例，都無可置疑地表明，確有人在從事妖術活動。然而，這在實踐中又不能不被說成是一件辦不到的事情：那些人呼喚神靈而神靈不至，他們的目的只是在於「誘惑」民衆加入非法團體或參與謀反。

在所有涉及到妖術的條款中，關於「惑衆」的說法始終佔有突出的地位。我們只能推斷，這種刻板做法意在表明，國家既否認有對抗地位的神靈存在，也否認它們的力量。可是，國家將針對妖術的法規明確地置於「祭祀」名目之下，這就又揭示，若和普通人看待人類活動時精神世界深刻的內在分裂相比較，這種否認其實是多麼脆弱。在《大清律例》中，以「謀反」罪名對於妖術所作的指控最爲嚴重，但這其實只是一種認識觀念上的罪行（試圖預卜未來）——更何況，即使是這種指控，也被上述「惑衆」說法加上了一道冠冕堂皇的保護色。

我相信，我們可以從這種將叫魂行爲諸「惑衆」的說法中，發現恐慌因素的最重要根源——這種因素在弘曆如何同時應付妖術和削髮問題的故事中，占有極爲特別的地位的。普通百姓在上蒼與實際政治之間，產生一種調停連接的作用。一個沒落王朝若是失去了天命，其訊號便是民間的動亂。反之，一個王朝若屬天命所繫，其象徵便是百姓的安居樂業。從這一意義上來說，妖術可被視爲帝王上天崇拜的一種「黑色」對立物。合法的祭祀會使百姓產生國家穩固，並會給他們帶來好處的信念；同樣，妖術會給人造成不穩定和大難臨頭的印象。問題的表述與它所代表的現實是不可分割的。如果有人問起：妖術實踐是否「真的」會削弱國家對社會的控制？這實在是不得要領。真正重要的應是百姓對於妖術的反應。民間的動亂如同天象，是上天不快的跡象和手段。既然言詞可以既是跡象又是手段，那麼，我們對於政府爲什麼連在內部通訊中都要小心翼翼地對待恐慌因素，便不會感到驚奇了！確實，如同《大清律例》的輯注者所注意到的，這種場合恰巧會導致「凡人即起趨避之念」。㉕

然而，國家之所以關注妖術問題，卻並不僅僅是出於對自身政治安全的考慮。「妖術」這個詞也被用作一種比喻，以便將特別殘忍恐怖並涉及到某些最大禁忌（如食人生番）的罪行顯著地表達出來。中國的執法者們在這裡所碰到的是難解的紐倫堡悖論：某些罪行是如此不人道，以至於人間已無合適的手段能予以懲罰了；但這些罪行仍需受到懲罰。這也許能夠解釋，爲什麼妖術的存在是否能被確證，人們都會援用刑典中處置妖術的法規來對付那些最令人憎惡的罪行。某些法律—例如「十惡」中有關妖術的條款—是很難被用於實際案例的，因而在事實上也就沒有產生任何案卷。但是，這些條款仍被保留在《大清律例》中。這本身就進一步證明，儘管帝制時代中國的執法者們曾一再對此予以否認，他們其實相信，某種卑鄙齷齪的事情，是有可能在人與神靈之間發生的。這種人與神靈世界之間未經官方批准的交流，對國家安全和社會道德基礎都是一種威脅—而這兩者在皇帝的言論中又是緊緊聯繫在一起的。因此，當他們思考一七六八年的大恐慌時必須記住，對於弘曆大肆反妖術的行動，是不能簡單地歸於「政治安全」的考慮便了事的。

對「叫魂」應如何處置？

在對叫魂事件問罪時，上述精心設計的律例究竟發生了什麼作用？一七六八年的特殊案例又適用於《大清律例》中的哪些條款？在處置叫魂事件時，所有官員以及弘曆本人，必定知道《大清律例》中禁止「邪術」條款的多樣性及廣泛性。當弘曆提到叫魂事件會對百姓造成「大害」時，他同時一定也會想到依據《大清律例》是可以加以問罪的。可是，對於一位十八世紀的執法者來說，在律法的各種定義與禁條中，究竟應當用什麼具體條款來治叫魂之罪？《大清律例》中並沒有「叫魂」這一條，所以，要加以定罪必就必須採用類比套用的辦法。在法律罰則未能涵蓋某一特殊罪行時，這種做法是很普通的。

採用和「邪神」交往（第一六二款）爲由對叫魂事件問罪似乎是不恰當的，因爲這裡所涉及的「神」是受害者的靈魂。一種看來更站得住腳的做法，是在起訴時援用第二八八款（其對象是以「折割」手段侵害人體的妖術活動）和第二八九款第三子款（其對象以符咒傷人的行爲）。如果頭髮正如本書第五章所提示的，包含著人的生命力，那麼，剪人頭髮或將頭髮用於巫術的行徑，便可能像前文述及的殘殺人命的行爲一樣，引起人們的强烈反感。要是普通人和執法者同樣對這種行爲心存恐懼，那麼，根據上述條款起訴妖黨，就能對所有關注此事者均產生安撫的作用。說到這裡，讀者諸君也許會問：難道我們不可以直接找到當時爲叫魂妖黨定罪的案卷，並從當中知道當時對叫魂案件是如何分類的嗎？這個問題提得很公平。可是，事情的困難之處，在於當時對叫魂事件的起訴定罪，並沒有留下任何判決記錄。隨著我們故事的進一步展開，這一奇特情形的產生原因，將會逐漸明朗起來。

但至少我們確實知道，弘曆決定對剪人髮辮的行爲發起掃蕩，是爲了對付妖術，而不是出於政治上的原因。在事件開始時，他就極力避免提及大清削髮令的政治意義，而單純簡單地將矛頭集中指向妖術問題。弘曆的堅定立場，和十八世紀官方對於削髮問題的態度完全一致：削髮是一個已過去的問題，因而完全没有必要再把它翻出來。恰恰相反，由於擔心會造成恐慌，弘曆在有關通信中，甚至根本没有提及這個問題。此時此刻，削髮一事對於滿清統治合法性隱含的威脅是如此敏感，以至於連在秘密的宮廷通信來往中，私下提及此事也是不適宜的。㉖

一七五二年馬朝柱事件，便清楚地表露了弘曆對於發生恐慌的擔憂。當時，凡涉及違反削髮令的報告便被認爲是不應提及的。甚至在對妖術起訴定罪時，也必須持極度謹慎的態度。下面列舉的這個例子，是在叫魂危機爆發之前六年發生的。在位於南京西南約一百三十里的安徽省含山縣，有個名叫道省的丐僧，慣於「用符咒叫人生魂」。㉗據報，道省曾經吸收過幾名門徒，其中有人被捕獲。弘曆發現，地方官吏所採取的措施既笨拙又帶有刺激性。人民當然應當受到保護，以使他們免受「蠱毒魘魅」的妖術之害。但是，安徽巡撫所採取的大事聲張並布下天羅地網的做法，卻必定會引起大衆對此事的注意。那些「不知事理緣由」的「無知愚民」也因而會產生恐慌，從而造成民間的混亂。因此，調查要既嚴密又慎重，以免使民衆產生驚恐情緒。㉘這裡使用的「蠱毒」和「魘魅」兩詞直接來自大清刑律，是官方在接獲有關妖術行爲的報告時，極平常的公開反應。爲什麼官方不乾脆對鄉下的流氓惡棍來一個清掃，然後再公開對他們起訴定罪呢？其原因就在於擔心這會引起恐慌。於是，謹慎小心壓倒了司法正義。由妖術而產生的危險既有其超自然的一面（國家因而有責任保護普通百姓免遭罪惡邪術之害），也有其政治性的一面（因妖術而導致的公衆歇斯底里具有爆炸性）。前一方面要求國家採取行動，而後一方面卻又要求國家謹慎行事。六年過去了。在本章述及，發生於山東的這些案子中，妖術問題同剪人髮辮糾纏到了一起，這就更需要予以謹慎對待了。確實，正由於造成恐慌的潛在危險會直接觸及大清帝國的權力結構，使得弘曆有更充分的理由對削髮問題保持沉默—甚至在和自己官吏的秘密通訊中亦是如此。結果，在清剿妖術的頭六個星期中，皇帝在詔諭中對於削髮問題隻字未提。對於叫魂妖黨的追蹤也是在極端謹慎中進行的。

在這裡，皇帝和普通百姓似乎分別抓住了一個爆炸裝置的兩個把手。對於弘曆來說，產生公衆動亂的潛在危險（不管是因削髮或妖術而造成的）關係到政權的安全。他可以將術士們的起訴審訊以安撫平息公衆的恐懼，但這樣做對公衆的情緒會產生什麼效果，卻是不可預見的。然而，對於百姓大衆來說，妖術帶來的危險卻是直接的，並涉及到了他們個人：種種邪惡勢力正威脅著他們，要將他們的軀體與靈魂分割開來。剪割髮辮的妖黨搞得他們不得安寧。隨著妖術從浙江無情地蔓延開去，關於有人被剪割髮辮的報告也繼續在各地官吏的公案上出現。例如，在福建南部，一個受害者告訴知縣說，一天他正在縣學讀書，暮色將臨之時，他在凳上睡著了。當書童將他推醒時，他才發現自己的辮梢已被割下，放在旁邊一座香爐上。另一位受害者，有一次走出城門去買柴火時，聽到背後有聲響，他回轉身去，沒有看到人。突然間，似乎有什麼東西打到了他的背上，他感到一陣暈眩，而他的辮子已被剪掉了。第三位受害者，有一次正在一座寺廟的門道上與一位村民聊天，感到一陣「怪風」吹來，便失去知覺摔倒在地上。當他醒來時，才發現半條辮子已經不見了。㉙

第五章 妖術大恐慌的由來

康熙初年，兩個術士前往投靠吳三桂叛亂。途中，他們在一個縣城停下來過夜。其中一個面對西牆躺下睡覺。另一個說：「不要睡在那裡，今晚亥刻（九時）這牆會塌下來的。」那一個說：「你的法術還不深，這牆不會向裡倒，而是會往外塌。」時辰到時，牆果然像他所預言的那樣往外倒塌了。①

十八世紀初年，常熟有個歸隱林下的官員，是個會鑒別巧技奇術的行家。所有當時有點名氣的術士都來拜訪他。有一次，來了一個和尚，能夠在自己的化緣僧缽裡製造幻象，使那裡看起來一派魚龍出没的景象。和尚邀請官員一起進山旅行。他們在一所廟宇前停下休息時，和尚突然消失了。官員便向廟裡的其他和尚詢問。他們回答他說：「噢，他說你應當剃度後留在此地，永不回家。」官員大窘，向和尚再三哀乞，他們才答應，如果他能爲修建廟裡的正殿捐獻十萬兩金子，他們就會放了他。官員無奈，只好給他們寫了一張十萬兩金子的欠條。和尚此刻突然又出現了，客客氣氣地向他致謝，並向他出示了那神奇的僧缽。官員在那裡看到自己的全家都聚集在家中大門口。突然間，他發現自己真的是站在了自家大門前，而和尚則已無影無蹤了。當他進去找到自己的錢袋時，發現裡面少了十萬兩金子，卻多了那張欠條。有人說，這大概是白蓮教幹的。②

十八世紀，長治一個姓陳的居民有個才貌雙全的女兒。一天，一個靠乞討為生的遊方道士看到了她，便帶著自己的討飯碗在陳家門口附近停留下來。當道士看到一個盲人走出來時，便問他是幹什麼的。盲人說，他是應召來給這家人算命的。道士聲稱，有人托他當媒人來給這家姑娘說親，所以，他需要知道她的生辰八字（即即她出生的年、月、日及鐘點）。她莫得到這些後，道士便走了。幾天後，姑娘感到雙腿漸漸麻木，而後便陷入了昏睡狀態。她莫名其妙地被帶出家去，發現自己在一條渺無人跡的路上由道士領著走。道士將她帶到了一所看上去頗像她自己家的房子裡，拔出刀來向她的心口刺去。她感到自己的魂從體內飛出，並看到道士一面口中念念有詞、一面將她心上滴下的血塗到一個木偶上。她感到自己已與木偶混為一體。道士命令道：「從此後你須聽從我的差遣，不得違誤！」③

這些故事，或者稀奇古怪，或者隱晦曲折，是中國筆記小說和民間傳說中成千上萬有關妖術故事中的幾例。在這些記述中，我所指的「妖術」，便是通過對精神世界的操縱來強化個人的力量。這也是我對「妖術」的一般定義。從這一意義上來說，所謂「妖術」就是據稱擁有幾種不同類型的強化力量的人，包括認知上的強化力量（能夠超越時間和空間，尤其是能夠預言未來）、遙控事物的强化力量（能夠穿越空間移動物體）、駕馭生死的强化力量（能夠操縱生命，或將之從活著的生靈身上取走，或將之賦予沒有生命的事物）。這些力量一般被稱之爲「術」，這意味著我們應把它們視爲「妖術」（sorcery），而不是「巫術」（witchcraft）。根據伊文斯—普里查德（Evans－Pritchard）的區分，有關「妖術」的知識是任何人都可以學得的，而對「巫術」的掌握卻是與生俱來的。④在中文中，沒有哪個單詞包含有英文中的「sorcery」一詞所包含的各種意思，大體上是因爲它在中國並不是一個統一的概念。⑤反對人們私下與精神世界發生交往的正統力量，往往會使用「妖術」、「邪術」或「左道異端」等詞語來稱呼這樣的行爲。在刑典的語言中，上述詞語亦有出現。同時被使用的還有「妖人」和「妖書」兩詞。普通百姓則會根據實際情況使用不那麼難聽的說法。一個「妖人」（sorcerer）可以是一個「術士」（從字面上說，就是一個掌握術法，受過教育的人）。而能與精神世界發生關係的中介人，則可被稱之爲「巫」—這個詞早在古代便被用來指涉與鬼神世界打交道的人了。據我所知，迄今爲止，還沒有任何人用任何語言對中國的妖術進行過綜合研究。⑥在這裡，我也只是從和一七六八年事件有關的幾個角度對這一龐大課題進行探討。我將論及人的靈魂的看法、透過法術而使無生命的物體獲得生命的看法，以及經由怎樣的途徑才能避免受到妖術之害的看法。我將向讀者揭示，叫魂的幽靈如何因一些信念而產生，而這幽靈竟如此可怕，它不僅迫使普通臣民去殘殺生靈，也驅使一位皇

爲死去孩子召魂的儀式。

帝在全國範圍内發動了一場破壞性甚大的除妖運動。

軀體與靈魂

靈魂與軀體的可分離性

有關一個人的靈魂可從軀體中分離出去的看法，是以一種有關靈魂構成的複雜信念爲基礎。中國人相信，靈魂本來就有著多種層次。⑦一種非常古老的傳統看法是，在一個活人的身上同時存在著代表精神之靈的「魂」及代表軀體之靈的「魄」。早在公元前二世紀，這種關於靈魂兩重性的認識便已存在；而且，當時這一認識已經與「陰」「陽」雙重構成的宇宙觀連結在一起—陰陽相依，方有世間萬物（包括人類）的存在。同陰陽相對共存一樣，當人活著的時候，靈魂的兩個部分和諧地共存於人體内；而當人死去時，它們便分開了。「魂」與「陽」相對應（並與男性、輕質和動態相聯繫）；「魄」則與「陰」相對應（並與女性、重質和靜態相聯繫）。「魂」所控制的是較爲高級的機制（腦與心），而「魄」所管理的，則是有形的感覺和身體的功能。⑧和本書的討論相關，值得注意的是，要將輕巧、易變的「魂」從一個活著的人身上分離出來，竟可以是一件驚人的易事。通常在人睡覺的時候「魂」便是與人體分離的。當然，它通常會回到人體。但如果「魂」離開人體的時間延長，就會産生各種各樣的異狀和反常情況，包括人會生病、昏昏沉沉、發瘋，或者死去。在荷蘭漢學家德・格魯特（J. J. M. de Groot）居住過的一個中國東南部社區（廈門），他發現「人們的驚恐、焦慮和失眠狀態，可能是和魂較長的時間與身體分離有關聯的。」⑨失魂狀態在解釋兒童的病因時似乎顯得特別重要。在德・格魯特的著作中這樣的十九世紀的資料來源，也得到了現代學者在這方面進行的田野研究的呼應。在當代臺灣，當孩子無精打采、煩躁不安以及生病時，人們會將之歸咎於失魂，認爲孩子的魂可能是被「嚇」跑的。在這種情況下，如果把孩子帶回到他被嚇著的地方召回他的魂，他的病也就會好了。⑩

將已從體內分離出去的魂再「召喚」回來，是一種非常古老的看法。這是和人死後的禮儀活動，以及從病中痊癒康復的過程聯繫在一起的。⑪公元前三世紀初期，這似乎就已成爲中國中南地區薩滿教葬儀的一部分。到了漢代，這又成爲一種叫做「復」的儀式一部分。有關這種儀式的圖畫在公元前二世紀的馬王堆墓葬中被發現：當某人死後，死者家中一名成員便立即擔任起「召魂人」的角色，爬上東邊的屋簷，面向北方，揮舞著死者的衣服，大聲叫道：「噢！某某（死者的名字）回來吧！」這麼做的假設是，死者的魂只是在他睡覺或失去知覺時，暫時離開了他的軀體，因此，用他所熟悉的衣服等物，便有可能將他召喚回來。從這種儀式是爲了「將死者的『魂』召回來與他的『魄』團聚」。這裡的前提，則是「魂」是「魂魄」中更輕飄易逝的組成部分，比較容易與軀體相分離，也很快便會消失。相形之下，「魄」在入土時便走得慢多了。這就解釋了爲什麼人們必須召喚的是「魂」而不是「魄」。

⑫（十八世紀的叫魂術也是以「魂」爲目標的。）

自願與非自願的靈魂喪失

中國人相信，靈魂是既可以透過自願的方式、又可以經由非自願的手段而與軀體分離的。同死者的交往可以經由「魂遊」或「奪魂」來實現。在發生魂遊時，魂遊者的「魂」被送往地下訪問死者。從魂遊者在回魂時，有時會遇到麻煩的許多故事來判斷，這被人們看作是一件十分危險的事情。⑬這樣的故事揭示了一種令人不安的焦慮，那就是，「魂」可能會在試圖回到軀體時迷失方向；或者在此期間，軀體會因爲人們誤認爲人已死去而遭到損壞（也許，這是和人們擔心因睡著而被誤認爲已經死去的恐懼有所關聯）。⑭

然而，人們會在非自願的情況下失去靈魂的說法更令人擔憂。除了「驚恐」或其他創傷⑮有可能刺激魂脫離軀體外，魂實際上還可能會被其他人或某種超自然力量偷走。人們可能讓「復仇鬼魅」和妖魔爲此承擔責任。⑯德·格魯特在廈門的採訪對象，曾向他敘述過「某些喜歡從人身上汲取精氣的惡鬼」的情況。人們稱這些鬼怪爲「走馬天罡」或「半天秀才」。如果一個人失去了知覺，人們會把他送到一個「師公」那兒，由師公爲他舉行一種叫做「搶精神」的儀式，以便從偷去了他的魂的「冥物」那兒將魂找回來。⑰人們知道，從事偷魂的鬼怪夜間出沒於路邊。在許多故事中，「不幸的人被這些人類天敵奪去了生命，身上沒有絲毫受傷的痕跡，卻被發現橫屍路邊，只是他們的魂已被勾走了」。勾魂的鬼怪尤其喜歡單獨在路邊的人，因爲他們「在那裡孤零零無處求助」。⑱似乎因爲僅僅有這種勾魂的「冥物」還不夠嚇人，人們還認爲壞人也是有偷魂的能力的。術士們便可以經由在紙上畫符來對受害人施行妖法。⑲

「招魂」既可被用之於葬儀，也可被用作醫治孩子疾病的一種手段。這表明活著的人們在死者（不管是成人還是孩子）剛剛逝去的情況下，還不願接受這已是最後的事實；這也表達了他們不願讓死者離去，如還有可能便要將他召喚回來的情感。我在前面已經提到過，當死者是孩子時，人們會將孩子的種種病狀，歸因於也許是驚嚇造成的暫時失魂。在這種情況下，孩子的父母便會求助於招魂儀式。這種儀式一般稱之爲「招魂」或「叫魂」，兩者都意味著「對魂的召喚」。需要記住的是，「叫魂」有時和「偷魂」是同一意思。摯愛孩子的父母和邪惡的術士都在對魂進行「召喚」——一個是要將魂喚回到體內，另一個則是要將魂從體內喚走。

亨利・多爾（Henry Dore）曾在長江流域的社區對晚清的招魂進行過觀察。下面記述的是發生在安徽的一場儀式：

> 在爲孩子招魂時，使用的方法如下：先是提到孩子的名字，然後招魂的人便說：「你在哪裡玩啊，你快回家吧。」或者說：「你在哪裡嚇著了，回家吧。」

……如果孩子的名字叫乃喜，招魂的人就會說：「乃喜啊，你在哪裡嚇著了？你在哪裡玩？回家吧！」另一招魂的人會跟在後面答應道：「回來啦。」當他們四處喊叫時，一個人在屋裡將死去孩子的衣服放在房子附近，或門道上的一根掃帚柄上，然後注意地觀看是否有樹葉或小草之類的在近處移動，或者是否有小蟲子在近處飛動……任何這種情況，都是魂已經回來了的跡象。⑳

術士以謀命爲目的的作法程序，竟然和摯愛孩子的父母所從事的禮儀活動有著相同的語言表述方式，這正是整個事件令人特別感到憎惡的地方。正如在本書第四章中所揭示的，《大清律例》所使用的語言，表明了妖術活動奇怪的滲透性特點：如同歐洲魔法活動中的黑色彌撒一樣，它將正統社會生活中平常的禮儀活動顛倒了過來，成爲對這種禮儀活動的一種嘲弄。

有關失魂的恐懼，是從人們認爲術師擁有侵害人身法力的一般想像中衍生出來的──這些術士有本事從遠處竊得活人的精氣，使得沒有生命的物體獲得生命，再通過替身對人造成危害。由於侵害人身的妖術活動是一七六八年大恐慌的重要組成部分，有必要在這裡稍作討論。被術師們賦予侵人魔力的物品可以有各種各樣，但最普通的似乎是透過妖術而獲得生命的紙人。各種「奇事異聞」中充滿著有關這種紙人的故事。

3

凡造房屋木石泥水匠作諸色人等蠱毒魘魅殘害主人上樑之日須用三牲福禮横扁一架祭告
諸神將魯班先師秘符一道念咒云惡匠無知蠱毒魘魅自作自當主人無傷暗誦七遍本匠遭殃吾奉
太上老君勅令他作吾無妨百物化為吉祥急急律令　即將符焚於無人處不可四眼見取黄黑狗血
暗藏酒内上樑時將此酒連遞匠頭三杯餘者分飲衆匠凡有魘魅自受其殃諸事符解
此符用硃砂書符貼正樑上

1

房屋中間藏牛骨
終朝辛苦忙碌碌
老來身死没棺材
後代兒孫壓肩肉
埋屋中間

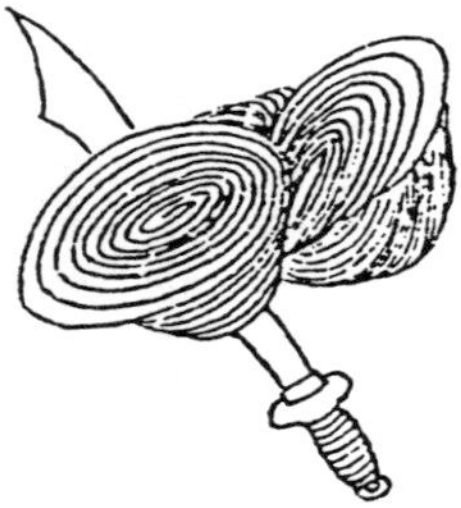

2

頭髮中間裹把刀
兒孫落髮出家逃
有子無夫常不樂
鰥寡孤獨不相饒
藏門檻下地中

圖一（牛骨圖）與圖二（頭髮刀子圖）是建築工人者用來咒人的；圖三是居住者用以防範護身的符咒。

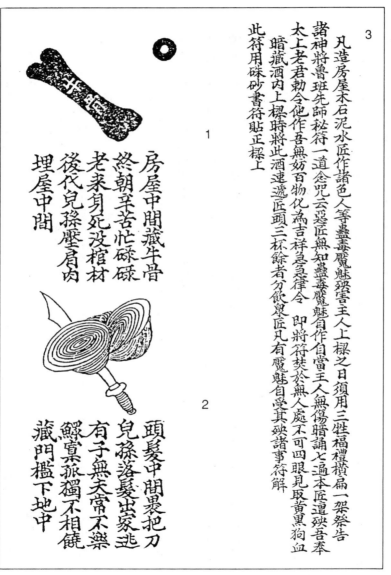

明朝的一個故事講到，廣東有一個姓李的術士，會一種名爲「先天神算」的預卜未來的法術。據他宣稱，他會讓「紙人紙馬」變活，還會用「紙劍斬人首級」。他甚至還懂得讓死人復活的法術。這位多才多藝的術士，最後被白蓮教一個支派的造反者網羅去了。㉑

湖北有一個姓吳的書生，有一次當衆嘲弄了當地一個頗受人尊敬，被認爲有本事偷魂的張姓術士的法力。吳書生料到張術士會對他進行報復，便在當天晚上拿著一本《易經》當武器，坐著等候。㉒一個身穿盔甲的鬼怪撞進屋裡，對他發起攻擊，但當吳書生用《易經》向那鬼怪猛打過去時，那鬼怪竟然撲地而倒。吳書生發現地上只有一個紙人，便把它撿起夾在書中。過後，又有兩個黑臉的小妖精闖了進來，也被他用同樣的辦法對付掉。過不多久，一個哭哭啼啼的婦人出現在門前，宣稱她是那個術士的妻子。她哀求吳書生放了她的丈夫和兩個兒子，因爲他們的魂都附到紙人的身上去了。她嗚咽著說，現在家中只剩下了三具屍體，一等到凌晨雞鳴，他們的魂就回不來了。吳書生教訓那婦人道，她們一家人做盡了害人的事，是罪有應得。但出於憐憫之心，他還是還了一個紙人給她。第二天早晨，他才知道張術士和他的大兒子都死了，只有小兒子活了下來。㉓

人們對於術師以紙人爲工具所普遍存在的恐懼，必定是與紙製物品（紙俑、紙馬、紙房子、紙工具以及其它紙製物品）在殯葬禮儀中的廣泛使用有關。德·格魯特指出，廈門地區便有人使用人形物品的妖術來傷害自己的仇人：

「人形物」大多是用兩段交叉捆在一起的竹片粗粗製成的，在一片竹片的一端粘著代表人體的紙。這竹片像手那般大小，男人同女人的區別則在於兩團據説是鞋子的碎紙。這被叫做「替身」，是用來替代某人的，可以用現金在任何一家製作並出售祭祀死人和神靈的物品店中買到。它們是被當作奴婢焚燒後，供死者在另一個世界使喚的。㉔

紙人紙馬可被用來爲死者的福祉服務，供他們在轉入鬼神世界後使用；也可被當作仇人的替身，用作對他們施行邪惡魔法的手段；還可能被別的人用來傷害自己。很顯然的，人們是很容易看到紙人紙馬這些不同用途之間的聯繫的。施行侵害人身的法術的另一途徑，則是借用受害者「身上的某些部分或所穿的衣衫」。㉕此外，術士還可以象徵性地借用受害者身體的某些部分、取得侵害其生命的魔力。「術士所用的工具或是人的靈魂、或是靈魂的一部分。做到這一點的途徑，則在於掌握活人軀體的某些部分，尤其是掌握和精神力量及生命力量的產生有關的器官。此後，便可將受害者的魂安置於術師所創造的某一幻象中，任由術師透過符咒讓那人的魂，完全服從於自己的意願。㉖

正如我們在禁止妖術活動的刑律中所看到的，侵害人體的妖術可以促使人們基於儒家教義而對體膚受損產生害怕，也可以導致人們因這種嗜血野蠻的行爲而陷入文化上的深刻恐懼。不管是哪一種情況，普通百姓的心目中都有這樣的印象：術士們能夠利用人的頭髮來汲取他人的精氣，然後再將這種精氣轉移到紙人紙馬身上。德清的石匠們便被認爲是有這種本事。

即便受害者是個陌生人，一個經過適當訓練的術士仍能夠以其頭髮爲中介物質而攫取其靈魂。我們在一七六八年所遭遇的大多數叫魂案子中所見到的，便確確實實地是這種情況。術士不一定需要知道受害者的姓名和生日之類的個人資料。明代的一部小説講述了一個從蛋裡生出來的和尚故事，無人知道他的生辰八字，一位頗好「師巫邪術」的公子希望在這個「蛋子和尚」本人不知不覺之中，對他作一次偷魂的試驗。一個術士滿有把握地說，以他的本事，並不一定需要知道和尚的生辰八字便可辦成此事。㉗「若没有生辰，須有本人貼身衣服一件，及頭髮和指甲也是一般」，再對著這些東西念誦咒語便可以成事。而如果單憑這幾樣東西就能夠施行法術，那麼在只知道某人名字的情況下，也許也是可以對之施行法術的。一個術士在自己居住的社區中，是知道周圍親戚朋友或鄰居的名字或生辰八字的，那麼，他不必經由個人物品的中介作用，就能夠對別人造成傷害。這就是在本書第一章中農夫沈士良想要做的：他將自己所深惡痛絶的侄兒們的名字寫在紙片上，讓吳石匠放在橋樁的頂端撞擊。這也是本章開始長治的那個惡道士所幹的勾當：取得受害女子的生辰八字而令她著魔。然而，對那些來自外地的陌生人術士來説，他們就必須在不能就近得知這一切的情況下，從事自己的骯髒活動了。正是在這裡，剪割髮辮和衣襟成了一個關鍵性的問題：這使得一個人的命運可以被一個根本不認識的陌生人所左右。即便對一個不認識的人，術士也能透過妖術，使得那人無生命的排泄物和衣物之類的東西著上魔法。這樣的看法，自然加深了人們對於陌生人所懷有的恐懼。

在很多文化中，人們都相信頭髮有著神奇的魔力。我在本書第三章中，曾對爲什麼滿人征服中國後頒布的削髮令受到了漢人頑强抵抗的原因作了探討。在對妖術進行探討時，同樣的問題又出現了：在頭髮、權力和死亡之間有著怎樣的聯繫？艾德蒙・李奇（Edmund Leach）關於人們在潛意識的層次上是將頭髮與生殖器聯繫在一起的看法，在我看來似乎過於具體，超越了人種學在這方面所能提供的證據。㉘我更傾向於接受的是詹姆斯・佛朗澤（Sir James Franzer）等被李奇稱爲「老派人類學家」更一般性的看法，那就是：「頭髮在禮儀上，象徵著某種極爲深刻的抽象性事物，如繁殖能力、靈魂一類的東西，個人的力量，等等。」㉙由旁遮普文化所提供的證據表明，由於人們認爲頭髮能夠汲取並儲存生殖能力，它才在施行妖術時被人使用。一個不能生育的婦女，便可以剪取新生嬰兒的頭髮，而使得這嬰兒在她的子宮中再生。神漢長而纏結的頭髮尤其可貴，則是因爲頭髮的主人在性生活上的長期節制，使其頭髮中積蓄了極大的生育能力，㉚在中國，無疑也可以看到有關頭髮汲取並儲存精神力量的證據。

在廣東地區舉行的喪事中，頭髮似乎具有汲取豐富的生育能力的精神實質，人們因而希望，死者的已婚女兒和兒媳婦「在死者的棺材從村裡被移送出去時，在棺材上摩擦她們鬆散的頭髮」。詹姆斯・華森（James L. Watson）認爲，人們相信可以用這種有意吸收死亡污染的行爲，來加强生育能力和家族延續，好像死者的靈魂正在經由婦女的頭髮而重新進入家族中。㉛叫魂事件還不斷使人們注意到頭髮在和尚生活中的重要性—而且並不僅僅局限於剃度法式等使得和尚失去頭髮的場合。人們常常發現和尚隨身帶有頭髮，其原因之一便在於：師父們通常會在爲弟子施行剃度後，將那些受教於他們的弟子的頭髮保存起來。但很明顯的是，保存頭髮的情況，並不僅僅發生在不同輩份的和尚之間。人們還知道，和尚們也會沿路相互交換頭髮，以便彼此「結緣」。也許，這樣做的目的也在擴展了自身靈魂力量的多樣性—因而也擴展了靈魂力量的效力？—從而加强自己和所有和尚作爲一個整體的聯繫。㉜

妖術預防法

一七六八年叫魂危機的一個突出特徵是，普通百姓作出了巨大的努力—或者透過對可疑的妖黨施行私刑，或者訴諸於法術來進行補救—以便和妖術凶險不祥的影響力進行對抗。正如湖北那個用《易經》猛擊妖魔的莽書生的行爲所表明的，法術是可以用法術制服的。事實上，處於近代前夕的中國（同時也是今天的中國—只是在多大的程度上我們還不知道）就像是個巨大的爭鬥場。在這裡，超自然力量在傷害的同時也在補救，而在這兩者之間發生著一場無情殊死的爭鬥。用德·格魯特的話來說，人類爲對付那些邪惡的精靈，「每天都在從事著一場使人不得安寧的攻防之戰」。㉝參加這場戰爭的當然有專業人士。那些關於禮儀問題的專家們從事著施行法術，主持喪事，測定房屋風水走向之類的活動。然而，參與這場戰爭的普通士兵卻是一大幫門外漢。他們憑藉著一大堆或者寫了字，或者沒有寫字的咒語、護符以及有關行爲舉止的一套公式，便要以此爲武器爲自己「辟邪」。㉞

利用咒語和護符「辟邪」是一種普遍存在的現象。這項保護性行動，大都是以構成靈魂「陽」端的「鬼」爲防備對象的，其產生的原因，則在於死者的靈魂沒有得到很好的關照。同樣的方法也可以用來對付妖黨的邪惡魔法。鑒於德清縣的石匠們是由於人們對於建造工匠的懷疑而成爲目標，我將在這裡透過對建造工匠法術的敘述，就如何透過符咒去邪的問題進行探討。根據傳教士民俗學家丹尼斯（N. B. Dannis）在廣東所進行的研究：「廣東有這樣一個家喻户曉的傳説，説的是一個造房工匠被一位婦人叫去整修廚房時，對那位婦人挾嫌報復之事……整修工程按時完工了。但不知怎麼搞的，婦人每次進廚房就會得病。她相信，

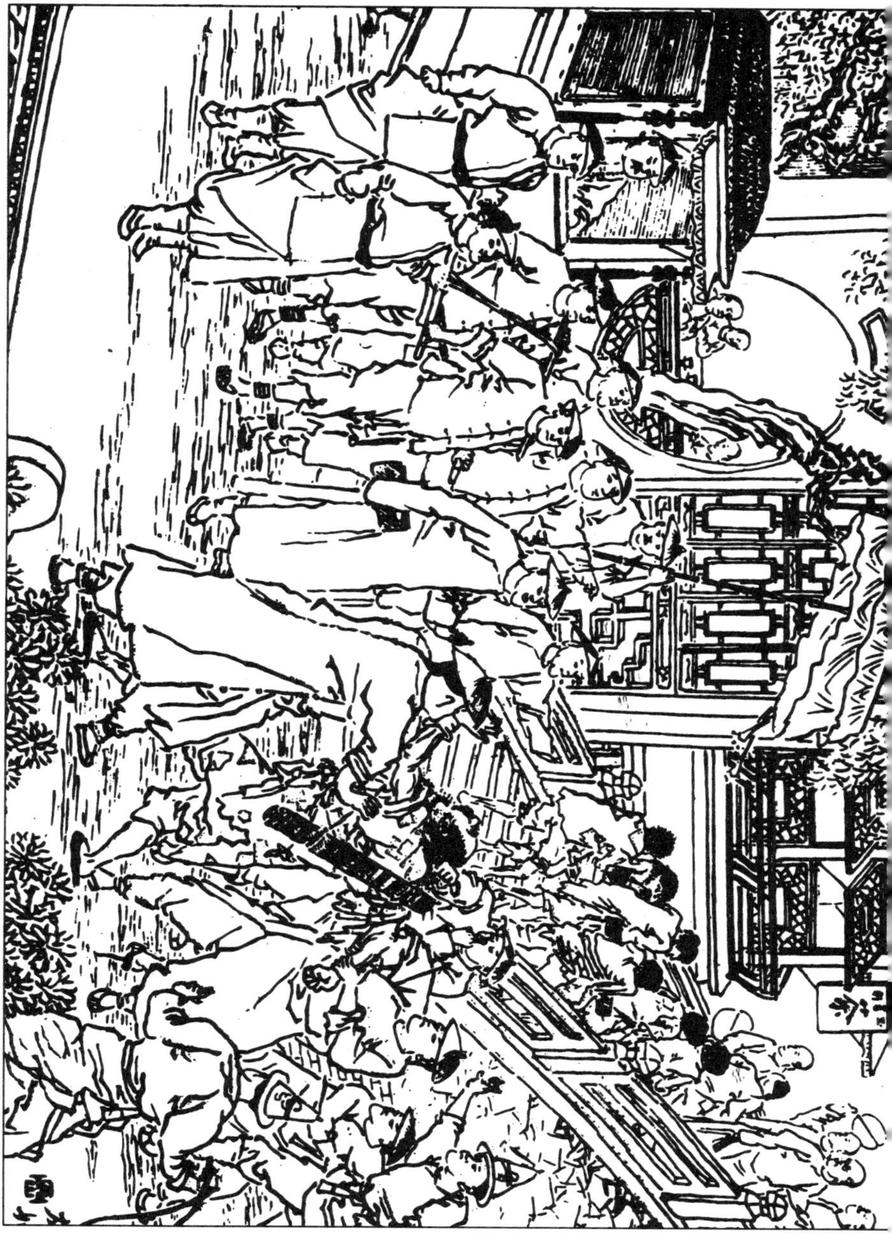

一個出現在某官員轎子前的乞丐被衙役們揪走，好幾個帶著鋪蓋的乞丐從橋上匆匆離去。

廚房的地基一定已被人動過了手腳，於是便讓人將廚房的牆推倒。果然不錯，在那裡發現了一個空洞，其中放著『一個生病模樣的泥人』。原來這就是婦人生病的原因。」㉟

爲什麼人們會將建造工匠同妖術聯繫在一起？中國人相信，房屋的風水狀況會對居住者生活中的吉凶產生影響。既然如此，建造房屋的工匠自然就有責任在建房時施行「好的」法術。建房的時間選擇，房屋的結構走向，以及建房時所遵循的禮儀程度等等，都被人們認爲對於房屋建成時，將邪氣排斥在外具有至關重大的意義。當然，既有辦法施行「好的」法術，也就有本事施行「壞的」法術。因此，有一本在清代很流行的名爲《魯班經》的木工手本，便不僅包括有建房時所應遵循的恰當禮儀規則，也有著種種惡毒的符咒，供建房工匠藏在屋梁上面或地板下面。但爲平衡起見，《魯班經》中也包括有用來對付施行妖法的壞木匠的符咒。以下是幾則木匠以符咒害人的例子：㊱

一幅刻有「冰消」兩字的竹片圖：

一幅破瓦一斷鋸，藏在梁頭合縫處，夫喪妻嫁子拋誰，奴僕逃亡無處置。

藏正樑合縫中

一幅牛骨的圖畫：

房屋中間藏牛骨，終朝辛苦忙碌碌，老來身死沒棺材，後代兒孫壓肩肉。

埋屋中間

一幅一團頭髮中裹有一把刀的圖畫：

頭髮中間裹把刀，兒孫落髮出家逃，有子無夫常不樂，鰥寡孤獨不相饒。

藏門檻下地中

但是，符咒也爲人們提供了强有力的法術保護，以使他們不會受到混跡建築工人中的妖黨之害：

凡造房屋，木石泥水匠作諸色人等，蠱毒魘魅，殃害主人。上梁之日，須用三牲福禮，橫扁一架，祭告諸神。將魯班先師密符一道念咒，云：惡匠無知，蠱毒魘魅，自作自當，主人無傷。暗誦七遍，本匠遭殃，吾奉太上老君敕令，他作吾無妨，百物化爲吉祥。急急律令。

即將符焚於無人處，不可四眼見。取黃黑狗血暗藏酒內，上樑時，將此酒速遞匠頭三杯，餘者分飲衆匠。凡有厭魅，自受其殃，諸事符解。

此符用硃砂書符貼正樑上

這些關於法術正反作用的看法，暴露了無時無刻均困擾著大多數普通百姓的種種焦慮：早夭，草草下葬，失去子女，死後得不到恰當祭掃等等。儘管這些焦慮集中在建房妖術上，但反映的卻是一種更爲廣泛的認識，那就是，人在這個世界上的命運其實是很容易受到超自然力量的破壞傷害。在神鬼之間進行的永無休止的對抗中，人的生活需要得到「術」或「法」的保護—不管使用「術」或「法」的是宗教執事人員，或是有這方面知識的俗人。㊲

對於僧道的懷疑

在對叫魂的清剿鎮壓中，僧人（有時還有道士）從一開始便是受到懷疑的主要對象。爲什麼弘曆那麼快地就相信了有關大術師均爲僧人道士的說法、並動用國家的資源對付他們？爲什麼每當普通百姓心中因妖術而產生恐懼時，他們那麼快地便會朝著離自己最近的和尚猛撲過去？

官方對於僧道的處置

老百姓在日常生活中同邪術的抗爭，也在社會最高層從清廷的種種關注中反映出來。就在國家查禁妖術的同時，它仍然不斷地在同神靈世界打交道。在官方的各個層次—上從皇帝的官邸，下到最骯髒不堪的縣衙門—國家的各種機構都在人與神靈之間扮演著中介的角色。從某種意義上來說，它們所起的作用如同西方宗教中的祭司一樣：它們代表著人類與神祇交往，以往來保障人世間的適當秩序，尤其是保障帝國內的農耕興旺與國泰民安。在國家的最高層，皇帝本人都要主持每年一度祭拜天地的儀式；在下層，知縣們（他們在自己的管轄範圍內也是一個個小皇帝）則將城隍爺（這是神鬼世界的知縣）當作自己施政時不可或缺的助手。

普通百姓雖被禁止對帝王和官僚所崇拜的各種神靈進行祭祀活動，卻可以分享對於這些神靈的信仰。正式的上天崇拜爲帝王所壟斷，但上天在人間的力量卻爲普通百姓所信仰。因爲每個人的命運都受到上天力量的支配（「五行」交替運作，陰、陽相互影響），人們很容易地便會認爲，帝王對上天的崇拜與人間的福祉是相通的。又因爲人們認爲人死後靈魂的命運取決於城隍老爺的判斷，普通百姓便相信地方官員祭祀城隍爺，是在爲整個社區造福。㊳如果國家要維持民衆對於自己在精神上的角色於不墜，它就必須認真防備在這方面出現潛在的競爭對手。

國家既然以包攬一切的態度，宣稱只有它才有資格掌管人與神靈世界之間的交往關係，它便精心設計出一系列規則條例，以便對有組織的僧人道士進行管理。自然，在國家爲他們所制定的規則中，也就不無荒唐之處。從形式上來說，即便從事禮儀活動的大多數僧道人員，其實並不「從屬於」任何僧道機構，官方卻仍可能要這些機構對他們的活動負責。至於民間宗教的執事人員，以我們在西方背景下所養成的眼光來看，甚至算不上專職宗教人員，但他們卻主宰並支撐著那個無所不包，並深深植根於民間社區的宗教活動體系。國家若想制止這種曖昧不清的狀態，是否可以堅持所有僧人道士都明確表明自己的師徒關係？或要求所有從事宗教活動者都登記註册？從中國宗教的實際情況來看，這些想法是荒謬可笑的。大多數宗教專職人員，註定是沒有什麼社會地位可言的（根據國家對社會地位的邊際性質的界定）。如果國家一定要將那些規則（對此，我將予以概要説明）强加於他們身上，也就等於把民間宗教本身也給取消了。在那個時代，這對於國家來説，當然是一件不可能辦到的事情。這個簡單的事實爲學界關於「國家對宗教的控制」的討論，帶來了一個不甚真實卻極爲有趣的面向。㊴

不管怎麼説，國家還是做了知其不可而爲之的嘗試。我們必須將這種嘗試視爲國家在表明自己的態度，而不是國家的「體制」正在按照自己本來的思路行事。根據規定，所有寺廟庵觀及其僧道人員，都必須登記註册並獲政府批准方可進行活動。除非獲禮部正式批准，建造寺廟是非法的。根據同一精神，國家幾百年來便一直要求和尚道士必須取得度牒。㊵那麼，爲什麼國家在中國帝制晚期，對於宗教執事人員的登記註册及控制的問題，會耿耿於懷到如此地步？公元九世紀，當大唐帝國大批没收寺廟財產並迫令成千上萬的和尚還俗時，其部分原因在於經濟上的考慮：當一個人隱入寺廟之時，也意味著他不再負有繳賦稅與服勞役的義務，因而也就使國家失去了一份收入。但到了明清時代，勞役義務已可換算爲錢幣，並可與田賦一併估算支付，勞役實際上也已爲雇工所取代，上述經濟目的也就沒有意義了。如果我們對清代國家爲控制僧道的努力細加考察，便可以看出，其中另有企圖。

早在明代，便已有過要僧道人員登記註冊並爲他們發放度牒的情況。但是，直到一六七四年，皇帝才發布了將僧道人員置於國家控制之下的第一道全面性詔諭。爲對僧人道士進行督察，清政府在北京建立了專門的機構，各由十六名和尚或道士組成。這些成員最初顯然由禮部選拔產生，以後的替補則由京城的僧道人員經由選舉決定。這些成員的名單還需向吏部報備。㊶皇帝還詔令各省建立起一個平行的體系，由選舉產生的僧人道士所組成的督察機構分別在各道、各州與各縣建立起來。㊷他們透過通常的官僚統治管道向上提出報告。

建立這些督察機構是爲了對和尚、道士、尼姑的品行舉止予以控制約束，以便透過適當的紀律措施，保證使他（她）們按出家時的誓願行事。然而，除這些機構外，最重要的還是發放度牒這一措施。在這裡，問題的癥結其實並不在於保持僧道人員隊伍本身的純潔性，而是在於確保不讓那些不可靠的俗人以僧道的面目出現。皇帝所擔心的是，「不法之徒」會假借僧道習俗，冒用「祖師」名義從事占卦預卜之事。此種「交通鬼神」及預卜未來的能力會產生種種「異說」「野談」，從而吸引無知民衆成爲他們的門徒並非法結黨。皇帝所謂的

「異說」「野談」，並不僅僅是指他們假稱具有魔力，而更是指他們假稱有能力預知現存政治秩序的未來命運。在皇帝的上述詔諭中所顯示出的，是一種對於在帝國權力中心北京所發生的宗教活動的特殊敏感。位於京城的寺廟庵觀均「不許設教聚會，男女混雜」（這是民間宗教的標誌；而在皇帝的心目中，這也正是民間道德墮落的進一步證據），同時，亦「不許建設高台，演劇斂錢，酬神賽會」。㊸

弘曆尤其因僧道人員身份含糊不清的狀況而惱怒，並試圖將本來用於管制有組織的僧道人員（即屬於主要寺廟道觀的人員）的辦法，擴展使用到生活於平民社區的廣大民間宗教執事人員的身上。他所採取的第一個重大行動，和那些大概可被稱爲「俗世僧道」（secular-clergy）的人有關。

這些人實際上構成了宗教禮儀執事人員的大多數，他們始終居住在寺廟道觀之外，擁有財產，甚至還結了婚。他們爲葬儀和驅邪儀式提供服務，或以其他的方式來滿足人們在禮儀上的需要，因而在社區中起著十分重要的作用。但他們既不受宗教紀律的約束，也不服從國家的控制管轄。弘曆對於僧道在道德及學識上的這種腐敗現象大加鞭撻，並詔令各地或強迫「俗世僧道」居住到寺廟道觀中去，或強迫他們徹底還俗。對他們的財產，除一小部分生活基本必需品外，均應予以沒收或散發給窮人。

當這一詔諭不僅在一般僧道人員中造成了恐慌，也在各省引起了混亂時，弘曆又辯解道，他從來就不打算傷害那些循規蹈矩的僧道人員。他强調，真正的問題在於公共秩序。那些「俗世僧道」竊二氏之名，而無修持之實，甚且作奸犯科，難以稽察約束」。他之所以要求他們必須獲得度牒，是爲了使「無賴之徒不得竄入其中，以爲佛老之玷」。這位當時登基還不久的皇帝，顯然因人們對他的嚴厲措施所產生的反應而感到震驚。他因而從先前沒收財產的詔諭立場退讓下來：「究竟國家養濟窮民，豈需此區區之財物？」這一詔諭亦就此廢止未行。然而，令皇帝不能釋懷的是：儘管他十分厭惡，社會上依然存在著一大批不受到國家任何控制的禮儀執事人員。㊹

弘曆對於和尚的看法，受到新儒家在性問題上過度正經態度的很大影響。當然，和尚自己的內部戒律便有著純潔儉樸的要求；《大清律例》則對引誘已婚婦女與之發生姦情的和尚規定有特殊的罰則。但弘曆對和尚通姦的行爲似乎特別痛恨，並決心對之予以懲戒。一七六八年，南京附近的一個和尚被控與幾個已婚農婦發生性關係。江蘇巡撫高晉注意到南京地區「每易藏奸」，其原因則在於該地區寺廟甚多，使得追蹤奸僧的行止極爲困難。

據此，高晉要求各縣官員均需對和尚的不軌行爲予以警惕。南京附近的地方官府發現了一個「淫僧」，多年來便一直有不規行爲，甚至還賄賂地保，對他的惡行藏匿不報。通過將寺院的土地出租給佃農，這個和尚積累了相當可觀的財富。高晉奏報道：「查淫僧厚積資財，恣爲不法，大爲風俗地方之害。」對這樣一個罪犯，《大清律例》中一般規定的懲罰看來已經不夠，高晉因而建議將他發配伊犁軍中爲奴。弘曆復批道，甚至這樣的懲罰仍屬「輕縱」；「此等淫惡劣僧久爲地方風俗之害」，因而，對此罪犯「一經敗露，即當立即杖斃，以示懲儆，何得更爲寬待」。高晉再次奏報道，他確實應該爲提出過於輕微的懲罰建議而受到指責。這一罪犯不僅應予以毆斃，還應在南京地區所有和尚在場的情況下這麼做，以示儆戒。寺廟三分之二的財産則將予以没收。㊺

弘曆與高晉這位皇家姻親之間，這番相互攀比的血腥對話表明，對於那些將大多數僧道人員視爲虛僞與腐敗的社會渣滓的統治者們來説，對和尚狠狠地予以懲罰，簡直是他們的一種道義滿足的源泉。既然他們對於僧道的行爲有著這樣的看法，他們當然也會覺得大有理由把僧道人員，以及包括施展妖術在内的種種有害及不道德的行爲聯繫在一起了。當官員們看到下層僧道人員人數激增並因此發出警報時，正如本書第二章所敘述的，皇帝對於僧道的恐懼也大大加深，並下令在全國範圍内對妖黨進行追蹤圍剿。除乞丐外，和尚道士—尤其是生活在小寺廟道觀中以及外出在道的和尚道士—便成了中國最容易受到攻擊的社會群體。這是因爲他們既得不到親屬的庇蔭也得不到社區的保護。但問題還在於，爲什麼一般民衆會那麼熱衷地參與一七六八年這場對於妖黨的迫害圍剿呢？

僧道、乞丐與普通百姓

和尚是一七六八年大恐慌的主要嫌疑對象。但多少有點讓人驚奇的是，十八世紀有關談神說鬼的兩本主要的集子（著者爲蒲松齡和袁枚）對和尚的描述卻相對來說十分友善。大量的妖術行徑，都被歸到了像本章開頭所述及的謀財害命的道士頭上。相形之下，和尚遭到批判的主要原因，在於他們的虛僞或不道德的行爲，尤其是他們在性生活上的放縱（在歐洲，這也是人們對僧侶發起攻擊時通常會涉及的一個主題）。此中奧妙，爲「妖道淫僧」一詞所道盡。㊻對他們來說，則必須超越出色的小說家們的敍事水準，發掘出百姓對和尚產生恐懼的原因究竟何在。㊼

在一個對陌生人存在恐懼的社會中，和尚由於自己生活中的若干面向，讓人看上去便覺得不甚安全。其中一個面向，便是他們長期地，有時甚至竭其一生只是處於見習修行的地位，即他們雖然削髮出家，卻並無僧職。一個和尚若要獲授僧職，通常需要從屬於某座有地位的「官寺」，在一位資深師父的指導下，經歷並完成很長的學習過程。而如果只是當一名見習和尚，就相對要容易隨便得多。他只需表明自己摒棄世俗生活的意願，由師父削髮（師父則將負責他的修行）並開始遵從「十戒」（諸如禁欲、素食等等）便可以了。這樣的出家人離開了自己的家而以寺廟爲家，師父便成了父親，其他同師門的和尚則成了師兄弟。和尚中有很多人從少年時起便已出家，通常在一些由代代相傳的和尚「世家」所掌管的「家傳」小寺廟中修行。如果確有機會的話，一個和尚也要經過很多年以後，才能夠在某個規模很大的「官寺」裡獲授僧職。

與此同時，一個見習修行的和尚，則是一大批未獲僧職、處於過渡狀態的和尚之一。這種身份得之固然不困難，失之也很容易。雖然國家以及社會大衆將他們歸入「僧人」一類，但他們卻不得委身於任何一間有地位的大寺廟。這樣的「和尚」大約構成了佛教僧人的大多數。事實上，叫魂的疑犯（包括本書第一章所述蕭山事件中的兩個和尚）大都出自這些人，政府的疑問也集中於他們身上。毫不奇怪的，我們看到普通百姓的恐懼也爲同樣的看法所左右：這些人既沒有正統的家庭背景，又不是註册在案的有地位的僧侶，而只是一批社會邊緣人。這一事實不能不導致我們對「僧人」的稱謂到底有多大用處發生疑問，因爲政府的文件實際上是將所有穿僧袍、剃光頭的人都一概稱爲「僧人」的，全然不顧及他們皈依宗教及受教育的程度。他們之中的許多人（甚至可以説是他們中的大多數人）很難被歸入官方所認可的各類臣民範疇，而官員們正是靠著這些範疇的存在，而自信整個社會是在他們的控制之下。

這些和尚的另一個可疑之處，在於他們無根無底。他們往往一經削髮，便開始了在路上飄泊的生活。他們之所以旅行，或是爲尋訪講經之處，或是前往祭掃本家「祖師」的墳墓以示尊敬等等，都是很普通的原因。另一個也許更爲普通的原因，便是乞討。一般來説，小寺廟既沒有足夠的土地來養活廟裡的人，又缺乏因舉行佛事而得到的捐款與收入，於是化緣乞討，便成了和尚們唯一的生路。對和尚來説，化緣活動並非到處都可進行，有些寺廟便禁止和尚化緣。同時，人們對於乞僧的態度，常常無異於他們對一般乞丐的態度。㊽從十八世紀的文獻資料來看，乞僧是隨處可見的。

普通百姓對於和尚的態度，也許受到了下述兩種情況的制約。一是見習修行和尚身份本身的模糊性（他們既是佛門一員又不在佛門之中）；二是一般人對於乞討者的曖昧態度（這被認爲是一種無根無底的懶人職業，但它又因爲僧人實在太貧窮，而在某種程度上得到了人們的認可）。對於道士，普通百姓的態度，也許就是一種更爲直截了當的恐懼。

人們習慣上常常將道士的活動和各式各樣的法術聯繫在一起（如煉丹術、以符咒驅邪，以及尋求長生不老，等等）。因此，當「邪術」成爲問題時，道士也就順理成章地成了懷疑對象。儘管道士在社區中，通常從事的是以符咒爲人治病之類的有益活動，但他們在人們想像中的妖魔形象卻表明，在人們看來，法術是很容易轉化而成爲邪術的。㊾由於和尚在社區中所從事的主要活動，是協助死者的魂順利通過陰間，他們便不是與道士同一意義上的術士。這大概也解釋了何以在百姓的故事傳說中，和尚相對來說溫厚善良的原因。但我們仍然想要知道的是，當僧道等從事禮儀活動的各種執事人員以陌生人身份出現在某一社區時，在普通百姓的心目中，是否還會對他們有著如此清晰的區分？例如，本地寺廟中的和尚是每個人在鄰里的葬儀上都會碰到過的，同他們相比較，隨處飄泊的和尚便可能顯得既讓人難以捉摸也難以理解。同時，人們並不需要什麼想像力，便能夠意識到某一「遊方道士」的威脅。

相形之下，本地道士作爲禮儀執事人員就比較「安全」，因爲人們知道他們在社區中所扮演的角色。一個在本鄉鄰里間驅邪的法師，大概不會比一個家庭醫生更具有威脅性。但如果他是外來人的話，那就是另外一回事了。當外來者還擁有特殊法力時，人們對他們的疑心自然也就更深了。

如果說，普通人是由於僧道等禮儀執事人員可能會施行法術，而產生對他們的恐懼，那麼士紳則是由於他們懶惰而鄙視他們。根據在浙江收集的一組「家訓」的說法，每一種職業—不管是文人、農夫、手工業者，還是商人—都有自己的「生理」（即求生之道）。「惟是懶惰飄蕩、遊手好閒爲僧、爲道、爲流民、光棍、身名無籍之徒，便是不安生理。不安生理而能偷生於天地間者，無此理也。」㊿

由死亡而產生的污染

一位研究廣東社會的權威曾寫道，在葬儀中擔任祭司的人物（籠統地來說就是道士），「由於其工作的性質」，就像我們自己社會中承辦喪葬的人員，在社會上的名聲必定是不好的。「當他們在場時，鄰居們……從來就不會感到舒服。」其原因在於，人們認爲由死亡而產生的污染會附在死者的軀體上。儘管道士們「會盡可能地避免直接觸及屍體或棺木」，但他們卻不可能將自己和自身職業中，具有產生污染危險的那一面完全分割開來。51社區中的禮儀執事人員尤其需要依靠葬禮爲生，而這一工作使得他們必須不斷地接近新近死去者的棺木。我們尚無法肯定，人們對於死亡污染的恐懼，在華南地區十分明顯，這是否也在其他地區助長了人們對僧道人員的曖昧態度，我們不能排除這種可能性。

作爲外來者的術士

普通百姓對於禮儀執事人員的態度是既尊敬又恐懼，這一點在帝制晚期的下層僧道人員身上，表現得特別明顯。身爲流浪者，又擁有特別的弄鬼弄神的力量，真是一種非常獨特的危險。如果閔鶚元的說法是對的，則這種危險到了十八世紀中期，大概已變得日益清晰可見。對於其他文化所作的研究表明，人們常常會將妖術同外來者連在一起。艾倫·麥法蘭（Alan Macfarlane）便曾以非洲和英格蘭的資料爲基礎，而注意到「在鄉下四處遊蕩的男人」自然而然地便會成爲妖術指控的目標。[52]妖術與巫術不同，它並不依賴於天生的內在力量，而只需要使用魔法技藝，因而本質上是不以人性人格爲轉移的。

由此而產生的惡行，更像是野蠻的破壞行爲而不是血親間的復仇行徑。因此，四處飄泊的流浪者（不管是僧道還是平民）由於在社區內缺乏聯繫紐帶，便很自然地成爲可疑分子。他們固然不會有個人恩怨之類的犯案動機，但他們也同樣缺乏社會的制約以及對於社區的責任感。除此之外，農夫村民在見到任何外來人時，那種排外情緒也會發生作用。害怕他們會施行妖術，就是一種很合理的情緒了。[53]

在中國的民間宗教中，人們對於外人所普遍感到的恐懼，是透過舉行對「鬼」予以安撫的嚴肅禮儀活動而表達出來的。人們認爲，「鬼」是一些缺乏家庭聯繫，無根無基的遊魂。否則的話，家人便會爲它們提供祭祀，從而減輕它們的痛苦並消除它們的敵意。那些在陽間（或在世俗世界中）沒有社會和政治地位的人是危險的，而其危險性又和那些在陰間（或在神鬼世界中）沒有地位的危險精靈（即鬼蜮）密切相關。[54]

在一七六八年的許多叫魂事件中，外來性幾乎自始至終是叫魂大恐慌的導火線。當人們第一次見面時，這種外來性常常會因口音差異而被人們注意到，陌生人也就立刻便會被識別出來。在廣東的一些社區，擔任巫師的人必須是在當地社會中已有建樹的成員，因爲要達成將種種邪神從未得安息的死者身上除去的任務，就必須對村裡的社會關係有深入的了解，否則是辦不好此事的。[55]由此看來，「好的」或「安全可靠的」禮儀執事人員（爲社區服務的僧道及巫師等）必須是社區的一員，而「壞的」或「危險的」執事人員（妖人術士）則不會從屬於社區。如果是這樣的話，那可能出現的情況就是：人們的恐懼心理若不是很自然地是同外來人連在一起；就會因爲在社區內部對別人提出妖術指控，會對社會關係造成嚴重的損害，提出這種指控，根本就是不能容許的，甚至是不能想像的。既然如此，那麼，懷疑就只有落到陌生人頭上去了。[56]

乞丐的社會恐怖活動

從某一意義上來說，遊方僧比起一般乞丐在面對妖術指控時，處於更爲軟弱的地位。在人們的眼中，身爲和神靈世界打交道爲職業的人，也能很容易地用鬼神的力量爲自己服務。這就是妖術。然而，在發生妖術大恐慌的過程中，關於妖術的指控也落到了很多一般乞丐身上，在大多數情況下，他們只是爲那些施展妖術的惡僧們跑腿（爲他們剪人髮辮）。可是，人們對於乞丐的恐懼，和他們是否掌握禮儀「技巧」並沒有任何關係。恰恰相反，他們的危險性正是在於無人能在禮儀上非議他們。

在中國社會中，和尚及乞丐是最貧窮也最無力自衛的人。他們得不到有影響的親屬支持，也很少或根本沒有經濟實力。正如同我們已經看到過的，和尚在社區的禮儀活動中，有著十分重要的作用，因而是不可或缺的。那麼，乞丐們在面對人們公開鄙視和憎惡的情況下，又是如何堅持自己的生活方式的呢？原因看來在於，不管他們在那個體面的社會中顯得多麼無助，他們卻有力量使公衆對他們產生恐懼。人們害怕乞丐是基於兩個原因：一個是他們帶來的污染，另一個是他們經由禮儀活動所造成的破壞，而這兩者事實上又是緊緊地連在一起的。

污染

乞丐們利用人們害怕遭到污染的心理，使得人們出錢來同他們保持距離。所有的觀察者們在一個問題上有著相同的看法，那就是，一種有意作成的（但也是平常的）齷齪與衣衫襤褸的外表—即乞丐們通常的衣著—可能會引起人們的憐憫，但也可能會激起人們的強烈反感。人們是絕不會讓一個乞丐來觸摸自己的。這不僅是出於避免染上疾病的實際考慮，（如乞丐們會幾近賣弄地展示的流膿痂瘡），與此緊密相連的，還有著因此會在精神上受到污染的恐懼。如果某一乞丐死於某家的地面，則於「天地命理上影響極大」，因爲只有付出一定代價，才能驅走該乞丐的鬼魂，且效果如何亦難以肯定。㊼通常由乞丐擔任的抬棺木一職，也會使他們沾上死人的晦氣，而這也是避之唯恐不及的。與其讓自己的身體接觸這樣的人，實在還不如讓錢「接觸」他們的好。

用禮儀活動造成的破壞

我們已經很接近於妖術恐慌的核心了。一個體面的社會在什麼事情上最容易受到攻擊？世界上所有的富人和有地位的人，最容易受到一無憑藉的人們的攻擊。因此，乞丐們照例會在婚禮喪事等場合大發利市，便絲毫不令人感到奇怪了。如果不讓乞丐們得到應得的好處，一幫衣衫破爛、骯髒不堪的人便可能會（有時他們真的會）闖進儀式的現場。而他們的出現，就會讓主人極爲難堪。更糟糕的是，他們還會將婚喪儀式的禮儀功效破壞殆盡。這種危險對於一場婚禮來說就已經夠壞的了，而對於一場喪事來說，則可以成爲禮儀上的災難。在十九世紀的一則記述中，惱怒的乞丐們甚至跳進了墓穴，以阻止下葬的進行。[58]人們在面對這種可怕行爲時，是相當軟弱無力的，因爲他們會感到自己抵禦超自然力量傷害的能力極爲有限，而在行善的神靈與作惡的鬼怪之間進行的，又是一場勢均力敵的對抗。同時，正如我們已經看到過的，軀體和靈魂之間的連接，又是很容易受到邪惡力量攻擊的另一個危險環節。在這種的情況下，被社會拋棄的人們便獲得了一種奇特的力量。正是因爲他們自己已經骯髒得無可再髒、不幸得無法更爲不幸，他們似乎再也不在乎社會的「顏面」，也不在乎是凶是吉或是禍是福。僅僅讓剪割髮辮衣襟的乞丐「觸摸」一下，便足以引起人們對造成致命污染的警覺。再進一步來看，一個乞丐的發怒也會向人們鳴響警報，因爲他的污濁本質和使用妖術的恐怖主義根本就是一回事。一個乞丐因爲有人拒絕施捨而對那人發出的詛咒，其中包含的力量遠遠超出了語言本身。

我們對中國妖術所作的探討，揭示了兩種互有關連的恐懼產生機制，兩者都涉及到了靈魂—軀體聯係脆弱性的問題。普通人害怕的是自己的魂會失去。靈魂與軀體之間的連接是脆弱的，意味著自然的或超自然的力量是可以將它們分開的。做夢、生病，當然還有惡毒的法術，都對靈魂—軀體聯接紐帶的穩定性構成了威脅。皇家的恐懼則不僅和個體，也和群體有關。君權神授的完整性與持久性，需要透過皇家不斷從事的禮儀活動而反覆得到驗證；同時，君權神授本身，也可以因爲自然的機制（如只有在發生自然災害和出現其它徵兆時，才可以看到的宇宙力量），或由於盼望讓國家遭難的煽風點火者的行動而發生斷裂。

國家不僅需要堅決否認這些妖人和神靈世界之間，存在著任何交流關係，也要對他們的行爲無情地予以禁止。皇家的祭祀官員們對除了自己以外的任何和神靈世界的聯繫，都採取嘲弄態度，這種做法其實證明了他們對於自己的「神授」地位能否持久，有著一種根深蒂固的焦慮。對普通百姓來說，術師的妖術威脅到的是靈魂與軀體之間的脆弱連接；而對皇朝的上層人士來說，這種行爲危害到的則是皇朝同上天力量之間的脆弱聯繫。在十八世紀下半葉，究竟是何種力量同時在社會結構的底層和上層造成這樣的恐懼，這在我們對叫魂的故事作進一步的考察以後，值得加以考慮。面對叫魂的罪惡行徑，皇帝將要發起一場全國性的清剿。在此過程中，存在於妖術與政治之間的聯繫將會更爲清晰地顯示出來。

第六章　各省的清剿

在全國範圍內對妖術的清剿，觸發了弘曆與各省督撫之間的較量。這場暗鬥悄然隱蔽，但激烈的程度並不亞於清剿本身。它的燃料則來自於官僚的責任制度：官員若讓罪犯逃脫，會受到北京吏部的制裁，該官員的上司便有責任對下屬的失職加以彈劾，失於彈劾又會構成更上級官員彈劾失察者的理由。到了總督、巡撫這一層，行政上的失誤則會在皇帝對其個人的寵信上出現裂痕。

官僚責任制度的運作，是圍繞著對訊息的控制而展開的。一項罪行如果未經官方確認已經發生，那麼，一個官員就不會因爲對此罪行失察而受到懲罰。這一極爲簡單的事實，可以說明弘曆與其官僚之間在叫魂案中的緊張關係。雖然清政府沒有職業的秘密警察，皇帝在各省還是有自己的耳目。透過個人情報來源，弘曆得知了山東的那些案件；透過這一情報來源，他也發現了春天被各省巡撫隱瞞的妖術案件。這種隱瞞是出於官方對大衆迷信的蔑視（即上層人士視妖術爲不可知的態度），或是因爲蘇州和胥口鎮事件所牽涉的剪辮案對巡撫來說太過棘手，本身是無關緊要的。反正弘曆相信，這種情況之所以發生，是因爲他的官員們畏難裹足：法庭案件會打亂他們悠遊從容的日常節奏，彈劾屬下則會危及他們官官相護的權力網絡。我們或許應該原諒他的猜疑，整整兩個月來，沒有一個省級官員（不論滿漢）主動向他報告過妖術案件。當他要求各省報告情況並採取行動時，各省的初步反應證明這種猜疑是有道理的。

弘曆的行省官僚

我們先來考察弘曆的各省執法官員的工作效率。一七六八年中國的行省官僚，是一個由六十三個人組成的很小的精英圈子。我使用「行省官僚」一詞指省以上的行政長官，其責任包括：第一，總攬一省（巡撫）或兩三省（總督）的全部行政事務；①第二，專司一省的特別政務（如布政使和按察使）；第三，無守土之責的特任官員，如漕運總督和河道總督。這無疑是世界上最爲排外的圈子。進入這個圈子意味著得到皇帝的特別寵信，並能與其直接對話。督撫官僚與在北京的部級官員一樣，可以並被要求同皇帝直接並秘密地聯絡。雖然這個圈子裡既沒有老朋友間的那種默契，也沒有坐在皮製靠椅裡的那種舒適安樂（也就是說，這個圈子的內部凝聚力很弱），但進入這個圈子還是能給人一種超越了低級官僚群的特殊自我感覺。②

股肱心腹

弘曆在清剿妖術案中所依靠的，是一個由中老年官僚組成的經驗豐富的群體。其中每個人都有在數省任職的經歷，資深者擔任省級官員已有十年左右。③滿人極不相稱地在其中占有相當大（百分之三十八）的比例，而在總督、巡撫這個層次，其比例更高達百分之五十八。和朝隆初年相比，行省官僚的種族背景發生了很大的變化。自一七三六年以來，滿人人數增長了百分之八十四；漢軍旗人增長了百分之三十三（雖然其實際人數微不足道）；而漢人則減少了百分之五十一。總督的種族結構無甚變化，但滿人在巡撫中的比例急劇上升，其代價則是漢軍旗人比例的下降。滿人任布政使職位的人數也大幅上升，而漢人的任職人數則顯著下降。此外，越來越多的滿人司法官員，正經由正常的升遷管道進入行省官僚圈。上述變化可被視爲滿人漢化程度提高和統治漢人低級官僚能力增强的結果，但也是帝國爲加强滿人在地方政府中的權力而制定的一項處心積慮的政策。

按照十八世紀的標準，弘曆的行省官僚在一七六八年統治著龐大的人口。如兩江總督治下的三省人口有七千萬，比當時法國人口的兩倍還多。而三省中最大、也是全國人口最多的江蘇省，其巡撫治下的人口有三千萬，是當時英國人口的三倍。即使是叫魂案所牽涉到的最小省份山西，也有八百萬人口，大約與大不列顛減去蘇格蘭的人口相當。④顯然，這一官僚機器的嚴密程度不能和我們（以及中國人）所熟知的現代官僚制度相比較。這樣巨大轄區的執政者必須握有便宜行事的實權，但他們的權力還是受到許多制度規定的制約。不僅如此，機密的廷寄制度防止了督撫間的衝突，誰都無法知道鄰省的督撫向皇帝報告了什麼。最後，皇帝透過頻繁調動來防止行省長官在一省坐大。⑤

頻繁調動意味著行省長官，幾乎不可能對自己轄區內的特殊情況有深入的了解，他們因而將大多數的行政事務委之於長期留任的胥吏。⑥這個高度流動的精英集團成員在各省首府之間頻繁調動，但他們被兩條鐵索和帝國的中心綁在一起：同其他官員一樣，他們的黜陟考績保存在吏部的個人檔案中；更爲重要的是，他們與皇帝間維繫著效忠盡責的個人紐帶。

雖然我們習慣於把行省官員稱之爲官僚，在美國的政治格局中這樣的人會被稱爲「政治任命」。雖然他們中的大多數都是循著常規的升遷管道進入行省官僚圈（或起於掌管幾個州縣的道台；或出自六部的低級侍郎），但一旦升爲省級官僚，便標誌著他們和皇帝之間建立起了一種以忠誠和依靠爲特徵的特殊關係。對這一群榮寵的僕人，皇帝期待他們既可信用又懷有熱忱：他們不僅應準確的報告地方上發生的事件，而且應該進一步爲皇上分憂解難。這種素質比存放在吏部的人事檔案記錄更爲重要，它關係著皇帝對他們的寵信，並因而會決定他們的宦海仕途。

這一特殊關係是如何影響一個巡撫的表現的呢?他的職責中，令我們最關心的是構成中國法律制度核心的一個陰暗環結：一個官員在自己的轄區同時是警察、檢察官和法官。事實上，就任何官員的權限而言，司法權只是從屬於行政權的一個方面。在縣裡，知縣同時擁有逮捕、起訴和審判的權力。超出杖責的案子均應移送巡撫審理，而所有死刑案則都要經由皇帝御批。因為《大清律例》將多種形式的妖術定為死罪，據此，叫魂案似乎應該移送省庭，並最終移送北京。巡撫則應該要求下屬清查各州縣的妖人，並親自審理抓獲妖人的案件。

當弘曆在鎮壓「邪術」一事上的壓力增加時，各省巡撫作為檢察官的功能就大大地超過了作為法官的功能。在一七六八年，大多數行省長有一定的司法經驗，這通常來自於將他們帶入行省官僚圈的按察使一職。但他們中僅有少數幾人是法律學家或聲名遠播的能吏，⑦我懷疑其餘的多數人，在司法上並不具備足夠堅定的自我意識，以抗衡與其職位相隨的政治壓力。取悅皇帝是貫徹司法的中心環節。

通訊系統

一個政府的有效運作取決於對資訊流動的仔細掌控。對十八世紀的清王朝來說，這牽涉到兩個問題：第一，明確區分緊急情況和日常事務，從而使各種問題能在適當的層次上根據合理的次序得到解決；第二，確保地方官能及時而準確地提出報告。這兩個問題的解決，從未使弘曆感到滿意。⑧

在第一個問題上，弘曆從父祖那兒繼承了一套由常規管道和機要管道組成的文案報告制度。諸如稅收報表、刑事審判、公共工程和日常人事調動之類的常規事務，都用題本經由掌管六部、由高層部級官員組成的內閣這一管道送達御前。這類報告的格式有嚴格的規定，違反格式可以成為彈劾的理由。雖然今天的社會史學家可以從這些「常規」奏摺中，看到中國人日常生活的實況，但要處理包括謀反在內的緊急機密情況，這一管道卻無法勝任。

處置此類敏感而急迫的資訊需經由機要管道，即皇帝和各省長官之間直接的個人通訊熱線。上行奏稿通常由奏告人的私人僕從或驛卒迅速而慎重地送交皇帝御前。皇帝則用朱筆直接在奏章上批示，然後再送回奏告人。這些密封的文件最後都會收回並保存在皇宮裡，稱之爲朱批奏摺。⑨

朱批奏摺是一種私人文件。除了地方的緊急事務外，這些文件還處理由官員與皇帝間個人關係中，衍生出來的各種問題。⑩它們的格式比較簡單（比如，奏告人頭銜的複雜全稱可以省略，只需簡單地報告現職）。這種經由機要管道進行的交流是一種互惠：奏告人透過向主人遞送機要情報來表達忠誠和感恩；而皇帝則應之以父執般的嚴厲（偶爾也有溫暖）。常規奏摺顯現了官僚制的形式，而朱批奏摺則反映了個人間的禮數。常規奏摺是官與官之間的對話，而朱批奏摺則是人與人之間的交流。

皇帝對官員奏報的回應以及他個人的動議，也經由常規和機要這兩種途徑下達。常規回應通常只是形式上認可內閣的票擬，或是指示六部中的相關部門執行，或是簡單地批示將該文件存檔。對更爲重大的事情或正式的文告則通過明發上諭，發往全國詔告天下。而機要的回應，通常總是由皇帝透過「朱批」，將自己的指示或意見直接寫在奏稿上。寫有朱批的奏稿一般經由軍機處又回到奏報人手中。有時候發還的奏摺上寫有多處朱批，這是皇帝對奏稿中具體意見的直接批示。但更爲常規的做法是，軍機處根據皇帝對奏稿的原始意見所撰的敕令，然後作爲廷寄或字寄發還地方。「明發」是傳達給官僚全體的資訊，而「朱批」和「廷寄」則是迅速、機密而準確的行動文件，用以向特定的官員發出指示或提出告誡。

朱批對於理解弘曆在叫魂案中的作用—實際上也對於理解他在中國政治中的作用—至爲關鍵。奏稿上的朱批文字，向我們揭示了弘曆在閱讀地方報告時的直接反應。雖然廷寄文字是由軍機處的大臣或章京捉刀，但最後總是由皇帝本人定稿，並常常加上他本人的朱筆評語批注。然後這改定的文字才發還地方。接旨者因而清楚地知道什麼問題是皇帝特別重視的，朱紅的批示明白無誤地提醒他，整個廷寄所忠實反映的是皇帝本人的想法。

江南的隱情

一些尷尬的發現

兩江總督掌管著江蘇、江西和安徽三省，是滿清帝國的第一肥缺和要缺。這三省的核心長江三角洲地區以及相鄰的浙江省部分地區，是江南地區叫魂案的發源地。在這一敏感職務上任職的，是名聲顯赫的高晉。他曾任河道總督，叫魂案發生時已六十二歲。若不是他的背景和關係，他是爬不到這個位置的。他出身於上三旗之一的正黃旗，與清皇室同出一旗。他的祖先世代爲皇室包衣，是已經滿人化的漢人。他的一個叔父是內閣大臣，一個堂姐是皇妃

（皇帝因此降旨放了他們家族的包衣身份）。高晉不像一般旗人經由內部路線上升到高位，仕途從二十九歲時擔任低級的知縣開始，直到十四年以後才第一次升任省級官員。⑪

當高晉不急不徐地回答弘曆對兩江地區妖術案的詢問時，他有充分的理由感到這樣做是安全的。他在八月初奏報道，春天當他暫時在蘇州代理巡撫時，確實聽到過浙江發生叫魂事件的謠傳。地方官員告訴他謠言來自杭州地區，而江蘇本身並沒有割辮事件發生。一旦謠傳者被抓獲、謠言的傳播遭到禁止，地方上就安靖了。但是弘曆的朱批顯示他對這些話一句也不信：既然別省都報告了割辮事件，「江蘇豈能獨無其事？」江南的官僚表現差勁，而他們的「化有爲無之術實屬可惡」。⑫

弘曆然後把憤怒對準了高晉的下屬江蘇巡撫彰寶，因爲根據山東獲得的口供，好幾個重要的妖術人犯躲藏在江蘇。彰寶是一個經驗豐富、狡詐並擅長暗鬥的滿族官僚，他從行省的職位穩步上升，因有效處理一七六六年山西的一個舞弊案而獲得弘曆的信任。⑬當他於一七六八年到蘇州就任江蘇巡撫時，碰到了又一樁舞弊醜聞。這一醜聞牽涉到揚州的鹽政。高衡是案中臭名昭著的被告，他有著令人難以下手的背景，因爲他的堂兄不是別人，正是彰寶的頂頭上司高晉，而他的姐姐則是以美貌爲家族贏得自由的皇妃⑭。正當彰寶著手處理這一棘手案件時，對叫魂案的全力清剿開始了。彰寶很快便發現，自己成了來自北京不斷升溫的廷寄上諭的目標。

來自山東的最新情報（乞丐蔡廷章和靳貫子的口供，其中包括妖黨首領的姓名）分發到了東部各省的督撫們手中。然而，直到八月中旬，弘曆發現他的督撫們並未根據已有的線索抓到大術師玉石和尚（江蘇）和吳元（浙江）。雖然直隸和山東已逮捕了不少嫌犯（富尼漢又抓到了五個割辮案犯），但在叫魂案發源地的江南，各省還不曾抓到一個案犯。

令彭寶難堪的是，他現在不得不承認，關於割辮妖術的某些謠言早在春天便已從浙江傳入了江蘇。因爲經過調查沒有發現有人被剪掉辮子的任何真憑實據，他當時覺得沒有必要報告這一情況，不過到了八月初，來自蘇北運河附近州縣的報告，表明情況變得嚴重起來。早在春末，安東縣有個叫劉五的人剪了一個鄒性男子的辮子，現在他被羈押起來。在沛縣的一個市集上，據報一個姜姓的山東男子將一位楊姓農民的母親「近身一碰」，即造成了她的「昏迷」。而在邳州，一個王姓男子藏匿在灌木叢中，然後在同丘大豐的妻子搭話時剪去了她的一片衣襟。後面這兩個案犯，一個被衆人當場毆斃，另一個被追逐而自殺。安東那個案犯劉五是個狡猾的惡棍：他讓縣當局相信，自己割辮的目的，只是爲了在隨後的騷動中趁機摸別人的錢袋。彭寶向弘曆保證他要親自審問這個案犯。他同時派出幹員趕往海州緝拿大術師明遠——按照他的徒弟韓沛顯的供詞，明遠將於八月二十六日到那裡接頭。他還指示地方官員，要嚴密注意據張四儒口供正躲藏在鄰省安徽宿州的大術師玉石的行蹤，以防他竄入江蘇。⑮

弘曆批評彰寶的表現極不妥當：那些縣官怎能信賴一個小偷的滑頭供詞，而將這樣重要的案件置之不理達幾個月之久？（朱批：此舉不解事矣。）如果對春天的謠傳積極加以調查，小民就不至於對案犯處以私刑，而會像山東那樣將他們扭送官府。山東和江蘇相比較吏治之優劣一目了然。彰寶在追捕玉石時未越界進入安徽，是官僚瀆職的又一證明：雖然在通常的刑案追捕中跟越省界顯得有點過分，但對於這樣的案子怎能有此顧忌呢？⑯

爲了爭回弘曆的信任，彰寶興奮地向弘曆報告，揚州的鹽務舞弊案已查出明顯的證據，不久當可結案。弘曆無動於衷，斥責彰寶主次不分：鹽務「不過地方公事之一，況已查有端倪，無甚棘手。若罪徒潛匿肆其鬼蜮伎倆，擾害閭閻，民生之害最鉅要。」彰寶顯然是「輕重倒置」。⑰

雖然彰寶聲稱沒有放過任何線索，來自山東的情報不斷將他引入一個又一個新的死胡同。他無法找到海州的三教堂廟，大術師明遠據說會等在那裡，收集他的徒衆剪來的辮子。他也找不到和韓沛顯所描述的明遠有絲毫相像之處的和尚。在安徽被捕的一個遊民，提供了一條令人鼓舞的線索，說蘇州有一個雇人割辮子的朱姓石匠。但是這個消息實際上毫無價值，因爲蘇州根本找不到這樣一個人。最後，山東乞丐靳貫子口供中提到的算命先生張四儒本應躲在邳州附近的某個村莊，但這個村莊純屬子虛。不過在弘曆看來，關於石匠的線索只證明了那些官員們喜歡掩蓋真相。浙江的石匠們也捲入了妖術案，但可惡的地方官們試圖隱瞞案情，「化有爲無」。顯然江蘇的官員們也在玩弄同樣的花招。結果，妖術案才在各省蔓延，愈演愈烈。弘曆批道：「汝二省殊堪痛恨。」⑱

備受斥責的巡撫該怎麼辦？山東的口供會不會有詐？彰寶給富尼漢去信請他重審案犯。山東的案犯因此又受了一遭皮肉之苦，並改變了他們的故事。大術師吳元和通元根本不是江南人，而是北京西郊的宛平縣人！⑲根據這一驚人的消息，弘曆發出了荒唐的命令，將京畿地區所有可疑的僧人都徹查一遍，不要拘泥於名字是否與口供中的相符。難道，那些和尚就不會改他們的法號嗎？⑳

以下的對話（弘曆的朱批保留在彰寶八月二十九日奏摺的字裡行間）顯示了這一案件成了弘曆和各省之間更形緊張的關係的導火線。彰寶將小偷劉某帶到揚州審訊。劉堅持他是一個無家可歸的竊賊。某個藥店老板魏胡子要他剪三條辮子來，每條給他一百五十錢。但劉很快就被抓獲了。彰寶立刻派人去查辦魏胡子是否實有其人。（朱批：「先有此語，即係欲無其事之意，屬員必又以爲妄供了事矣。」）㉑

彰寶：查外省咨拿之犯或有住址姓名而現在查無蹤跡，或僅開姓名而並無鄉貫住址。總由匪徒狡黠，隱匿眞線，混以遊供抵飾，希圖延展之計。

朱批：此固有之。汝等尚如此，何怪匪徒？

彰寶：此等……重犯巨魁一日不獲，……而地方亦無能寧謐。

朱批：所以督催汝等，正爲此也。其奈汝等上下模棱之習牢不可破何？

彰寶：畀任封疆凡訟師棍徒機衙蠹積賊等匪不過爲害一處者，無刻不行察訪，以冀肅法安良。安敢將此等奸宄邪惡稍致怠忽疏縱？

朱批：大不是矣。將現在情形速奏來。

追查妖術案碰到了一個在清代制度中普遍存在的問題，事實上，這也是任何一個以地方官員爲地方實況主要資訊來源的制度都會遇到的問題。雖然朱批奏摺制度具有廣泛監督的潛在功能（即一個官員會爲了個人利益而舉告別人），但實際上卻並非如此。皇帝的假設是，地方官出於自身利益，總是對手邊的問題輕描淡寫以減輕失職的過失。在這種情況下，常規的監察系統（例如對稅收報告的監察）變得毫無作用，因爲，並沒有什麼常規的制度可以用來審核妖術案犯的人數。對於罪犯的這種緊急而非常規的清剿，立刻使皇帝與官僚處於掌控資訊的競爭之中，使他們之間的關係更形尖銳緊張。但是皇帝並非處於孤立無援的境地。他在江南官僚機器中有自己的眼線。

現場的眼線

蘇州織造的職位向來是由內務府的可靠官員來充任的。織造府位於政治敏感的長江下游地區的中心，織造的職責不僅在於向皇上供應奢侈的絲織品，而且也要及時提供地方上的有關情報。㉒其時就任織造一職的是旗人薩載（死於一七八六年），他出於皇族的旁支，又是將門貴胄之後。㉓他以滿語答題通過特考成爲舉人。這種考試不過是方便滿人進入高級職位的一種特殊政策，以當時的標準，薩載從文化背景上來說稱得上是個道道地地的滿人。當叫魂案發生時，薩載在江南任上已至少有五年之久，算得上是一個江南通了。人們有充分的理由，相信他是皇帝在江南地區的最好耳目。

可以想像，當看到薩載關於叫魂案的奏報不過寥寥數筆時，弘曆有多麼生氣。「織造有奏事之責。」蘇州人煙稠密，薩載在那裡豈能毫無見聞？對於這樣關係重大的奸匪擾累事件，他豈能漠然置之、不關痛癢？

> 豈畏懼督撫聲勢，恐將地方官底裡顯出，致招嫌怨耶？抑以政務非其專責，遂視如隔膜，有心緘默耶？果爾，則是許織造之專摺陳奏徒屬有名無實，豈僅尋常雨水糧價等事，循例列牘遂可爲塞責乎？㉔

像高晉和彰寶一樣，薩載現在也必須向弘曆奏陳春天發生，令人難堪的妖術謠傳。更爲難堪的是，五月份的那些事件，即我在第一章所述及的蘇州乞丐被捕和胥口鎮事件，就發生在蘇州，而弘曆竟毫無所聞。薩載報告了嫌犯因缺少證據而被釋放，以及地方官禁止百姓僅因懷疑有人叫魂便濫抓無辜。薩載說他未聽說地方官繼續捕獲這類案犯，但也未聽說有何人真的被割去辮子。接下來，他必須報告他同僚的情況：

其時督臣高晉在蘇兼署撫篆，曾向奴才言及此事。據云現在獲解到案之人，縣審皆無實據。至四月間撫臣彰寶到任後向奴才問及地方事務有無見聞，奴才亦曾將此事說知。據云只在嚴密查拏，不在出示曉諭等語，其因何不先行具奏之處，奴才實不知其故。㉕

弘曆現在抓住了高晉和彰寶隱瞞實情的例證。他們的陳奏從未提及蘇州或胥口鎮的事件，只是輕描淡寫地提到「謠言」。雖然彰寶直到五月十三日才赴蘇州就任，但他從薩載那裡得知這個案件不會晚於六月十四日（如果薩載是可信的話），完全來得及立刻奏報朝廷。㉖可是他當時又怎麼會料到這案子會變成現在這樣呢？無論失於奏報是出於對此事真實性的懷疑還是因爲害怕引起事端，反正弘曆的懷疑完全得了證實。高晉、彰寶兩人均受到嚴厲的訓斥。那些「是非倒置」、不許百姓捉拿妖術嫌犯的惡劣地方官員本應受到上級督撫的糾參。但「化大爲小，化有爲無之習，各省皆所不免，而江南實爲尤甚。」弘曆還寫道：「高晉既習於塌冗，毫不振作。彰寶前任藩司日久，原不免沾染積習。嗣在晉撫任內，諸事尚知奮勉。意其痼習以悛。乃自調任江蘇以來，故智復萌。」㉗

因此，所有在五月間被捕旋又釋放的案犯應再抓起來，並立刻移送承德行宮受審（這包括蘇州的乞丐和胥口鎮那幾個幾乎被毆斃的和尚）。案犯若有逃脫，或地方官若有「教供」，一切後果均由高晉和彰寶承擔，決不寬貸。

彰寶懇求弘曆責罰：他的失職導致了屬下玩忽重情要案，而他本人也多少染上了官場積習。他請求弘曆讓吏部彈劾和處罰自己（朱批：「彈劾爲時尚早，朕欲看汝有何能耐緝捕案犯。」㉘）從實際出發，彰寶只能根據犯人的口供追捕妖黨。要不了幾天，小偷劉某的師傅魏胡子就被抓獲了。彰寶親自審問，魏胡子承認招募了劉某，但供稱他本人也是受雇於原爲商店伙計的某人，其人用割來的辮子和藥。㉙至此，案情變得令人沮喪。

浙江的撇清

永德是滿族小貴族，他能躋身行省官僚，似乎是太容易了一些。這位皇族的旁支㉚只在刑部短期任職見習就發往浙江任道台，負責杭州地區沿海防務。在任職十年無過失後，他於一七六五～一七六六年間升任省布政使。他或許是因改進行政的一些瑣細建議而贏得弘曆的歡心，在一七六八年四月二十五日被拔擢爲浙江巡撫。㉛

山東巡撫富尼漢於七月二十四日左右通知永德，據蔡、靳兩個乞丐疑犯供稱，浙江是現今已在山東露頭的神秘剪辮案的發源地，這定然使新上任的永德大驚失色。他知道，儘管當初對浙江叫魂案件的處理看上去乾脆俐落，沒有驚動朝廷，但皇上現在一定已經知道了這個案件。永德不得不準備應付朝廷不可避免的詢問。八月四日和六日，弘曆的諭旨果然到達了杭州的巡撫衙門，要求永德報告情況並立刻採取行動。㉜

永德奏稱，今年初春關於叫魂的謠言確實突然在當地流傳。當時還是布政使的他立刻意識到妖術是一項嚴重的罪行。他立刻向巡撫熊學鵬做了「面稟」（當然，這是無案可查的）。經調查，很快便帶出了德清和蕭山的妖術恐慌事件，而這些事件的起因原來在於無知鄉民的以訛傳訛，誤信惑聽，「是以前撫臣熊學鵬未經奏」。當他本人就任巡撫後，「誠恐尚有罪徒潛行不法滋事」，因此他要地方官加以警惕。

永德繼續奏稱，現在山東案件的供詞，揭露出叫魂妖黨的首犯隱蔽在浙江。他在全省派出了便衣偵探，但未查到吳元，只找到一個名字同音不同字的和尚，但他與妖術罪犯扯不上任何關係。而且，即使在最偏遠的山區寺廟，也找不到山東匪犯所供出的張四儒（即靳貫子所供出之算命先生）或其他人。永德說他將繼續查處，並飭令州縣認真緝拿罪犯，若有疏忽縱漏，定將嚴參，決不寬貸。弘曆的朱批對這種空泛的保證不以爲然：「不意汝竟如此無用。」㉝

有了這樣的朱批，整個故事就必須繼續下去。永德把今春以來審理過的所有罪犯—包括吳石匠、沈農夫、蕭山的和尚以及縣役蔡瑞—的案卷統統送到了北京。㉞弘曆越讀越生氣。浙江的官僚顯然在「縱惡養奸」。很明顯的，對德清石匠的指控不可能毫無根據。而懲罰原告（例如縣役蔡瑞）是「顛倒是非」。如此一來，「小民尚何敢再首，差役復何敢拿人？」至於永德本人，則根本沒有理由把責任推到前任巡撫身上。作爲布政使，他就有責任直接向皇帝奏報。如果布政使僅僅報告錢穀浮詞，而按察使僅僅報告刑名陳案，「搪塞敷陳，遂爲盡奏事之責，又豈朕許令封函徑達之本意乎？」對於這樣的緊要罪犯，所有的官員都有追緝之責。那些今春被逮捕又釋放的罪犯（石匠們與和尚們），則應將他們即行解往承德行宮，這裡的官員自有辦法從他們身上榨出事實真相。㉟

來自山東的進一步線索

回過頭來再說江蘇。彰寶還在爲小偷劉某的案件頭痛，又碰到了新的問題。鄰省山東的搜捕已經抓獲了一大批妖黨疑犯，現在又有了新的線索。巡撫富尼漢於九月十二日報告說，早在七月三日，一個衙役在某縣城抓住了一個形跡可疑的和尚通杲。因爲兗州知府還只是剛剛向他報告了這個案子，因此罪犯已在監獄裡遷延了兩個月。罪犯抗議說，他並不是割辮犯，而只是去直隸探望親戚。但在直隸的詢查發現他並無這些親戚，他因此被送到府衙受審。他供稱自己是在河南受的剃度，後拜了一個名叫悟成的和尚爲師。悟成住在南京的一個叫紫竹林的廟中。他是一個術師，能用咒語迷藥割人髮辮，再從辮端汲取精氣，便可使紙人紙馬變成「陰魂」，爲主子取人財物。悟成派通杲和另外八個徒弟帶著剪刀和迷藥，去割取爲施行妖術所必需的辮子。通杲供出了兩個受害者的名字，地方官報告說受害者證實了這些罪行。早先在逃跑的路上，通杲扔掉了迷藥、剪刀和辮子，所以法庭無法提供這些作案證據。儘管如此，他的罪行是難以否認的，因爲他的供詞有充分的間接證據。㊱

對有所警覺的富尼漢來說，這早已是一個耳熟能詳的故事。他猜想這些罪犯不是別人，就是第一個案犯乞丐蔡廷章的同伙，他們改名換姓以逃避追捕。但通杲不肯承認他知道算命先生張四儒、和尚明遠或其他案犯先前已供出的另幾個妖術犯。富尼漢通知江南督撫緝捕悟成和他的八個徒衆。㊲江南的官員現在有了充分的線索。彰寶急忙派出幹員去南京捉拿悟成，但不知如何事先走漏了風聲，悟成業已潛逃。這時，一個更爲棘手的案子又纏上了彰寶。

張四儒的厄運

江南算命先生張四儒的名字，最初出自富尼漢在山東抓獲的割辮和雞姦犯乞丐靳貫子的口供。靳供稱，張四儒曾向他提及大術師玉石和尚，並網羅他加入了割辮妖黨。㊳現在，緝捕張四儒成了整個江南地區官府的頭等大事。因爲江南官員從七月末就開始得到山東巡撫的情報，他們已經知道妖術陰謀的中心就在他們的轄區。整個炎熱的八月，他們都在根據山東所獲口供中提供的姓名地址無情地追緝罪犯。總督高晉向弘曆報告說，他命令宿州官員秘密搜查了據信爲大術師玉石所潛藏的黑龍廟。㊴雖然他們找到了一個同名的寺廟，但那裡並無名叫玉石的和尚（朱批：「此何言耶？彼不可改名乎？」），也没有找到有關妖術的書籍和器物。其它地方的同音寺廟也都查而無獲。高晉建議，既然靳貫子説他是從算命先生張四儒口中聽到玉石的名字，那麼要抓獲妖黨主犯玉石之前便應先抓獲張四儒。

但問題是，這個狡猾的算命先生既無地址，也無籍貫。他來自江南，但江南有三個省七千萬人。總督高晉請求山東重審案犯以得到更確切的細節。回饋而來的口供稱，張四儒來自一個名叫五欒户莊的村子，該村位於邳州城南，在蘇北近山東邊界的大運河附近。但當地並無這樣一個村莊。雖然當地户籍上有三個人姓名與張四儒音近，但都與張的情況不符。高晉根據山東口供所做的廣泛搜捕因而一無所獲。

在八月的最後一週，案情忽然有了突破。宿州知府報告説，他們抓獲了一個名叫張四的乞丐，他攜有小刀、藥末和一段辮尖。宿州在淮北，離搜捕張四儒的地方只有三百餘里。雖然張四的字和被追捕的張四儒有一字之差，並且還是一個普通得不能再普通的姓名，但那些罪證還是給了焦頭爛額的江南官員一線希望。㊵高晉奏報説他將親自審問案犯。（朱批：「此人即可蹤跡，當設法詳問，若一用刑彼反不實供矣。」）

弘曆當然也鬆了一口氣，割辮案中的一個重要案犯終於落網了。安徽巡撫馮鈐已奏報了宿州的斬獲，並説宿州知府已經確知該犯就是他們一直在緝捕的張四儒，即山東割辮案的禍首、大術師玉石和尚的同謀。弘曆再次提醒高晉不要用刑；要獲得確實的口供顯然很困難，但他並沒有建議應如何從頑冥不化的案犯口中獲得消息。相反，弘曆的廷寄中充滿了隱隱的壓力，要求獲得確切的口供。不僅如此，如果地方上不能得到可靠的結果，案犯就應嚴密護送到兩千餘里外長城以北的承德行宮來。㊶

雖然馮鈐作爲安徽巡撫，是高晉的下屬，但他也有責任直接向弘曆奏報。因此，他所處的特殊地位，本應使他能首先向弘曆報告張四儒案的進展。但是他顯然不清楚自己的成果有多麼重要：令弘曆生氣的是，馮的奏章是經由尋常途徑—由他的私人信差，而不是更快捷的軍事驛卒遞送的。㊷因此該奏章在路上耽擱了兩個多星期，直到九月六日才到達承德行宮。這份姍姍來遲的奏章報告了案犯的下列口供。

三十六歲的張四是魯西南運河附近的金鄉縣人。他和十一歲的兒子秋兒是流浪乞丐，他們以唱「蓮花落」（一種乞丐唱的民歌）向路人行乞。父子倆於七月二十六日來到徐州東門，碰到了一個來自潮廣地區的趙三，高個漢人，五十上下。趙問他們何以爲生，然後要他們替他割辮，每條五百文。他告訴他們，若用迷藥，便可輕易將人迷倒割辮。趙未告訴他們辮子有何用，但給了張一把剪刀，一包迷藥，然後約定以後在銅山縣邊界碰頭。（這裡根本沒有提到術師玉石和尚—迄今，這個故事與富尼漢從山東乞丐處所獲得的供詞，並沒有什麼不同。）㊸

張四說他和兒子於八月十二日到達宿州的趙家樓，在一趙姓人家門前唱曲討乞。唱完後人都散去，唯有趙家雇工費永年留在那裡。張走上去用迷藥迷倒了他，然後割下他的辮梢，逃走了。後來他們趟過一條溪流，他的迷藥浸濕了。張在兒子身上試了迷藥，發覺藥已失效。不久縣役趕來抓住了他們（受害者醒來後向縣役報了案），並搜出了辮尖、迷藥和剪刀等犯罪證據。馮鈐奏報說，他的屬下正在盡極大的努力搜尋趙三，他本人則將親自審問張四，以確認他是否就是山東案犯所供稱之算命先生張四儒，並進一步追緝罪魁玉石和尚。然而，就在江南的案子看來即將破獲之際，京畿的官員卻發現威脅正逼近京城。

接踵而來的危機

妖術正在向北蔓延。在這一過程中，一系列令人不安的跡象表明妖術並不局限於鄉村社會，而可能牽涉到了更爲廣泛的社會層面。八月初，直隸總督方觀承奏報弘曆，妖術已經越過山東侵入他的省份，而這也是京畿所在的省份。

一個防範妖術的案件

如我們在第五章所看到的，有各種方法可用來防止妖術的危害，如咒語、護身符和其他禮儀上的手段。自六月份叫魂謠言從江南傳播開來後，在長江沿岸到處可以聽到這樣一首咒人的歌謠：

石匠石和尚，
你叫你自當。
先叫和尚死，
後叫石匠亡。
早早歸家去，
自己頂橋樑。㊹

這樣的歌謠對神經過敏的官僚的耐心是一種考驗，他們害怕這種防範妖術的符咒會煽起對妖術的更大恐慌。督撫們警告州縣僚屬，誰讓這些謠言反覆流傳就將彈劾誰。但是小民百姓並不會理會這些而輕易放棄自我保護。不久，更爲警覺的防範手段，在京畿附近流傳開來。

四十歲的農夫孟士會住在位於南直與山東交界的景州縣城附近的一個村莊。㊺在暑熱的七月十八日晚上，他睡在自家茅屋的後房，而他的妻子則與孩子們睡在前屋，前門敞開著以圖涼快。孟對官府說，天快亮的時候，「我身上發顫，就昏迷了。我女人叫我不醒，忽見我的辮子沒了四五寸。」被驚醒的孟妻聽說過，把割剩的辮子都剃淨並洗一下頭，就能躲過災難（六月下旬關於割辮妖術的謠言已從山東傳到了直隸。山東民間傳說要防止妖術傷害，就要把全部辮子剪掉，然後用艾草、稻秸、金銀花和大蒜洗頭）。因此她叫來理髮匠把昏迷的丈夫的頭剃了並洗了頭。直到中午時分孟農夫才漸漸醒來。不久，人們又發現另外兩個同樣的案子，一個是二十九歲以賣餅爲生的夏葛白，另一個是十五歲的鄰縣男孩王然。

妖術的警報迅速經由各村的流言網絡傳到了縣城，張知縣把被害者召到縣衙門訊問。最後他的發現上奏到了承德行宮，警覺的弘曆命令將這些受害者立刻送北京交軍機處審問。然後要將他們釋放，因爲把這些無知鄉愚同剃髮出家的和尚相提並論是不恰當的，那些不肖的和尚更容易串通罪犯。㊻當時弘曆和大學士傅恆正在承德避暑，京城的事務由軍機大臣劉統勛和劉綸負責。他們檢查了受害者，沒有發現行爲可疑的證據（除了辮子被剪掉外），於是建議將他們釋放。

但是弘曆並不滿意。雖然這些鄉愚爲防範妖術傷害而剪掉辮子不能算違反剃髮令，但這些案子十分可疑，因爲張知縣按總督的指示親自陪送被害者進京，而不是由手下人護送。他是否受命如此辦理以便在路上教供，以掩飾他自己的疏忽、或更爲嚴重的過錯？最好還是把這些受害者由刑部官員護送帶到承德來。㊼

於是，孟農夫和其他人被護送到承德行宮作證。大約是清洗一番後，他們跪在大學士傅恆面前。傅恆是弘曆的妻舅，他將親自審問他們如何丟掉了辮子。弘曆的這位忠心而能幹的僕人是一位傑出將領的曾孫，也是一位最爲康熙皇帝信賴的大臣的孫子。傅恆在一七四九年率軍征服了金川，進一步鞏固了他在朝中的地位。但他與弘曆的密切個人關係建立在一種更爲有力的感情基礎之上，那就是弘曆對死去才一年的傅恆妹妹、他的第一位皇后的記憶。㊽當叫魂案發生時，傅恆還不到五十歲，但在軍機大臣任上已二十多年了，弘曆關於妖術案的大多數上諭和廷寄都是由他起草的。

跪在傅恆面前的三個人正好處在中國社會階梯的另一端。他們三人都堅持原供：那男孩王然，是在街上行走的時候被人割去辮子的；夏葛白的辮子則是睡在母親家的外屋時被割的；但是孟的案子仍有疑點，因爲他是睡在內室，割辮犯進入內室怎會不被發覺呢？孟堅持說，他妻子睡得很熟，所以什麼也沒聽見。他對傅恆抗辯道，他妻子「若果知道，哪有當時不叫喊，直至天亮後才叫我呢？」至於弘曆懷疑張知州教供一事，孟和夏都堅持說，在來北京的路上，「一路吃飯都是張太爺的，張太爺並不同我們說別的話。」

傅恆認爲孟等三人的話大致可信。王然係幼童無知，孟士會和夏葛白都是鄉愚村民。雖然他們暫時剪掉了殘留的髮辮，但現已長出，仍舊留辮，其中似無暗通匪黨情事，應照劉統勳所奏將他們送回原籍。弘曆在傅恆的奏稿上簡單地批道「知道了」，表明他同意所奏但保留他對案子的看法。㊾這意味著三個自行割辮者雖可釋放，但大臣們卻要對他們負責。接下來的幾個星期將要決定的是，這個案子是以平民百姓爲對象的妖術案還是剃髮案。前者是清律中相當嚴重的罪行，後者則是謀反。

與此同時，弘曆不斷接到北京來的緊急報告，說妖術犯已潛入北京，並有割辮和剪衣案情發生。雖然還沒有罪犯被捕獲，但他們活動的證據卻源源而來，每天都有新的受害者。許多人受害嚴重，當場暈倒癱瘓在地；其餘則失去知覺直到辮子被割。有的人甚至整條辮子被偷割，還有的則像孟士會那樣自己割掉剩下的辮子以避禍。不論是受害人還是旁觀者，誰也沒看到妖人。在最近這些案子中有兩個涉及到婦女：一個車夫的妻子突然被人迷倒並被割去衣襟。另一個是兵丁的妹妹，她晚上和母親睡在一起時被人剪去頭髮，扔在後院。雖然「不甚昏迷」，但她抱怨說她「但覺心中發戀，情形尤爲可異」。㊿爲了保護自己，許多住家都在門上和牆上貼上了防妖術的符咒。緊張的民衆又因有關「怪蟲」的謠言變得更爲驚恐。據說這種怪蟲來自鄰省山西，能咬人致命。許多公共場所都張貼了匿名人所畫的這種蟲子的圖像。北京市民們還傳閱著預言飢荒、瘟疫和鬼怪橫行的傳單。51

弘曆的第一個反應是，如果罪犯能在北京出入無忌，那麼由托恩多掌管的北京巡防衛兵就是飯桶。他寫道，北京人煙稠密，入夜以後街道都有柵欄設防。如果這些惡徒能自由出入，迷人割辮，那衛兵和柵欄有什麼用？不僅如此，他的私人情報告訴他許多受害者都是在易於受害的情況下被剪去髮辮的，如在偏僻的小巷面壁解手時。如果北京的衛兵確在履行職責，這些罪犯怎可能逃脫呢？托恩多的職位相當於提督，他到底在做什麼？應付這些情況的最好辦法是在提升戒備時加强克制。街道的巡查要加强，同時民衆的情緒要安撫。地方當局對謠言應處之漠然，不要去訊問受害者，甚至不必要求每個剪辮事件都報告官府。門上貼符咒雖屬愚蠢，但不必管它。弘曆提醒道，如常言所説：「見怪不怪，其怪自敗。」㊾

至於怪蟲的謠言則是另一回事。這顯然是惡徒所爲，目的在於乘妖術恐懼之危。保安力量應追查緝捕那些印發圖像傳單的人。㊿

同時，北京的軍機大臣奏報承德向弘曆保證，由於加强了戒備，北京的剪辮案已漸減少。弘曆批示：「此非潛蹤所可完事也。……今熱河亦漸有之，大家不可不上緊嚴緝。」54

此時，妖術正悄悄越過長城，進入滿人的家園。

河南的執法

監於京畿周圍的事態發展，也許還因爲據報湖北發生民衆大恐慌而感到震驚，弘曆在熱河行宮的輔臣建議，在地處要衝的河南做一次大規模搜捕。弘曆表示首肯，並讓軍機處發諭旨給河南巡撫阿思哈。55這個善於逢迎又庸碌無能的旗人立刻行動起來。56他奏報説，確實，關於妖術的謠言早在七月中就傳到了河南。他曾經口頭命令省按察使讓各州縣保持警惕。幾天以後，有三個人在黃河北岸、安陽古都附近的彰德府城被剪了辮子。他們當時並沒有覺得什麼，只是事後發現辮子被剪。雖然人們相信被害人會喪命（三人都説他們感到頭暈發抖），但他們後來都沒事。據説用朱砂、雄黃、雞血（朱砂雞血的顏色都是象徵好運的紅色，在喪葬時可以用來抵禦穢氣）來清洗割剩的頭髮就可以避害。阿思哈的手下不知這種說法「起自何處」，也沒有逮到任何罪犯。57

不久，在鄰近的湯陰縣，一個申姓男子在路上碰到一個和尚問路。回家後發現自己的辮子被剪。因爲這和尚是他碰到的唯一陌生人，自然是最大的嫌疑犯。一群村民在縣役帶領下抓到了罪犯。他們發現他的扁擔尖上掛著十餘條用頭髮編成的辮子，每根有六七寸長。申某的髮辮不在其中。巡撫阿思哈怕案犯逃脫，命令將他解到開封省庭，親自對他進行了刑訊。

和尚的法號叫海印，俗姓任，家住黃河下游五百里處的徐州城西門附近。他十五歲在當地上興寺剃度出家，拜性元和尚爲師。師父死後，他成了遊方和尚。他否認割辮和從事其他邪術。那些掛在扁擔上的頭髮是他前些年收集來的。在反覆審訊中他堅守自己的口供，說如果那些頭髮真是偷來的，他怎麼會把它們掛在扁擔上呢。阿思哈報告說這個和尚十分狡猾。在扁擔頭上掛短繩並不奇怪，但這個和尚爲何要用頭髮做短繩呢？罪犯只是一味咕噥：「並非偷剪。」

和尚日復一日地受審，但始終咬定不認。阿思哈非常懷疑，他寫道：「此等奸徒偷剪髮辮，應有首謀主使之人。必須嚴加刑訊，方得根底。」但是，這和尚歷經審訊，已是形容委頓。「若急用刑夾，恐或致斃，反至無可根究。」（朱批：是）阿思哈讓地方官繼續在各州縣仔細搜查，並將察看情形，再繼續刑訊案犯。他還奏報道，河南的割辮案僅限於彰德和開封地區，民間的恐慌已平息下來。「臣緣正犯未經就獲，即所獲之僧，亦未經確供，是以尚未具奏。」

弘曆發回一封緊急旨諭說，碰到這種情況用刑只會壞事。「此等奸徒，類多詭譎。雖蹤跡顯然而事發到官，每每茹刑狡抵，希圖斃於夾杖，轉無從得其底細。」而各地「奸匪鬼蜮伎倆大略相同」。因此，阿思哈應繼續審問，但「不可徒事刑求」。同時，應「不拘僧道人衆」繼續搜捕妖黨疑犯。㊽

在重刑之下，海印挺不住了，他的故事混亂起來。緝查人員發現徐州既無上興寺，亦無任姓居民在西門附近居住。海印現在改口說他是河南永城縣人，但阿思哈奏報導，他仍「狡賴」，不肯說出所居住的寺廟。然而他頑固地堅持自己無罪，只是說「於我擔頭查有辮繩，就是我該死了」。這樣的抵賴無非是爲了「庇伊伙黨」。阿思哈說審問本應繼續，但是「該犯適患時氣病症，兼有瘡發，飲食亦減，難以審訊。現飭選醫加緊調治，容俟痊日再行嚴究」。此外他已命令所屬各地方官加緊搜查嫌犯。「但得續有弋獲，與該犯互質，究其根底似當較易，現在尚無緝獲。近日亦無被剪髮辮之人。」（朱批：「京師此風未熄，再熱河亦有之，豈汝省獨無耶？足見汝不實力嚴緝，大不是矣。」）㊾

僅僅在直隸一省，官府便接獲了十七起剪辮案的報告，抓住了三個嫌疑僧道。阿思哈說，剪辮案在河南已經匿跡，顯屬不可能。弘曆回答說：「此語不實。」這是弘曆的帝王手段，暗示除了官僚系統以外，他還有自己的其它情報來源。在這樣的淫威下，阿思哈不得不想方設法從海印口中榨出東西來，儘管這個狡猾的和尚並不合作。雖然海印一味抵賴，但證據很明白地擺在那裡。麻煩的是，他的病情日甚一日。醫藥已不起作用，海印躺在那裡奄奄待斃。

阿思哈小心翼翼地奏報道：「此等害民奸匪人人痛恨。……若聽其瘐斃獄中，既無以彰國法而快人心，且愚民無知間有訛言。」驚恐憤怒的民衆會把海印的失蹤看作是官府的失控，或對妖術漠然置之。所以，「宜顯戮以釋衆疑。兼使奸徒咸知鬼伎倆終難倖逃。」阿思哈因而「不揣冒味，……恭請王命，將該犯押赴市曹正法，懸首示衆」。[60]

這樣不僅海印解脱了痛苦，阿思哈也得以擺脱困境。讓一個囚犯瘐死獄中，只是行政上的小小過失（對巡撫來説只是一點罰款而已）。但是，讓海印這樣的重要案犯死掉而没有獲得他的口供，則意味著主管官員的無能或隱瞞真情（比如，人們會懷疑案犯可能供出了一個大陰謀，但地方官員們長期以來一直被矇在鼓裡）。阿思哈的建議，是以巡撫所擁有的迅速處決罪犯的權力爲依據—雖然這種權力通常只用於謀反叛亂。在這個案件上，把一個奄奄待斃的和尚拉到市曹斬首示衆，是一種强有力的訊息，表明了國家鎮壓妖術的決心，雖然罪犯並没有口供認罪。但是，這並不是弘曆想得到的結果（朱批：「更不成事矣！」）。

河南的斬獲如此之少，這使得弘曆不能不懷疑阿思哈的屬下有另外一層隱情：他們一定對巡撫有所隱瞞，爲的是繞開麻煩或逃避對他們自己早先疏忽的處罰。處決海印後，阿思哈顯示出了熱忱，報告了省內發現的十六起割辮案件。（朱批：「果不出朕所料。」）三個形跡可疑的和尚被逮捕，但未發現任何可信的犯罪證據。全省的搜捕使民衆確信了官府的決心，現在客店和寺廟都拒絕遊方和尚入宿。阿思哈奏報皇上道，即便如此嚴厲的措施仍未收到效果，這是因爲這些罪犯都是妖人，「行蹤詭秘，出没不常，必有隱身邪術，故能肆行其惡，使人人莫得其蹤。」（朱批：「此何言耶？有此理乎？汝存此心，無怪屬員緝拿不力且欺汝！」）

阿思哈謙卑地回奏説：「誠如聖諭，其中自有陰謀不逞之犯。」（朱批：「無用廢物！」）阿思哈説：「臣至愚。」（朱批：「竟是至愚。」）阿思哈接著説，省科舉考試時（考官）例用藍筆，但他帶著墨筆以「備繕摺奏」，隨時報告妖術案情。（朱批：「有何關係！」）不管怎樣，弘曆十分生氣，在這種緊急情況下，阿思哈應該讓布政使代理考試事宜。阿思哈「平日尚屬實心辦事之人，不意其亦染外省模稜惡習」。至此，清剿在皇帝和官僚之間已變得如此敏感，以至於官員的無能本身也成了目標。61

陰謀的升級

整個八月，弘曆在承德避暑山莊收到了一大堆關於妖術的矛盾消息。案情從南方蔓延到北方，又從北方發展到西方，案犯行動之迅速遠遠超出了各省督撫們的反應。雖然抓獲了無數嫌犯，但弘曆知道他們都是來自社會邊緣和底層的和尚及乞丐，爲隱匿的妖黨首領所雇用。到九月初，弘曆已經確信，妖術威脅並不僅僅限於地方社會，很可能也是衝著王朝本身而來。由於大臣們的建議，他寬赦了農夫孟士會等人。但是，民衆可能會因此認爲，被割辮後可以連根剪去辮子以避妖禍。那麼，接下來會是什麼呢？[62]

九月七日，弘曆給七省督撫發出了一道上諭，終於將剪辮妖術與剃髮結合起來。他指出，迄今爲止所有抓獲的罪犯，顯然都是一個更大陰謀的工具。一方面，陰謀家們雇募乞丐和流浪漢爲他們偷辮子，而不告訴他們這辮子作何用。關於叫魂和造橋的信念固然屬於「荒唐不經」，這本身就應受到嚴厲的追究。但是有誰能說剪掉整條辮子以避禍的謠言不是妖人奸黨製造出來，以便讓人們在驚恐之餘剪掉辮子，象徵性地和滿清王朝作對呢？妖人們自然知道，男子「留辮一事係本朝制度，剃去髮辮即非滿洲臣僕」。然而，此等不軌之徒大抵不在北省而在南方，「其人非係奸僧即讀書失志之徒」。其罪惡亦甚於割辮匪徒「不啻十倍」。雖然江浙地區爲此案發端之始，但湖廣「人心狡險，素尚左道邪術」，尤恐逆犯潛匿其間。該數省督撫務必將逆犯搜尋出來。

不過，搜捕妖人的方法與經由士兵和巡卒追緝割辮匪犯不同。搜捕妖人當嚴密查訪，不露圭角，以免奸逆聞風避匿，更難搜尋根線。弘曆用他在討論要事時才喜歡用的語句結束了他的諭旨：「勉之，慎之。」這樣的迫切的言詞，在僅僅討論妖術問題時不曾出現過。行省官僚中無人懷疑清剿正在升溫，而清剿的底蘊也發生了變化：它所涉及的不再僅僅是妖術，而是謀反。[63]

救世的追求

與此同時，在直隸省荒原通往蒙古的路上，民眾也受到了妖術恐慌的影響。我們無法知道這種恐慌是產生於對妖術的恐懼，或是受惑於剪辮的反滿暗示，或是出於對朝廷控制明顯減弱的擔心。但是一些人已經急急忙忙地在爲世界末日做準備了。他們屬於民間佛教的一支，叫做無爲教，也叫做收元教，這個名稱與相信世界末日將至的千禧年信仰有關。這個教派的始祖據說是羅清（活動於一五〇九～一五二二年）。該教一直爲官府所禁，但現在被一個名叫孫嘉謀的人復活了。這一教派應歸入「誦經派」，他們吃齋守戒，通過早期教派領袖傳下的寶卷尋求救贖。[64]

在北京西北兩百里處的保安州（今涿鹿縣），一個邪教信徒供稱孫嘉謀「造作逆詞」，意欲重興邪教。省按察使親自前往調查。弘曆立刻警覺起來，發密旨令將所有案犯繞過省法庭，直接解往承德審訊。[65]

整個法律機器迅速地轉動起來。一個星期後，承德的軍機大臣們向皇帝報告了他們對保安邪教徒審判的結果。邪教主崔有法宣稱，他從明代的普明那裡繼承了五個字（普福養顯德），作爲教徒取名次序。孫嘉謀於一七五〇年入教，法名顯富。崔有法於一七五三年被保安州拿獲，在具結改過後被釋放。但在暗中繼續奉行邪教，並稱有普光老母告知他人間禍福。⑯他並假造「金丹蜜酒」當藥出售。近年來，他的門徒孫嘉謀編造字帖，寫入「逆詞」，計劃在教徒中散發。在刑訊中，孫供出這些逆詞有兩段：「前半段是說崔有法種種騙錢的事」（可能是以禳災爲名向人斂錢），後半段是普明所傳下來的「九蓮贊」。陰歷七月間，崔有法聽說外面有剪辮之事，就勸衆人解以消災。伴隨改朝換代而起的暴力意味著混亂和百姓的災難，也是邪教復興教派和吸收教徒的機會。當教徒在保安城散發字帖時被官府差役抓獲，接著官府又抓獲了替崔有法斂財和收藏經卷的人。

審判官建議以「大逆罪」對案犯從嚴懲處：崔有法和孫嘉謀凌遲處死，他們的主要門徒或者斬首，或者更杖責流放。鑒於該州民衆爲邪教所惑，「幾於牢不可破」，應將崔孫等斬首示衆，以昭炯戒。在第九章中我們會看到十五年前對崔有法從輕發落的官員也受到了懲處。⑰

弘曆對保安邪教的無情打擊，是他九月七日諭旨所得結論的自然延續。在他看來，叫魂妖黨故意挑起剃髮所包含的意象問題，意在謀反。從邏輯上來說，邪教對割辮案的反應正是割辮妖黨所期望的。不管叫魂妖黨的策略是什麼，事實上，保安的邪教徒很有可能是把割辮的威脅看作是末世來臨的徵兆。民衆對改朝換代以及隨之而來對自然災害的恐懼，正好被崔有法和他的教派所利用。大恐慌的因素猖獗肆虐—至少對身處承德的朝廷來說是如此。蔓延到京城和各省的妖術，已使朝廷爲之震動。

第七章　妖黨的蹤跡

到了初秋，弘曆已將蔓延到華北的割辮妖術看作對滿清王朝更廣泛威脅的開始。一旦意識到妖術背後的政治危險，他便開始對迄未發現妖術的省份發出警告，以便控制妖術的蔓延。九月二十二日，他給山西和陝西兩省的巡撫發出上諭，敦促他們嚴密戒備。弘曆寫道，妖黨「用藥迷人偷割髮辮之事」起自江南，漸次延及山東、河南、直隸數省。京城地面已發生數起，熱河亦「間有犯者」。現在直隸查拿嚴緊，那些妖徒「畏懼潛逃」，「知山陝尚未查辦，（妖徒）就近竄入亦未可定。」①

妖術西行

陝西巡撫明山精明圓滑。雖然這個皇室的旁支當巡撫才七年，在此之前，他在省行政的中層已任職七年。他有恰當的分寸感，一七六二至一七六三年他在亞熱帶的廣東任巡撫時，曾建議朝廷容許當地的地方官不必穿戴厚重的繡蟒官服跪迎省府官員。他對陝西的風土很熟悉，當妖術危機發生時，他任該省巡撫已經五年（其間曾有一年在長江流域任職）。②

明山在十月三日奏報說，山東妖術案剛發生他就聽說了，並密令地方預爲防緝。因鄉村集市易於「藏奸」，所以他飭令地方官派員選役密切觀察。在十月十八日、十九日和二十日，有三人報案說他們在街上被生人偷剪了辮子，其中兩人是附近兵營的兵丁，一人是學童。但是縣官檢查了他們的辮梢後，並未發現被剪的痕跡。明山本人也傳喚了報案人，並親自檢查了他們的辮子，發現辮梢完好無損。③

經進一步訊問發現，學童郭興利因在街上貪看戲法誤了上課，懼怕先生責罰，跑回家對母親謊稱辮子被剪。明山因其年僅十二，故免於深究。至於那兩個兵丁，他懷疑其中一個是爲了找藉口延期還債，另一個則是爲當值班期遲到找藉口。明山認爲他們兩人都應杖懲，但考慮到「小民未識其故，或有實在被割亦不舉報」，所以決定放他們回去各交本營管束懲戒。

另外兩個案子則值得注意。一是民人劉德因恐「被割受害」，要剃頭匠陳起鳳替他割去辮子以避禍。雖然這個人「甚呆蠢」，但他的行爲實屬「滋事惑人」。另一個棘手的案子牽涉到一個七歲的孩童趙王保。他在剃頭匠王福有的鋪子前玩耍吵鬧。王適聞前一日有割辮之事，就恐嚇說要割趙的辮子，趙不理，王就上前用剃刀割去趙的「些許辮梢」。趙害怕起來跑回家告訴其母。縣府派員調查並將王福有拘拿。如縣審查認爲其中並無別情，但省按察使命將王送省審訊並施以夾棍。王堅持原供。官府搜查了他的鋪子亦未發現任何「不法之物」。巡撫明山親自審問了案犯，認爲王的所爲只是一個玩笑，但在這樣的時候開這樣的玩笑即是「滋事不法」。王因而同劉德和陳姓剃頭匠一起被枷號示衆。明山奏報說，自此以後十餘日寂然無事。他「益將督率密查」，「斷不敢少容鬆懈」。（朱批：「恐屬空言。不可不實力。慎之戒之。」）

運河上的妖術

九月七日，河運總督楊錫紱隨船停泊在山東西北的查鹽都司，在那裡碰到了一樁叫魂案。在一個運糧船幫自北方空返途中，旗丁周某向船幫千總報告說，他的侍女在八月二十一日「被乞婆剪去衣角一塊，當場昏迷，經醫治才蘇」。二十七日，她又「被乞婆上船剪去夾衣一角」。這次罪犯被拿獲，並從她身上搜出剪刀一把，衣角一塊，看上去與侍女被剪部位相符。案犯及證物被送交德州知州石之珂。石審訊案犯後，向楊錫紱報告了以下案情。④

乞婆供稱她夫姓張，本性王，來自鄰省直隸的吳橋縣，現與兒子張銀和兒媳王氏同住景州玉泉莊。張王氏年七十二，以乞討度日。「有個翟狗子看見小的，許給小的一千錢，要割十個女人衣襟與他。」張王氏供稱她已割了兩個女人的衣服，包括周姓旗丁的侍女，她就是在那時被抓獲的。她還供稱：「翟狗子給了小的一包藥。叫捏一點放在口裡一噴，那人就不看見。還剩下些藥，塞在玉泉莊道上車棚牆孔中。」翟狗子也是吳橋人，此外張王氏還說出了另外兩個吳橋人的姓名和住址。

差役立刻趕往景州去查緝張王氏供出的人名，但一無所獲，也沒有找到她所說的迷藥。不過他們把張王氏的兒子張銀、兒媳王氏及其孫小黑帶回了德州。五十一歲的張銀說他母親借住在隔壁的韓寡婦家，與一李婆子同住同討飯吃。他對母親的犯罪情事一無所知。重新審問後，張王氏說昨天她所供的人名都是揑造的，這次她供出了七個名字，說他們同屬一夥，都是剪辮子的。「他們原在泊頭一帶做事，聽見總爺拿人，都驚散了。」剩下的藥可能讓小孩拿走了。

這一次差役們又白跑了一趟，沒有找到任何切實的證據。張王氏的討飯同伴李婆子也有七十多歲了，她供稱知道所有割衣襟的勾當，並且試用過迷藥。問她是誰給的藥，她則「隨口混供」。知州見兩位老婦「眼色俱有有邪氣」，前言不搭後語，遂命用「香火燒頰」⑤，再灌以甘草朱京湯燒朱印黃紙灰。一會兒，兩犯醒了，於是將她們分開審訊。李乞婆供稱迷藥是本村廟裡的兩個和尚給的。當兩個和尚被帶來審問時，他們說「平日只知念經鋤地」。張乞婆的供詞也被拆穿了，因爲當四五個衙役被叫來排成一行時，她竟將其中的一個指爲翟狗子。

雖然知州的報告表明此案充滿疑點，難以令人相信，楊錫紱卻別無選擇，只能對案情緊追不捨。和其他督官員一樣，他也受到來自朝近的巨大壓力。他因而向山東巡撫富尼漢詳細通報了情況（案犯已經押送到富尼漢那裡去了），還向張乞婆供詞中提到的所有同夥所在州縣發出了通報。弘曆也確實對此案的細節深感興趣。他對楊錫紱奏摺的批語表達了他對案情的懷疑：此案背後「必有深謀遠慮之人，不可以尋常謠言視之。」

作爲德州知府的上司，山東巡撫富尼漢當然也收到了石知府關於張乞婆等偷剪衣襟案的報告。由於他正忙著其他的案子，便命人重新審訊了兩個老婦，結果兩人都翻了供。張乞婆說，她去那條運糧船只是爲了乞討，但船丁的侍女突然叫起來說自己衣襟被剪掉了，人們於是把她當作嫌疑犯抓了起來。審訊的官員們實在找不出什麼犯罪證據，甚至認爲那塊割下的布片是栽贓。富尼漢決定把案犯調來親自審訊，但手下人報告說張乞婆剛剛病死在縣牢裡。⑥

不管案情多麼荒唐，富尼漢還是盯著兩個老婦的原供和她們所供出的那些同夥不放。在朝廷的壓力下，他只能對案子追蹤不休。他向弘曆擔保，自己已將該案涉及到的一些人名通知了鄰省直隸，根據張乞婆的供詞，這些人就躲在那裡。但富尼漢的勤勉並未給弘曆留下任何印象。在一份上諭中，弘曆問道，爲什麼富尼漢沒有親自比較一下從張乞婆布袋裡搜出的布片和被剪的外衣？女人的衣服是特別容易辨認的，根據顏色的深淺，布料的長短以及「布帛之粗密」應能夠很容易辨出證據的真僞來。⑦如果他身爲天下之主尚能注意到這些細節，一個認真負責的官員又怎會沒有想到呢？在承德當值的軍機大臣傅恆和尹繼善密切關注著此案。他們注意到楊錫紱原奏中提到的兩個和尚沒有出現在富尼漢的奏摺裡，就起草了一份上諭給山東。⑧「既然這兩個和尚爲該案嫌犯，就應趕緊嚴查」，富尼漢怎能輕易放過他們呢？富尼漢的回答是，雖然張乞婆原供中曾提到過他們，但她隨後就翻供了，進一步的調查則證明這兩個和尚並無犯罪嫌疑。至於衣服，則明顯地是被鋒利的剪刀剪過的，而張乞婆的那片布則不是；而且，布的剪口曲折彎環，顯然不可能是在匆忙倉猝間完成的。儘管有這些「疑點」，富尼漢還是不得不向承德行宮奏報了所有涉案人的姓名。⑨

我們無法知道是否對兩位老婦用了刑，法律的規定是不准對婦女用刑的。她們的糊塗和昏迷在檔案裡有明確的記錄，而張乞婆瘐死獄中，則透露出獄卒並沒有因她們的性別和高齡而善待她們。她們的供詞雖然在許多地方被拆穿了，但仍提供了新的、被視為很有價值的線索。相應地，七個新的名字被列入了緝捕名冊。

對嫌犯的圍捕

至此為止，浙江的官員還未抓到一個名副其實的妖黨，儘管這裡是妖術案的發源地。但永德在經歷了兩個月來弘曆朱批的壓力後，至少已找到了一種說得過去的辦法來從事這場清剿。他在十月四日奏報說，浙江已逮捕了許多嫌犯，並對他們進行了嚴厲的審查。寺廟和朝聖場所都派出了巡兵和差役以緝捕嫌犯，許多州縣已經抓獲了一批。從弘曆的朱批已經停止對永德的苛責來看，這樣的成績顯然使他感到滿意。讓我們對永德在浙江的清剿稍作考察，看一看他用以對付剪辮妖術的辦法，以及他所緝拿的各色人等。⑩

九月三十日傍晚，永德離開了鄉試考場，第二天就會同省臬藩兩司及紹興道台去審訊罪犯廣參。這個遊方賣卜的和尚没有固定落腳的寺廟，因面目可疑並攜有符書而被捕。他說，本年三、四月間他借住於覺皇寺僧人德操處，在那裡看到一本占病符書，便說服德操將書借給了他。德操還給了他二十餘張「鎮宅保蠶之符」。廣參否認做過任何爲匪不法之事，並且顯然說服了他的審判官。然而，圓滑的永德又向弘曆報告說，廣參「所攜符書均屬荒誕不經，亦有應得之罪」。遵照弘曆若剪辮案犯經「反覆推求，審無實據，可隨時省釋」的上諭（引用弘曆九月十四日的批覆），永德只將廣參加德操（亦已被捕）兩人定了「藏匿占驗推測妄誕不經之書、不行銷毀」之罪，將兩人杖一百，並送回原籍，嚴加管束，不許出境。⑪

永德報告說另一個罪犯是道士王大成，他供稱是浙江西部嚴州府桐廬縣人，以堪輿風水爲業。因無生意，即「假扮道士，描畫紙符」，採用「九老仙都金印」六字⑫及五雷鎮法木戳，各刊刻一個蓋用符上，「捏稱可鎮宅保蠶，騙取鄉民錢物」。當地的道紀司證明他所用的符印確係道士通常所用之物。雖然王大成堅稱他並無剪辮迷人邪術，永德仍依照「陰陽術士妄言禍福例」，⑬對他「杖枷發落」。

永德還殷勤地奏報道，案犯曹子雲：「係仁和縣人，求乞度日」。本年春天他行乞到蘇州時患了病，「因辮内生虱，旋即剃去」。到了夏末，頭髮長出後重新蓄髮。永德「因各省剪辮匪徒現有恐嚇愚人連根盡去之事」，覺得曹所言難以相信。但是「再四窮研」，曹仍然堅持他的所爲與剪辮妖術無關。「該犯現在患病沉重，已發令地方官交屬收領調理管束」。

永德名單上的下一個罪犯是和尚通元。這是個更爲複雜的案子，因爲案犯的名字和山東供詞中所提到的妖首同音。通元俗姓曹，在各處化緣度日。他不僅形跡可疑（「似痴非痴」），而且身上所刺文字亦可疑。他胸前刺有一個卐字（他說見過佛像上塑有此字），右臂則刺有「西方接引」。他的化緣貼內則有寫著令人難以理解的「山東禮佛嫩搜搜」等詞語。看來終於找到了與山東有關的案犯。經過訊問，和尚說這些字是嘉興的一個刻字匠金某替他刻寫的，其中山東兩字係同音字三冬的錯寫（南方人發音沒有翹舌音，故「三」與「山」不分）；同樣，嫩在南方口音中與冷也是同音（許多長江流域地區的居民講話ㄋ與ㄌ不分，也無後鼻音ㄥ）。通元堅持說這段話實際上應爲「三冬禮佛冷嗖嗖」。他寫這句話的目的是使人憐其苦志，樂於施捨。至於說他的可疑的名字，他說他的名字是化緣的「緣」，而非「元」，即山東剪辮犯蔡乞丐所供之名字（通元）的那個元，他也從未碰到過蔡乞丐。

但是令人極爲懷疑的是，嘉興根本就沒有姓金的刻字匠。和尚又供說這些字是他自己寫的，於是叫他當場寫對筆跡，他又不會寫。永德注意到，「三冬」兩字並非深文奧義，何以寫成「山東」？「冷」尤其是個常用字，又何以寫成「嫩」字？所有這些都會人甚難相信。總之，這個和尚「並非善類」。（朱批：「將此人嚴解來京。」）

可以想像，這些衣衫襤褸的流浪漢與審判他們的官員之間的文化差距有多大！當永德和他那些穿著錦緞官袍的同僚們面對民間宗教的日常用語時，顯然非常吃驚和困惑：誰能保證這些怪誕的語句不是用來掩蓋妖術和反叛的密語暗號呢？那些出現在法庭上的文盲和半文盲們日常所使用的錯別字，一旦被象形會意的書寫文字所解讀，就很可能被看成是一種秘密語言——如果不是別有意圖，誰會把冷寫成嫩？

不管怎麼說，官方體系擁有充分的手段來對付形形色色的異端。《大清律例》中有的是各種各樣的案例，如果必要的話，足可以將任何民間文字定爲異端和非法。持有這些文字材料便是一種罪過，更不要說寫下這種文字了。這樣的禁條可以選擇性地對付那些沒有其他更嚴重罪名可套的社會邊緣分子。到了最後一步，《大清律例》還有可以一網打盡所有嫌犯的第三八六例：「不應爲，重。」犯者爲此可受到重笞。

永德在浙江的圍捕顯然使他得到解脫。他的詳細奏報沒有再受到朱批的苛責，相反甚至得到了略帶讚許的批語「知道了」，這比起那個毫無表情的「覽」字要進了重要的一小步（「覽」字是弘曆用來批示最無聊奏摺的用語）。畢竟，永德已經盡了力了，他親自審問了許多案犯，並把一個嫌犯送到了北京，在那裡，軍機處會設法讓案犯開口的。⑭

兩情相悅的姦情

弘曆變得越來越不耐煩，他敦促湖廣的官員要特別警惕，因爲那裡的居民「人心狡險」，素尚「左道邪術」，很可能讓逆犯潛匿其間。⑮正如他所料，一個月後從湖南發來的奏章報告道，在祁陽縣發現有傳貼，預言災難。更有苗頭的是，一個三十歲的遊方和尚覺性和他的四個同伴因剪辮嫌疑被抓獲。在覺性的身上搜出了一個紅綢包，其中包有一落頭髮和兩枚明朝銅板。經地方官員審訊，覺性供稱有個叫茂遠的和尚教過他使用人的頭髮和舊銅錢一起施展魔力誘騙婦女。但他抗辯說，他只是應人請求才會爲人剃髮。湖南巡撫方世儁命令將一干人犯解往省府長沙嚴加看管。⑯

時任湖廣總督者爲定長，這是一個經驗豐富的滿洲官僚，在行省督撫的職位上已有二十年。他是皇室的旁支，其父又是弘曆特別信任的一個總督，所以他在滿洲上層權貴中地位穩固。⑰當他接到詭詐的和尚覺性的供單時，便覺得將這樣一個敏感的案件完全交給下屬湖南巡撫來辦不妥，因而決定立刻動身去長沙與方世儁「會辦」這個案子。由於這個謀反案的案情重大，定長和方世會同省按察使和地方道台，在省府大堂逐一審查了案犯。而在承德行宮的弘曆正引頸翹首等待著審訊的結果。

但是和尚覺性讓大家都吃了一驚，他推翻了原供，說那是他畏刑妄供。這次，他說出了以下的故事：覺性因與師友爭吵被逐出廟門，遂在湖南南部流浪募化。在府城衡陽他投宿在劉三元所開的客店。劉的年輕老婆陳氏爲他遞送茶飯，故爾相識。他後來又來住店，成了劉家的好朋友，劉的父親還曾借給他一千錢，某天，他與陳氏調戲成姦，但無人知曉。本年正月，他去劉家拜年，與劉三元發生了口角。陳氏嚇壞了，叮囑他離去後不要再回來。覺性遂向陳氏討一信物，陳氏當時未給。後來，覺性要一挑夫去劉的客店代取陳氏爲他所做之布鞋。陳氏即剪下自己的一落頭髮，縛上兩枚銅錢塞進從自己衣襟上剪下的一塊紅綢中，然後把這些東西塞進布鞋交挑夫帶回。覺性即將這些信物一直帶在身上。

審判官們將信將疑，他們把所有涉案者帶來審問。有一個疑點是，這落頭髮裡有兩根白髮，不太可能是來自一個二十多歲的女子。然而，陳氏被帶到堂上，跪在巡撫的面前解開了頭髮，經查驗她確有一縷頭髮被剪，稍短數寸，且此落髮根内恰有兩根白髮。不僅如此，經過反覆訊問，陳氏堅持覺性未曾對她用過迷藥，她委身於覺性，純係兩情相悅。

官府的判決是，所有嫌犯（包括那些張貼傳單者）都不是真正的剪辮妖黨（手中握著這樣有價值的證據，本來應該是很容易討好焦慮的弘曆，讓他感到滿意的！）。和尚覺性按「和奸有夫之婦」律，「杖一百徒三年」（他的罪行因妄供別人授其迷藥而加重—雖然是因畏刑而妄供）。陳氏被判枷號一個月，但允許折贖。本夫劉三元有權決定陳氏的去留。覺性的同伴均無罪釋放。

到了十月二日，失望的弘曆得出了自己的結論：叫魂案犯遍布各地，但是妖黨的核心卻不斷地從一省轉移到另一省。他們從江蘇北移到山東、直隸和熱河以後，現在現來顯然正西行到山西、陝西和長江中游地區。他們的蹤跡從一省消失後，又從另一省冒出來。不僅如此，現在已很明顯，這些妖黨還妄圖通過恐嚇民衆自割髮辮來挑起一場剃髮的政治危機。弘曆之所以確信這一點，是因爲一旦官府正式發布禁令，人們自割髮辮以防範剪辮妖術的做法實際上就停止了。這表明，防範剪辮妖術的做法「本自無稽」（即在民間信仰中原來並不存在這種說法），「必係奸徒造作邪說，誘惑愚民」。迄今爲止抓獲的案犯都是些小嘍囉，一定還有預謀反叛的角色躲在後面，他們的目的則在於「破壞國家定制」（即剃髮制度）以逞其逆謀。⑱

三天後，弘曆又在給各省督撫的一份不同尋常的上諭中，從新的角度進一步發揮了這些誅心的論斷，强調妖黨可能企圖挑起百姓對官府的仇恨，來發動一場大叛亂。地方官府的嚴厲措施則會引起百姓的驚恐，「或致激而生變」。而奸黨則可以作壁上觀，坐收漁翁之利。雖然不能因爲害怕激怒民衆而停止清剿，但各省官員應「毋縱毋苛」，既確保無辜者不受傷害，又不讓罪犯逃脫。對各省圍捕的和尚和乞丐則應審慎處理。在初審案犯時，應力求不帶偏見。審判官既「不可輕事刑求」，亦「不得濫行鎖禁」。如果「確有可疑情狀」，自當動用一切手段進行審訊。否則，就應開釋案犯。看來，弘曆在這裡爲確定案子的「可能緣由」定下了一個原則，審案的過程分兩個階段，在對案子的早期調查中，不應對案犯使用刑罰和長時間監禁。不過，應有的謹慎並不意味著放鬆對正犯首惡的追緝。這些人一定還在江南，其人「非係奸僧肆惡，即屬讀書失志之人，其心甚險，而其跡甚秘」。對這些奸黨「務須嚴密偵尋」，不僅對太湖一帶的傳統匪巢，而且對「幽僻村居、荒廢庵宇」均應徹底搜查。至於在這樣一場凶猛的全面清剿中如何避免傷及無辜，弘曆把這個問題留給他的各省官員去傷腦筋了。⑲

冥頑不化的嫌犯

下面這個關於大術師明遠的案子很快就會使我們看到，弘曆這些自相矛盾的指示對各省督撫們來說，是多麼難以貫徹。按照我們已在第四章中看到過的明遠門徒韓沛顯的供詞，明遠本應在海州三教寺等待替他割辮的門徒，但迄今爲止他一直在同官府捉迷藏。在浙江，巡撫永德的手下把全省的寺廟都篦了一遍，終於找到一個法名明遠的和尚，並迅速將他解往承德審問。但是，真正的明遠好像直到十月九日才在安徽的合肥附近被抓獲。在當地一個小廟有個叫玉明，但法名又叫明遠的和尚因剪辮而被拿獲。從他的身上搜出了一個木偶，一塊寫有符咒的布，兩枚可疑的木戳，一個奇怪的招牌和一把剪刀。但他身上並無髮辮。

明遠告訴審判官，他依靠化緣和看病（正如沛顯供詞所說）爲生。七月二十六日，他攜一毛驢馱載行李出外化緣，走到離所住寺廟西北一百六十餘里壽州附近的一個村莊，他停下來在一口井邊喝水。因爲沒有水桶無法打水，他便走向一村屋，那兒有三個小孩在門口玩耍。他問他們借水桶，但沒有人理他，他隨手拍了下一個小孩的頭，忍渴趕路。走不出二三里，他被幾個村民逮住。他們指控他偷割了小孩的辮子。

> 不由分辯，將僧人拴拿，即將行李搜檢，並無辮尖。又拿到劉鳴奇家中，將僧人吊打，並用錐扎，追無辮尖。要僧人包他孩子不死。僧人被毆無奈，遂畫符給他保佑。……實無剪辮情事。

這些人放掉了受傷的和尚，讓他回自己的廟去。縣府的差役聽說此事後趕去調查，劉鳴奇讓他們看了明遠寫的符咒和保證字據。差役立刻將此事通知了合肥官府，由官府派人拿獲了明遠。

在初審中，案犯試圖就從他行李中搜出的那些可疑物品進行辯解（在官府的眼中，這些物品無疑就是「邪術」的證據）。兩枚木戳是用來「使人敬重，肯出銀錢」的。其中一個刻著「五王爺替僧」的文字，⑳另一個則刻著「陰襲州同」的文字。明遠說，他的祖父曾任總兵，因此他刻戳假稱自己有世襲官職。那麼，那個招牌（它看上去是行醫人豎在路旁的招牌）上所寫之可疑文字——「察院恩慈京都明遠」——又代表著什麼呢？明遠解釋道，這只是爲了讓病人相信他的藥方是從京都來的，曾爲大官們使用過。而布符則是用來鎮邪的（如同第五章中所討論過的鎮邪物）。在一個江湖郎中的行囊中找到這些騙人的玩意本是意料中事，但對明遠的審判官來說，這就是邪術的證據，表明他「實爲正犯無疑」。接下來，就應該用重刑來副他供出真相了。

明遠是一個冥頑不化的案犯。即使是在重刑之下，他仍一口咬定他沒有剪人髮辮。審訊他的官員們包括巡撫馮鈐和當地的知州知縣，他們竭盡全力想得到他的供詞，但不知他們是如何竭力的，一個星期後明遠死了。弘曆知道後龍顏大怒，質問明遠是否死於濫刑，或是因疏於防範而讓他自殺身亡。馮鈐堅持說並無此等事情發生。囚犯是在獄中「冒寒得病」而死，官員們決沒有濫刑，這一點獄醫和仵作可以作證。他們所做的只是讓他跪鐵鏈三日，其間並未施用夾棍，只是夾了一次手指。然後他們又輪番審問了他兩天兩夜，「不許其打盹，見其閉目，即行喝醒。」馮鈐因他連日受審，恐其疲備，便令停審數日。但還未來得及再審，獄卒便報告說明遠已斃命獄中（朱批：「知道了。」）㉑

這就是該案結局時的情況：軍機處不得不親自對所有的證據進行複查。三個月來，軍機大臣們作爲不屈不撓的弘曆工具，忠實地推動了對妖術的清剿。從文獻資料來看，他們除了全力以赴從事這種清剿外，絕無其他的想法。然而，當他們最後來收拾殘局的時候，我們卻不能不關心他們面對十月中旬爲止的清剿記錄，會有什麼想法：這是此混淆不清的僞證，沒有頭緒的瑣屑細節，以及許多死的不明不白的囚犯。

第八章 終結

當東北的秋涼開始侵襲承德行宮的時候，朝廷也開始準備打點回京。但是大學士傅恆仍在爲押送到他這兒來的叫魂嫌犯大傷腦筋，力圖從他們漫無頭緒的供詞中理出些許線索來。我們還記得，一旦發現山東剪辮犯的供詞讓江蘇的官員們疲於奔命時，弘曆便命令將山東的所有案犯都押解到北京或承德，交由軍機大臣們審理。此外，軍機處還將重審賣唱乞丐張四父子和所有牽涉到春天叫魂案的嫌犯：石匠吳東明、蕭山的和尚們、蘇州乞丐陳漢如以及乎在胥口鎮被打死的和尚淨莊和他的同伴們。一些嫌犯已被帶到熱河，其餘的仍羈押在北京，由留在那裡、待在紫禁城內的軍機大臣們審理。現在，這些全國最有權力的大臣們將要清理這近三個月來讓朝廷傷透了腦筋的事件。當他們正要著手行事的時候卻發現，近來出現的一些令人不快的情況，使得本來就晦暗不明的案情更罩上了一層陰影。

民間的誣告

家內的謀反

九月初，一個生員從遠在兩千里外的山西爲揭發一樁謀反大事而來到北京。他攜帶了一份「反書」和一份揭發反書爲其叔父所作的狀紙，呈遞給都察院。雖然官方記錄沒有披露它們的內容。但是當都察院循例將此案報告給弘曆的時候，這些充滿敵意的文字讓皇帝大發雷霆。軍機處迅速派員前往山西，會同巡撫蘇爾德進行調查。一隊身著錦緞官服的命官搜查了叔父的住宅，但沒有發現任何「悖逆字跡」。對生員所揭發的那些同謀的搜查也毫無結果。生員叔父極口呼冤，甚至連生員的父親也對其子的揭發茫然無知，認爲毫無根據。官員們重新審問了生員張廷瑞，報告了如下結果：

（張廷瑞）始猶語言支吾，及反覆質訊，伊唯俯首痛哭，供稱張如召夫妻獨霸家產，伊父母爲人懦弱，多年受其淩逼。伊欲以實情赴官控告，又恐不能准理，反受其毒。盡夜尋思飲泣，忿不欲生。因自揑逆詞，赴京具控。如今悔之無及。

官員們無法相信，張生員會爲家產爭執這樣的細故，便揑造逆詞指控叔叔，並牽扯進那麼多的人。或許，他的叔叔確實有什麼不法情事？他們因而決定繼續調查。但是，弘曆卻洞察到了事情的真相。他朱批道：「大約誣告是實，按律嚴擬，處以極刑。」①

一個頑固的債主

直隸人關德麟被張二指控爲剪辮犯，因爲張在關的衣物中發現一段剪下的辮梢。這個案子很快從省府衙門移交到了承德的軍機大臣們手中。這些大老爺們一定對涉案各方用盡了手段，因而得以於九月二十日向弘曆報告了與原先不同的案情。關德麟原是北京附近兵營的漢軍旗人，由於朝廷裁汰漢旗，他出旗爲民，②並搬到離北京西北七十里的昌平居住，租種村民張二的地畝。後來他又搬回北京地區，住在自家墳園，以挑擔賣雜貨爲生。他曾借給張二六千文錢，屢次催討未得。後來他又去張家要債，張因一時無錢，便留關德麟住宿。關多次吵鬧，並要與張的妻子同宿。張心存怨憤，與關口角後，去隔壁劉三家買燒酒吃。看到劉家兒媳梳頭掉下的頭髮，就揀回編了三條辮尖。乘關不在，張把這些髮辮連同自己老婆的一把剪刀一起塞進關的包袱，然後赴鄰近千總衙門報案。③

弘曆覺得這個案子很棘手，這主要是因爲此時各省的剪辮證據大概已引起了他的懷疑。他一方面同意對可惡的張二處以絞監候，另一方面提醒他的官員們：「不可因有此誣捏之案，遂心存游移，於躧緝割辮匪徒，稍有怠玩，俾正犯得以漏網。」④

雖然就軍機大臣們的記憶所及，上述案子是最突出的，但其他種種奇怪現象也已引起了各省官員的注意。比如在河南便出現了這樣的情況：「刁徒私將父財妻物花用無存，遂自行剪辮假稱被人所割，錢物亦被人奪去。子騙其父，夫嚇其妻者；更有頑生逃學，自行割辮揑稱被割致病，以冀不至書館者，情事百出。」⑤江蘇的情形也是一樣，不過直到十一月末才奏報到北京：「江蘇各屬詳報有民人自割辮梢挾嫌圖賴及貪賞誣指等案。」⑥雖然民間誣告的全部情況要到幾個星期以後才會清楚，但軍機處在十月中討論妖術案時，已對此產生了一定程度的懷疑。在這樣的氣氛下，我們且來看看，審判官們是如何重新審理那幾個惡名最爲昭著的叫魂案犯。

被告席上的叫魂犯

張四儒的坦白

賣唱乞丐張四和他的十一歲兒子被關在安徽宿州的大牢中，被指控在趙莊偷割了辮子。代理知縣劉某報告說，張在用刑之後承認他受高個陌生人趙三雇傭割辮。但是劉知縣無法讓他承認他就是山東乞丐靳貫子所供稱之張四儒。對高個趙三的搜尋也毫無結果。乞丐張四和他的兒子被塞進囚車，押送到鳳陽府衙，在那裡他承認自己就是張四儒。這一下，終於找到了追蹤迄今一直逍遙法外的妖首玉石的線索。兩江總督高晉正在鄰近的徐州指揮黃河治水，他命令將案犯帶來由自己親審。看來，這件麻煩的案子終於可以有結果了。

在當地府道官員的簇擁下，高晉命令將乞丐張四和其子秋兒帶上大堂。但結果卻出乎他的意料，案犯推翻了原供並極口呼冤，堅稱是莊首趙某對他誣栽。因爲張四兩腿腳踝的毆夾傷痕正在潰瀾，高晉覺得不便刑求，便將莊首趙某傳喚到堂，嚴加訊問，趙某說出了如下的故事⑦：

張四和其子在莊首趙某門前賣唱乞食，另外兩個乞丐得到一個饅頭，張四只得到半個。這點東西只能引起這些餓漢們的憤怒，他們因嫌東西太少而辱罵趙某。趙警告他們說：「近日這裡有剪辮犯，你們最好快滾！」（言外之意是不要叫我把你們當作剪辮犯抓起來。）張四又罵了一回，乞丐們這才離去。趙被罵不甘，又懷疑他們是外來的壞人，便令雇工將他們捉回。在一個乞丐的身上搜出了一小包藥，在另一個身上搜出了一把刀。這些人是不是就是大家都在談起的割辮妖黨？但在他們身上並未找到割下的髮辮，因而他們是不會承認的。於是，趙某等人便開始威脅拷問秋兒，逼他承認是偷辮匪徒。但是張四和另外兩個乞丐還是否認偷辮。趙某便將他們綁在樹上，用鐵鞭毆打，將他們打成重傷。趙某害怕他們被放後會到官府去控告自己，於是就讓天生秃頭、素戴假辮的雇工費某從自己的假髮辮上取下一綹做成僞證。有了這件可怕的證物，再加上小刀和藥粉，就擁有了指控張四等人從事叫魂妖術所需的全部證據。趙某現在可以理直氣壯地向縣府告發這些罪犯了。

總督高晉發現，其他證人也證實了所有這些細節。他還發現，那把刀很鈍，根本無法用來割辮，而那包藥也不能用來迷人。但因爲州縣當局先前已堅持原判，高晉別無選擇，只能把案犯送到北京，與山東來的案犯乞丐靳貫子當面對質。此時，靳已被押送北京，由軍機大臣來清理他那混亂的供詞。因爲張四儒的名字是靳貫子首先供出的，當靳看到張時，當然應該能認出他來。

張四和他的兒子於十月十一日到達北京，以劉統勛爲首的一班軍機大臣親自審問了他們。張四的兩腿已發炎化膿，經過長途押送，已是奄奄一息。他全身「黄腫」，兼患痢疾，但卻堅持自己的故事：他和兒子來自直隸南部的威縣（而不是來自江南），因爲貧窮而出外乞討。他否認曾辱罵莊首趙某，但是證實了受到誣陷的所有細節。

軍機大臣們轉而訊問跪著的男孩秋兒：「你父親若果不是張四儒，你何以供認呢？」秋兒答道：「本府問我，你父親叫什麼名字？我說叫張四。本府說，明是張四儒，你怎麼不實説？就將夾棍撩下嚇我。又説，你若供明是張四儒，給你東西吃。就叫人拿了一個梨給我吃。我看而夾棍害怕，又不知道張四儒是什麼樣人，所以隨口承認的。實在我父親並不叫張四儒。」

軍機大臣們然後命將山東案犯乞丐靳貫子帶上大堂，但他辨不出張四爲何人。靳貫子現在供稱，張四儒的名字是他捏造的，其實並沒有這個人。他在本縣認識一人叫張四，當時因受逼供，便在這個名字後面加了個「儒」字。這一供詞令軍機大臣們心生懷疑。雖然賣唱乞丐張四否認自己叫張四儒，卻不能否認他叫張四（如前所述，這一名字的意思是「張家的第四個兒子」，在中國取這樣名字的人一定很多）。這兩個罪犯是否故意互不相認？

審訊官員們再次轉向張四：「你與靳貫子平日素係一夥，如今到案時何難對面直説全不認識？有何指證叫人憑信呢？」⑧

張四只是將先前說過的故事又重複了一遍。

這些供詞相互矛盾，使得軍機大臣們無法得出結論。他們只能等待各省提供進一步的證據。對莊首趙某誣陷他人的審訊尚在進行中，而軍機大臣們對省級官員作出的判斷是不能不予考慮的。同時，對蘄貫子本縣的那個「張四」也要尋找查證。然而，閻王爺卻不肯等待，張四於十月二十五日死於獄中。軍機大臣們報告說，鑒於他的病情，「臣等一面訊問，一面飭醫加緊調治」。仵作查驗張四屍體後證明，看守並無凌虐情弊。知縣劉某是負責將張四押送北京的官員，他也證實，張四在行將押赴北京時已經身患重病。所以，北京方面無人需對他的死負責。軍機大臣們現在認定，張四並非他們所要追緝的剪辮案犯。他將由官府出資備棺埋葬，其子秋兒則交原解官帶回。⑨

剪辮首犯的故事

北京的官員們現在又必須從頭做起。十月中旬，當山東的剪辮始作俑者蔡廷章在北京重新受審時，這個乞丐已病得很厲害。雖然他現在咬定最初的供詞是在重刑逼迫下編造出來的，軍機大臣們並不敢輕易相信他：

> 審判官：你在山東省供稱在揚州吳姓飯店住宿，今果查有開飯店之吳連到案。可見你從前並不是揑飾的。

蔡：我在東省供說本年二月（譯注：這裡的月日係引自原始檔案，故均爲陰曆）在揚州吳勝飯店與怡安吳元分路剪辮的話，原都是隨口謊供的。實則我於本年四月二十一日方才出京，現有在京親戚朱然、王雲等先後到案實對明白。是我二月內正住在京城，且不能到山東，如何能到揚州？我從前供出開飯店的吳勝原係謊供，這如今到案之吳連，實在不知何人，叫我如何認得？

審判官：你從前在山東爲何妄供？

蔡：我在山東時起初原供說自京下去的，因縣官不信，說我必是從江南上來。我受刑不過，只得應了。縣官要我說出在江南實在下落。我說不出來，又怕受刑，……所以供稱在揚州。⑩

從山東出現第一個案例時起，地方官員就確信妖黨來自江南。弘曆經由私人耳目而聽到的那些謠言，同樣也傳到了各縣官員們的耳中——這些謠言促使弘曆發出了七月二十五日的那份上諭，開始在各省進行清剿。軍機大臣們究竟應把這一切看作是對整個叫魂案的强化或是弱化？那個拜術士爲師的韓沛顯的出現，只是使情況變得更加複雜。他現在也一口咬定，他在山東的所有供詞都是在重刑下編造出來的，根本就沒有妖僧「明遠」這個人。但是，他的原供具體入微，因而仍然令軍機大臣們感到困惑：他怎麼會對施行妖術的細節有那麼多的了解呢？⑪不久後，在承德對僧人通杲的審訊，將為這個問題提供一種可能的答案。

一個愚蠢的錯誤

十月二十五日，大學士傅恆向弘曆報告了令人頭痛的通杲案—這個在山東捕獲的和尚供詞，導致了對江蘇寺廟的全面搜捕。⑫法網所及，捕獲了通杲的師傅妖僧悟成以及通杲供出的其他人，他們現在都關在承德的刑部大牢裡。弘曆對這個悟成抱有極大希望，想從他身上弄清整個叫魂陰謀的內情。

然而，悟成堅持他對妖術一無所知，並說他與徒弟通杲自兩年前在南京紫竹林廟分手後再沒有見過面。本來，除通杲後來又翻供的事實外，像這樣的一口否定是不值得記錄在案的。但由於通杲原供中情節頗有荒謬可疑之處，連傅恆也對他產生了懷疑—比如說，「割辮係乘人不備倉猝的事，何暇問人姓名始行動手？」

重審通杲的場面，可能會使最鐵石心腸的審判官亦為之震動。當這個衣衫襤褸的囚犯被拖到傅恆面前時，已是「兩腿潰爛，刑傷種種，神氣慘沮，略加駁詰則畏懼求死」。這個半死的和尚起先堅持原供，不過當刑具抬出來以後，他又改口說以前供詞都是假造的。雖然他的祖籍是安徽，但從小在直隸長大。後來他在河南剃度，接著做了悟成的徒弟並隨悟成去了南京。一七六六年師徒分手，通杲決定回鄉還俗，因此他開始蓄髮並往直隸走去。當他走到山東泗水縣時，他的外地口音和半長的頭髮引起了縣役的注意，並將他當嫌疑犯抓了起來。

泗水知縣無法從通杲口中得到什麼，於是兗州知府決定會同鄒縣的知縣孔傳晅親自審問通杲。孔係孔子六十八世孫，曾成功地讓第一個剪辮犯乞丐蔡廷章招供。孔知縣先用鐵鏈將通杲縛吊於樹上，繼用鐵鎖盤地加以炭渣，令其跪上，再用木棍踩踏腿彎，復以桑條鞭其背後，又用夾棍嚴夾。重刑之下，通杲編造了他的故事。他所供的咒語是他受戒時念誦的佛教經文，僧衆皆知。那麼，那些割辮受害人的名字又是從何而來？這其實是一些他在路途上遇到的人。所謂的「同黨」，俱係平日「會過相熟之人」，因孔知縣副問，故爾「妄扳」出來。至於迷藥、紙人、紙馬等施行妖術的工具手段，則係在監獄「風聞旁人閒論，附會其說」。⑬作出純粹藥物學的解釋還是不夠的，除非你還能解釋術士如何能把藥粉塞入一個不情願的受害者的鼻子，而自己卻不受到藥物的麻醉。」

傅恆斗膽提出，這個案子「似屬冤抑」。但是既然原供言之鑿鑿，孔知縣可能另有所見，因此才對人犯疊加刑訊。如果簡單地釋放通杲和悟成，則「不足以服原問官之心」。弘曆接受了傅恆的建議，命孔知縣暫時解任，迅速來京接受質詢，通杲和悟成兩犯則暫行羈押在獄。

整個案子怎麼會變得這樣荒謬離奇呢？對山東巡撫富尼漢的質詢，揭示這整個事件竟是個愚蠢的錯誤。富尼漢後來解釋說，孔知縣其實是遭到了衙役的矇騙。那些衙役受命去尋找通杲所供的剪辮受害者，他們必須在五天之內向孔知縣報告結果，而據通杲所供，那些所謂的受害者都住在幾百里遠的外縣。衙役們怕誤了五天的期限受罰，就撒謊說他們找到了受害者，這樣就坐實了通呆的原供。⑭

旅途橫禍

犯有剪辮雞姦罪的乞丐靳貫子在原供中扯進了張四儒。十月的第三個星期，他的案子受到了仔細重審。他改口聲稱，他的原供完全是在重刑逼供下編造出來的；而從他已經殘廢的雙腿來看，這是極有可能的。靳貫子現在把什麼都講了出來。他和被控受他雞姦的族弟靳玉子來自山東省府濟南附近的一個村子。玉子的父親靳寬去年秋天出外佣工，一直未回。本年夏天，一個村民告訴玉子，他聽説其父靳寬已在外發財。玉子的母親便要玉子去尋找，但因玉子才十七歲，她央求玉子的族兄貫子陪同往尋，以免使玉子途中遇到麻煩。兄弟倆出發向南走去，於六月二十五日到達了玉子的表兄趙丙如家，借得一些盤纏。他們尋找靳寬多日未遇，因錢已用盡，只得沿途乞討。六月三十日中午，他們來到鄰近江蘇的峰縣，走進一個叫李家莊的村子。當時，縣刑書李昆正在村裡爲其子李狗兒辮子被剪而吵嚷。靳貫子兄弟發現村子中有麻煩，便轉身離去。但是他們已被憤怒的李昆看到，他因他們面生可疑，便與一伙村民將兩人抓獲。他們的靳貫子的搭褳裡並未搜到刀藥髮辮之類的犯罪證物，但還是把不幸的兄弟倆帶回村子捆綁起來。

兩人均被捆綁吊打。到頭來，玉子受不了毒打，承認偷割了狗兒的辮子藏在村外。李昆威脅道，他若是不交出偷害之辮尖，即用斧頭將他砍死。玉子畏懼無奈只得用口咬下自己的辮尖，藏在手中，假稱是在一棵樹下發現的。第二天早上，李昆得意地將這兩個流浪漢押到縣衙門。

縣衙門動用了夾棍，逼迫靳貫子供認他將一把刀子和兩包迷藥丟棄在山坡上。衙役們去山坡尋找證物，只找到了一個小磁瓶。在知縣一定要找到刀子的壓力下，縣役頭目讓手下人偷偷地賣了一把小刀。小刀上有一個鐵匠的標記，縣役便教唆靳玉子，要他說出曾看見他族兄的刀子上有這樣的標記。爲了潤飾案情，縣官對靳貫子反覆刑訊，要他誣認除割辮外還誘拐並雞姦靳玉子。玉子起先不認，縣役們便威脅他，如果他不附和這一故事就要夾斷他的雙腿。在這個當口，靳貫子被迫編造出了有關他師傅算命先生張四儒的故事。整個案子經過這樣一番打點，才由知縣報告上去。

軍機大臣們傳喚了證人，包括已被找到的玉子母親和在外流浪的玉子父親，玉子的表兄，以及李昆和他的兒子。然而，玉子的父母卻說不認識貫子。經過反覆訊問，才發現他們曾受到濟南一個縣役頭目的威脅：「你們到京後若說出認得靳貫子的話，回來時就都該死了。」這些情況已足以使軍機大臣們相信靳貫子是被冤枉的，而張四儒的故事則統統是胡編亂造。⑮但是他們的奏報還是做了自我保護：李昆還未與靳玉子對質，對涉案的縣役也還未及質訊，再加軍機處在審訊人犯時沒有用刑，審訊結果也就「不盡不實」。所以，對該案的

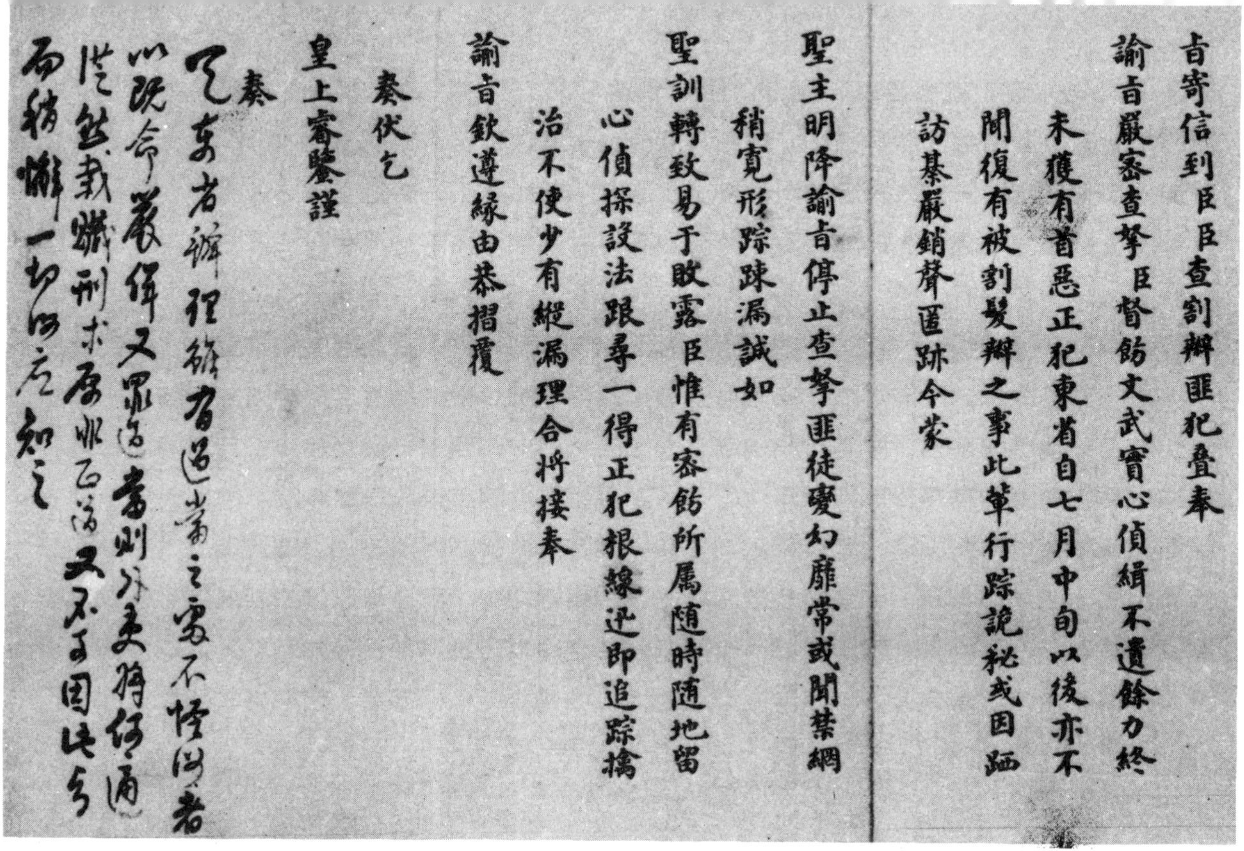

旨寄信到臣臣查割辮匪犯查奏
諭旨嚴密查拏臣督飭文武實心偵緝不遺餘力終
未獲有首惡正犯東省自七月中旬以後亦不
聞復有被割髮辮之事此輩行蹤詭秘或因跴
訪綦嚴銷聲匿跡今蒙
聖主明降諭旨停止查拏匪徒變幻靡常或聞禁網
稍寬形蹤踈漏誠如
聖訓轉致易于敗露臣惟有密飭所屬隨時隨地留
心偵探設法跟尋一得正犯根線即追蹤擒
治不使少有縱漏理合將接奉
諭旨欽遵緣由恭摺覆
奏伏乞
皇上睿鑒謹
奏

一七六八年十一月三日富尼漢關於處置叫魂案案犯的奏摺，最左邊的四行是弘曆的朱批。

最後判決還需等待。他們沒有明說的是，這一判決必須等待最高權威的回心轉意。

說服弘曆

毫無疑問，在整個叫魂案中，首席原告自始至終就是皇帝本人。透過他在各地呈遞來的奏章以及軍機大臣們起草的上諭的朱批清楚地表現出來。對官員們大肆施壓、加重刺激，對他們辦案的速度和強度層層加碼，對行動遲緩的官員們則刻薄訓斥──所有這一切都是弘曆個人的傑作。軍機大臣們所扮演的角色是微妙的：他們可能與弘曆一樣對謀反心存憂慮；但他們又不得不面對從個省衙門送來的備受折磨的囚犯，以及這些人血肉模糊的軀體和顛三倒四的故事。當疑問在他們頭腦中不斷增生時，他們手中捏拿著的卻是一個嚴重的政治問題。這個案子不僅關係到危險的剃髮意象，還可能暗藏著陰謀玄機，更被押上了皇帝的無上權威。面對此案，他們怎樣才能既顯示出自己對皇帝的效忠與熱忱，同時又避免製造冤獄的醜聞呢？

有一件事可以引起弘曆的注意，那就是法庭的刑訊。清律規定，對刑事犯定罪必須以口供爲憑據。弘曆和他的同時代人一樣認爲，要讓一個顯然有罪的案犯供出犯罪的細節，刑訊是必不可少的手段。語言爲這樣的做法鋪平了道路。正如「囚犯」和「罪犯」這兩個概念難以明確區別一樣（兩者都叫做「犯」），「刑訊」和「刑罰」用的是同一個「刑」字。但是，用刑又受到法律上的限制。使用非法刑具和將囚犯拷打致死，都是要受到懲罰的，通常爲行政上的制裁。⑯

雖然用刑並無道德上的障礙，卻常常會遇到實踐中的問題。刑訊使用恰當，可以導致正確的口供並產生合乎正義的判決。刑訊若被濫用，則會導致錯誤的結果—如果審判官想「釣魚」，也就是想看看備受折磨的案犯會吐出些什麼的話，情況更會是如此。這樣的做法等於是還未對嫌犯起訴便搜集原始證據（或者說，是在嫌犯尚未受到傳訊時便對他進行拷問），而並非從一個已受到正式指控的罪犯口中，得出真實的供詞。這樣的「刑求」雖然未被《大清律例》明文禁止，但也未被認爲是一種可以接受的做法。弘曆所擔心的是，從這種釣魚式刑訊中所獲得的假供會擾亂案情。畢竟，審問這些無名小卒的目的，是要挖出隱藏在他們後面的妖首。如果一個受酷刑逼供的囚犯爲了逃避皮肉痛苦而編造名字地址，官府又能得到什麼呢？因爲有具體的細節，這種編造出來的供詞看起來會很可信，但這些細節或是像通杲的案子那樣，是由囚犯根據牢裡的道聽途說而虛構出來的，或是來自審判官員的誘供。⑰然而，官府需要的是可靠的訊息。用弘曆的話來說，就是「夾杖所取之供，亦未必盡可皆信」。當案情開始露出破綻時，通過重刑逼供所得口供的虛假性，也越來越清楚地暴露出來。⑱一旦軍機處開始對案情產生了懷疑，那麼皇帝的清醒就只是一個時間問題了。

在官僚機構的最高層，人們普遍對案情發生了懷疑。八月中旬，根據憤怒的官員們的請求（因爲他們發現山東第一個剪辮犯乞丐蔡廷章提供的線索毫無用處），蔡廷章重新受審，卻改變了自己的故事。這時，弘曆仍相信狡猾的剪辮犯是在施放煙幕以混淆清剿的線索，或者根本就是想以此結束自己的痛苦。不過，他們當初的供詞究竟是逼供出來的，還是自己招認的？雖然富尼漢向弘曆保證沒有使用刑訊，但朝廷已開始對此產生了懷疑。九月二十九日，弘曆命令山東將案犯送到承德由軍機大臣直接審理。⑲

回過來再看江南。當九月十日兩江總督高晉聽了乞丐張四的故事並查看了他殘廢的雙腿後，他已清楚地知道對這個賣唱乞丐的審訊已陷入僵局。他在上奏時重複了弘曆自己的話：「誠如聖諭，一用夾杖，轉於事無益。」⑳他進而審問了舉發張四的原告，得到了我們已在上面敍述過的那個故事。高晉没有因指出案情的不實而受罰，因爲他的囚犯很快便被傳喚到北京。在那裡，軍機大臣們自會看個明白。

軍機大臣們在九月中旬提出自己的審訊報告前，由於廷寄制度的運作，我們很難了解他們（無論作爲整體還是個人）究竟是如何看待叫魂案的。九月十五日，劉統勛和他的同僚們從北京向承德行宮報告說，來自山東的供詞每天都有新的破綻。山東最初的兩個剪辮犯靳貫子和蔡廷章跪在軍機大臣們面前，推翻了自己的原供。大臣們詰問道：「通元、張四儒在江省現已就獲，不日解京對質，更復何從狡賴？」因爲蔡廷章腿膝刑傷未愈，他們便在審訊時夾壓他的手指，他重複了在山東的原供。但是一將他的手指鬆開，他又再次翻供，訴說自己的冤枉。顯然應從山東傳喚更多的證人來北京。（朱批：「速行文提犯。」）軍機大臣們表示，在證人未到達前，「臣等將該犯暫停嚴訇，俟傷痕稍癒」再加研詰。與此同時，他們「不敢稍在懈弛，稍爲淆惑」。㉑

但是，案子本身現在已經大大地打了折扣。如果說，現有的新證據，已使得整個叫魂案賴以成立的供詞發生了動搖；那麼，即將從各省送來北京的諸多案子又會造成怎樣的新困窘呢？人們如何才能將這種尷尬局面轉報給弘曆？──在這個案子上，他不僅已押上了個人的威望，甚至也押上了整個王朝的尊嚴。

到了九月二十一日，弘曆已經對壞消息做出了反應。他抱怨各省的口供均屬「荒唐無據」。這不是因爲奸徒撒謊，就是因爲「問官鍛鍊成招」，而「兩者皆不足信」。他問道：「似此浮光掠影，真犯何由就獲，重案何由結清？」但是，弘曆反對將嫌犯無限期羈押的建議：「人犯一經拿獲，應即詳晰訊問，若審明確係無辜，應急爲省釋。」㉒

甚至在熱切的皇上看來，冤獄的肆虐也變得越來越明顯。到了十月五日，弘曆在一份經由機密管道發給各省督撫的不尋常上諭中推論說，整個叫魂案很可能是由陰謀家們編造出來的，其目的則在於挑動人們對官府的仇恨並煽動造反。但是他別無選擇，只能防患於未然，在注意不要傷及無辜的同時，將所有嫌犯一網打盡。對於倍受壓力的各省官僚來說，這是一個自相矛盾而無法實現的指示。㉓

在北京，供詞中的矛盾越積越多。蔡廷章和韓沛顯的口供已徹底翻轉過來。㉔賣唱乞丐如何被栽贓陷害的故事已及時地報告給了弘曆。不僅如此，當靳貫子這個最初的訊息提供者面對自己供出的「張四儒」時，竟不知他為何許人。然而，弘曆仍然扮演著一個鷹瞵虎視的檢察官角色。他在十月七日寫道，這些罪犯很可能在不在法庭相認的默契，以便掩飾他們的陰謀。因此，劉統勛應更為仔細地訊問案犯，只要在他們言詞行為中發現任何一點疑問，就應窮追到底，這樣才能找到真正的線索。此外，必須特別注意和尚通杲，弄清那些髮辮到底有什麼用。㉕但是，正在承德的大學士傅恆已看到整個案情中有著太多的矛盾，也開始對案情產生了懷疑。十月十七日，他命江蘇巡撫彰寶把江蘇的所有嫌犯送到北京，以便對他們進行交叉審訊。㉖

此刻，軍機大臣們面前出現了一個機會：大學士劉統勛正動身從北京來承德。現年六十八歲的劉統勛是北京高層官僚中的佼佼者，在軍機處已任職十二年，官聲清廉。他敢於報告壞消息，並不憚堅持犯難招怨的政策。雖然弘曆有時會覺得他討厭，卻對他抱有不可動搖的尊敬。有一次他曾因劉的一個不討好的建議而將其監禁，但很快便原諒了他，並繼續委以要職，包括命他為首席太子太傅。弘曆對這個耿直的臣僕深為感激，當劉統勛於一七七三年辭世時，他對劉家親加慰勉。㉗

劉統勛身為資深的當值軍機大臣，在酷暑的北京揮汗辦公，而他的皇上主子則在承德避暑消夏。在妖術恐懼攫住京城的當口，劉統勛所面對的是一個微妙棘手的難題：他一方面必須查清案情，但另一方面又要避免在民衆中引起恐慌。隨著各省的叫魂案犯不斷地移送來京，他對地方官所報告的拙劣失實的案情有了充分的了解。他呈遞給弘曆的奏報件件都是機智巧妙的傑作。這些奏報羅列出案情中的種種漏洞，包括大量翻供的原話。不過，劉將所有這些訊息都包裝在一種極度熱心的外衣之下—他只是不肯照單全收這些「狡猾」和「迴避」的供詞而已。至少，這些奏摺不會讓他受到對叫魂案犯手軟的指責。當賣唱乞丐於十月十五日在北京翻供後，劉覺得已到了採取行動以避免使皇上陷入更大窘境的時刻。但這必須等到皇上在場時與他一起採取行動。

作爲刑部尚書，劉統勛有責任在每年赴承德協助皇帝處理秋審案件，即對那些已定案的死刑犯重新審理一次。當秋審案呈送御前時，弘曆必須用朱筆對行將處死的案犯「勾到」。按照常規，劉統勛每年夏天留守北京處理軍機處事務，大約十月中旬去承德，然後陪同弘曆回京。在秋高氣爽從容回京的路上，弘曆將根據劉的意見，在每個待決案犯的名字上用朱筆打勾。[28]這一年，劉大約在十月十八日離京，於二十一日抵承德。接下來的五天，他和傅恒隨侍皇上左右。

根據傅恆後來的幾份審訊報告來判斷，軍機大臣們一定在十月二十五日前開過會。現在他們已經不再迴避可能的冤案，對接受翻供也不再感到勉強。十月二十六日，劉隨同弘曆回

京，傅恆則留在承德完成對叫魂案犯的審訊。弘曆一行於十一月一日回到北京。兩天後，他就降旨停止了對叫魂案的清剿。㉙

停止清剿並非簡單地收回成命。由於皇上已對此案投入了這麼多的個人威望和道德權威，一個更具禮儀性的結局是必需的。㉚首先，傅恆、尹繼善和劉統勛向各省督撫發出廷寄指出，剪辮案之所以「蔓延數省」，是因爲江浙官員沒有及時報告情況，地方官員玩忽職守，對朝廷疊降諭旨掉以輕心。結果，那些受審的案子「不無刑求者」（這句話是弘曆用朱筆加上去的—雖然他在清剿的初期就知道這種情況，但他顯然爲這種情況所困擾）。弘曆因而命令將叫魂案犯移送北京，結果並未發現首惡正犯，卻發現多有累及無辜者。這都是「江浙地方官養癰遺患之所致也」。任何進一步的清剿會滋擾地方，「於政體殊爲未協」。因此，清剿必須立即停止。

奇怪的是，廷寄又强調地方官並不能因此而放鬆警惕，「警覺惕厲」仍然是地方安靖的保障。任何官員若能抓獲「正犯」，就可以「自贖」前愆。㉛

同一天，一份明發上諭把所有的責任都算在行省官僚身上。叫魂恐慌首先發生在江蘇、浙江，然後蔓延到山東和其他省份。如果行省官僚們一聽到這一案件就積極追剿，要地方官員查個水落石出，「自可得其端緒，正犯不致漏網」。但是，地方有司虛應故事，「始則因循貽誤，不即據實入告，希冀化有爲無」。只是當朝廷嚴切訓喻之後，他們才「飾屬查辦」。

現在，雖然山東、安徽、江蘇和浙江都有案犯抓獲，「朕恐中有刑求屈抑者」，因此命令將案犯移送北京讓由軍機大臣、刑部和京畿步軍統領組成的特別法庭審理。審訊結果表明，原供是不可靠的，其中確有畏刑屈招者。很明顯，「各該省隱瞞於前，復又塞責於後」，除了派出差役「滋擾閭閻」外一無所獲，導致首惡正犯漏網。這一切，「與政體殊未允協」。弘曆不得不自希其果：「此案現在竟可毋庸查辦。」

秘密廷寄的用詞模棱兩可，明發上諭的調子則相當嚴厲，我們對這兩者之間的矛盾應如何看待?從弘曆的朱批中可以看出，由刑求而得到的口供，使他感到憤怒和尷尬。但他仍然透過廷寄的秘密管道堅持要各省保持警惕，並在廷寄和明發上諭中都强調，儘管「正犯」無一落網，卻確實存在。這就表明，這不過是一種挽回面子的說法。弘曆的心態，在他對富尼漢一個奏摺極不尋常的批語中表現的最爲清楚。山東巡撫用被告的語氣回答十一月三日的廷寄。他說，他督飭文武，實心偵緝而「不遺餘力」，雖然獲有首惡正犯，但山東省自八月中旬以後「亦不聞復有被割髮辮之事」。弘曆朱批道：

閱。東省辦理雖有過當之處，不怪汝者。以既命嚴緝又罪過當，則外吏將何適從。然栽贓刑求又非正道。㉜

弘曆又警告富尼漢説，他不可因求公正而「稍懈」。然而，朝廷既已露出了懊悔的口風，行省官僚們對這種大氣候自然特別敏感。弘曆知道，要維持朝廷的尊嚴，就只能堅持陰謀確實存在，並對清剿不力的官員予以懲罰。但另一方面，做爲一種妥協，他也不能不對那些濫刑無辜以求假供的官員進行彈劾。

與官僚機器算總帳

迄今爲止，朝廷並未承認叫魂案本身是站不住腳的。恰恰相反，它始終堅持首惡正犯確實存在，而他們的逍遥法外，則是由於各省的失職。現在已是懲罰失職官員的時候了。弘曆指出，「江浙督撫養癰遺患」，應由吏部「從嚴議處，以正綱紀。」㉝這是他對官員們掩蓋案情的報復。因玩忽職守而被罰的有兩江總督高晉、江蘇巡撫彰寶、安徽巡撫馮鈐、浙江巡撫熊學鵬、前江蘇巡撫明德（時爲雲南巡撫）和山西巡撫蘇爾德。一批州縣官員也因年初釋放了叫魂嫌犯而遭革職。作爲一種平衡和妥協，一些低級官員也由於對無辜嫌犯濫刑逼供而遭到彈劾。不少傑出官員（尤其是低級官員）的宦海前程因此毀於一旦。比如，徐州知州邵大業以善於治水著稱，他的治水工程使當地百姓在他任內的七年中免受洪澇。爲了對他在賣唱乞丐案中負有的責任予以懲罰，他被貶到一個邊遠的軍職，不幾年便死於任所。㉞

但是，整個叫魂案件的關鍵角色是山東巡撫富尼漢—由於他的奏摺及所附的供詞，使整個叫魂案持續炒作了三個月。日復一日，當軍機大臣們在承德和北京重審叫魂案犯時，也看著那些肢體殘敗的囚犯從山東省衙被移送過來。但富尼漢卻始終堅持他審訊人犯時沒有用刑，這一說法大大加强了那些供詞的可信度。㉟軍機大臣們問道，那麼，對那些囚犯迄今未癒的遍體鱗傷又該作何解釋呢？和尚通杲縱然不死也將落個終身殘廢。如果他們是在州縣衙門受的刑，富尼漢在審問他們時，會對他們的傷殘視而不見嗎？他們因此請旨令富尼漢對此做出明白解釋。㊱

富尼漢回答說，當他初次看到乞丐蔡廷章和靳貫子時，發現他們雖曾受刑，但「尚能行走」。他並未對他們用刑，只是細加審問，他們就供出了首犯和同黨的姓名。至於殘廢了的通杲，則是在他寄出「未用刑」的奏摺之後才提解到省府。富尼漢然後謙卑地提醒弘曆，皇上本人八月五日的諭旨要他「盡法質訊，與其疏縱，毋寧認真」。既然有這樣的旨諭，「承審官即果用刑，亦不妨據實具奏，何必代爲諱飾？」對這個近乎張狂的回答，弘曆在朱批中輕蔑地駁斥「此奏更屬文飾」，並下令將富尼漢交由吏部議處。㊲就山東巡撫給官僚系統製造的麻煩及給朝廷帶來的羞辱，吏部對他的懲罰是相當溫和的。他的過錯當然不在乎對囚犯用刑（對此弘曆已經表達了某種同情與理解），而在於他在這一問題上對皇帝撒謊。富尼漢被貶爲山西布政使（朱批：「革職留任」），但這對他或許是一種開釋，因爲弘曆並未將他交由刑部論罪─而他的前任準泰巡撫十六年前的犯下大致相同的過錯時，便曾受過那樣的處罰。就叫魂案爆發以來所發生的一切來說，富尼漢所受到的懲罰，只不過是在手腕上被輕輕責打一下而已。毫無疑問，這也是對弘曆本人所犯錯誤的開釋。㊳

終結

一旦弘曆明確表示要停止清剿，軍機處承審官員們就知道可以了結這些令人難堪的案子了。嫌犯的釋放迅速而乾脆。首先獲釋的是在胥口鎮幾遭刑殘的和尚們和蘇州的那幾個乞丐。十月八日，傅恆維持了吳縣知縣的原判：淨莊及其同伴均係「老實本份僧人」，應立即予以釋放。漁夫張子法在廟無端盤詰僧人，又將他們追逐到街上，應對所有的麻煩負責。雖然沒有證據表明張的所作所爲是企圖勒索（像蕭山縣役蔡瑞之所爲），軍機大臣們仍認爲，僅僅對他罰以杖責是不夠的。除被責令賠償和尚們損失的行李和錢財外，張子法還將被枷示兩個月，以儆效尤。李三和唐華等參與搶劫和尚船隻的無賴，則參照「不應爲，重」的禁律，每人杖責八十。㊴

至於蘇州那三個最初涉案的乞丐，只有陳漢如還活著（張玉成已死於獄中，丘永年後來也病死了）。在這樁案子中，軍機處官員們也維持了縣官的原先的判決。十歲男孩顧正男的口供羅織了乞丐們的割辮罪，他和其父一起被傳喚到承德。現在他供認說，「當日營官令其指認，原只稱服色近似」那個拉扯他髮辮的人，卻「並不能辨別面貌」。這樣的證言當時便未能說服縣官，現在也不足以讓傅恆信服。

傅恆奏道：乞丐陳漢如「並非割辮匪犯無疑，應即令原解員役帶回（蘇州）保釋」。弘曆朱批道：「行如所奏。」蘇州案件也就此了結。㊵

我們應該還記得，石匠吳東明和蕭山的和尚們在九月初重新被捕，並遵照朝廷的旨令解往長城以北的承德行宮。這趟旅行歷時一個多月。當他們於十月一日初抵達承德時，弘曆立刻任命了一個由軍機處官員組成的審判法庭，由傅恆負責。所有案犯—包括已坦白提供了僞證的衙役蔡瑞—都重新受審，蔡瑞並被過堂受刑。爲慎重起見，審判官員們問道：浙江承審各官是否欲隱瞞真正的割辮案件，因而囑令蔡瑞「承認捏陷」，以使軍機處官員相信，整個案件只不過是一樁誣陷案？

蔡瑞已知大限臨頭，便合乎情理地反駁說：「我如今已知命且不保，現在又受嚴刑，豈肯貪圖將來的好處捨了現在性命。」軍機處承審官員們覺得他的話在理。他們判處他絞監候，待秋後處決。

十一月十九日，軍機處法庭維持了浙江省庭的判決：和尚們是被縣役蔡瑞誣陷，他們的口供是重刑逼供的產物。經過仔細比驗，那些所謂偷割的辮尖長短顏色質地均皆如一（「若果偷害兩人辮尖，斷不能如此相似，其爲編造無疑」）。大學士傅恆還留心查看了巨成和其

他和尚的舉止形狀，發現他們「並無妖異狡惡之處」。和尚們被遣反原籍釋放。㊶

然而，軍機處承審官員仍須弄清石匠吳東明春天在德清叫魂案中的作用。正當他們開始對此著手調查時，從浙江傳來了一些關於春天那些怪誕事件的新情報，爲廓清叫魂恐慌的起因，提供了新的線索。㊷

坐落在絲綢之鄉德清的慈相寺中，住著幾個貧窮潦倒的和尚。該寺「香火冷落」，很少有信徒來燒香或做法事，因此施捨也很少。㊸在縣城附近的健員山有一座香火鼎盛的觀音殿，當地居民們更喜歡上這個寺廟燒香拜佛。一七六八年初春，妒忌和私欲使慈相寺的窮和尚們萌生了不道德的念頭。和尚們有一個徐姓的俗人朋友，頗有智巧，他認爲時下人們對叫魂的恐懼可以善加利用。和尚們只須散布謠言，說有石匠在觀音殿附近「作法埋喪」，進香者若去該寺非但難得庇佑，反會遭到毒害。

故事的材料是現成的。在山腳下的縣城根，石匠吳東明和他的一班工匠們正在修築水門。像往常一樣，吳石匠是與一伙外縣來的石匠競爭而贏得這個工程的。那些包工不遂的石匠難道就不會用妖術來暗害自己的對手嗎？當地的習俗相信，只要在對手經過的路上「作法埋喪」，就能置對手於死地。㊹其方法很簡單，只要埋下一只殺死的公雞就足以成事。徐某建議道，和尚們只需散佈謠言，說那些包工不遂的石匠已在通往觀音殿的路上「作法埋喪」。於是，一個「略通詩字」的和尚寫下了大意如下的招貼：健圓山「爲吾邑進香之地」，聞前月中「有石匠埋喪於山，經過之人遭其毒害」。慈相寺「素稱清淨佛門」，能助人「趨吉避害」。徐某在本縣四處散佈了這個謠言，爲自己惹下的麻煩得到了五百文銅錢的酬謝。

有了案頭的這個故事，軍機處的承審官員們便訊問吳石匠，他是否知道與他競爭失利的石匠陰謀用妖術傷害他的謠傳。這是又一次誣陷，又一個以不光彩的妖術傷害對手的圖謀，看上去很像是春天杭州地區叫魂大恐慌爆發的起因。但是，本份實在的吳石匠，並沒有提供任何有用的細節：

吳石匠：去年，海寧縣石匠鄭元臣、毛天成來德清包攬建造城橋。因價錢談不攏，回去了。

承審官員：你是否聞說「埋喪」之謠言?

吳石匠：今年我們並未見過鄭、毛，也未聽說他們對我們有何怨恨。㊺

是否就是這個事件煽起了民間對於石匠叫魂的恐懼?軍機大臣們不能作出確定的回答。但慈相寺事件證實了他們的一種懷疑：所謂的「叫魂」妖術只是產生於無知又滋長於忌恨的一個幽靈。這不過是奸刁之徒利用民間恐懼逞其私慾的又一個事例。無論如何，吳石匠是沒有任何責任的；他和巨成及其他和尚、乞丐許兆美、農夫沈士良等人一起被遣回鄉裡釋放。

至此，本書故事中最初出現的那些角色——既包括受害者也包括施害者——終於都如釋重負地退出了歷史的記錄。

第九章　政治罪與官僚君主制

我們現在已經看到了幾個不同版本的故事：一個講的是流傳於普通百姓中的妖術恐懼，一個說到了皇帝如何逐漸確信妖術其實是謀反的煙幕，還有一個述及對妖術不置可否的官僚們所面臨的困境—他們力圖應付來自上下兩方面的壓力，卻無法使任何一方滿意。這些故事相互重疊，幾個文本寫在歷史的同一頁上。在這些故事背後，還有著另外一個最難解讀的故事，那就是：包括妖術恐慌在內的種種地方性事件，究竟是如何變成推動整個政治制度運作的燃料。①

在整個政治制度中，妖術所扮演的是某種我稱之爲「政治罪」的角色。所謂政治罪，包括了所有形式的謀反，如宗教異端、文字誹謗或公開的造反。因政治罪所危及的是王朝制度的基礎，所以它與無所不在的腐敗不同，後者所影響的只不過是這個制度的效率而已。但如果情況確實是如此，爲什麼官僚們對這種政治罪並不像君主那樣憂心呢？不管怎麼說，這個制度也是他們的制度。如同我們在中國的例子中已看到的那樣，對這個問題的回答，只能從官僚君主制的核心中去尋找。妖術危機的檔案向我們揭示了何以政治罪是君主的而不是官僚的問題，關鍵在於如何理解常規權力和專制權力之間的關係。

官僚君主制中的常規權力和專制權力

對中華帝國後期政治制度的研究，產生了兩種大異其趣的學術研究傳統：一種著眼於行政官僚制的結構、人事和價值，②一種則注重於帝國的機制，特別是帝國通訊制度的發展。③結果，我們對作爲一種生活方式的官僚體制有了更爲複雜的認識；同時我們也認識到，君主是帝國政治制度的一個組成部分，而並非一個既遠離這一制度又權力無限的專制者。但是，我對於我們是否了解專制權力和官僚常規是如何在同一體制內長期互動，仍然存有懷疑。④我們仍然傾向於假定這兩者之間的關係是相互消長排斥的：其中一種權力的增長膨脹，意味著另一種權力的萎縮削弱。自馬克斯·韋伯（Max Weber）以來的社會分析一直傾向於認爲，從長遠的角度來看，專制君主屈從於官僚。但我相信，在中國的制度下，專制權力和常規權力並不一定扞格不入，而很可能有和平相處之道。

在韋伯對中國政治體制的著名研究中，他實際上迴避了專制權力和常規權力之間如何互動的問題。相反，他把中國的君主制度刻畫爲一種不完全的中央集權，其運作規則是不成文的。由於資料上的局限，阻礙了韋伯對專制權力和法典化常規（codified routine）的認識。在韋伯對中國官僚制度的分析中，皇帝只是一個晦暗不明的影子。在「中人之君」治下，權力並不是「中央集權」的。⑤然而，韋伯大概相信，由於中國的官僚制度並不是一個專業化的制度，官在面對一個並非「中人之君」的君主時，就可能會一籌莫展（他認爲，只有現代專業化的官僚才能夠有效地與專制君主抗衡，因爲他們可以無視專制君主這樣一個「業餘官僚」）。⑥雖然韋伯在討論中國的制度時用的是「官僚制」只能專用於「現代」型的制度，而中國的制度則是屬於「家父長和世襲統治」一類的。⑦同樣晦暗不明的是韋伯關於「法典化常規」的概念—中國的官僚也受到了這一常規的制約與控制。雖說「君主如父」，他能夠透過對官員的頻繁調動來防止他們發展地方性的權力基礎，從而對他們建立起一種「專制的與內在的控制」，⑧但由於「這樣的政治聯繫具有家父長的性質……它便同任何正式的法律發展格格不入」。⑨接照韋伯的觀點，所謂「正式法律」必須包括制約官僚本身的行政法規在內。雖然韋伯因這些想法而不能以中國國家爲背景，尖銳清晰地提出問題，但他的歷史邏輯卻表明，他認爲專制權力和常規權力是相互衝突的。在他看來，歷史的發展將會經由常規化與合理化而使後者取代前者。⑩

漢斯·羅森伯格（Hans Rosenberg）在對普魯士國家的經典分析中，對「王朝專制主義」和「官僚專制主義」作了區分。按照羅森伯格的定義，「專制主義」指的是未經憲政制衡或與有影響的社會階級分享的權力；而「王朝」則強調君主個人對整個社會（他稱佛列德里克·威廉一世（Fredrick William I）爲「一個王家惡霸」）、以及對應召來執行他命令的「皇室僕從」的支配。羅森伯格還把「王朝專制主義」制度刻畫爲一種「君主獨裁政治的實驗」。儘管他並未對「獨裁君主」與其官僚之間的關係作詳細的描述，但他卻暗示，⑪瀰漫於普魯士社會的「出於恐懼而屈從於權威的醜惡性格」，正是官僚們自身思想狀況的投影。然而，羅森伯格又斷言，即使是在霍亨佐倫王朝（Hohenzollerns）早期，君主的控制仍需依賴條理縝密的程序，也就是依賴於既統治官僚又統治民衆的「公共法」。⑫但羅森伯格並未告訴我們，「獨裁政治」或專制王朝是如何在規章的體系中，仍得以保持自己的行動自由—制訂這些規章的目的，正在於使政府的運作受到經精細調試的常規制約。

如果在這個制度中有純粹的「專制」成分，它便會是不穩定的和短命的。它會在「以法治取代專制君主權力的不間斷爭鬥中」成爲犧牲品。即使在腓特烈大帝（Fredrick the Great）時代，獨裁者的權力還是被官僚們大打折扣，因爲他們擁有真正的權力，可以透過操縱資訊和採用其他的「破壞」行動來「阻撓和歪曲」獨裁者的意志。到了腓特烈大帝的軟弱繼承者時代，透過在官僚人事制度中引進終身制和法定程序，官僚們成功地保護了他們自己不受專制權力的制裁。其結果一如羅森伯格所描述的，後拿破崙時代的普魯士成了由職業官僚統治的國家（「官僚專制主義」），君主本人則成了「最高行政長官」。⑬專制和常規權力在這裡經歷了一個此消彼長的歷史過程—亦即韋伯所說的「常規化」（routinization）與「合理化」（rationalization）的過程。在羅森伯格對普魯士的個案研究中，專制權力和常規權力是不能長期共存的。

「官僚君主制」聽起來似乎是自相矛盾的。就其是官僚制而言，它給君主留下了多大的餘地？就其是君主制而言，它又如何才能使個人的專制權力與普遍規則的體系共存？在這裡，君主和官僚都陷入了一種兩難境地，並都對已經形式化的行政程序採一種模棱兩可的態度。君主不得不用成文法規來約束成千上萬爲他服務的官僚，以確保每個人都按照他的利益與安全的行政程序行事。與此同時，他對於如何保持自己的特殊地位、超官僚權力和自主性，也會理所當然地感到關切。結果，他不得不持續奮力掙扎，以避免自身的官僚化。清代君主的大多數日常行政事務，是認可軍機處爲他所草擬的諭旨，或批准吏部所擬定的官員任命。面對他的文件起草人所提供的有限選擇，繁忙的君主會發現自己的「作用」只不過是文件處理機中的一個齒輪（儘管是一個鑲鑽的齒輪）。他怎樣才能掙脫這個陷阱，表明自己的身份是主子而非臣僕？⑭

就官僚本身而言，他們始終受到細瑣的規章條例的制約，包括形式、時效、文牘、財政和司法上的限期，以及上司和下屬之間的關係。他們若對這些規章條例有任何違反，便會受到彈劾、罰俸、調離或撤職的處分。但是，這些繁瑣的規章條例至少也爲他們的職責劃定了某種邊界，從而爲他們提供了一定的保護，使他們得以對抗來自上司或君主本人的專制要求。⑮

君主對官僚的控制

伴隨規則而來的是可預期性和標準化。同時，規則也限制了運用規則的人們的自由。從這一意義上來說，規則對人們的身份地位趨於平等，產生了極重要的作用：運用規則並監督規則執行的人和受規則支配的人一樣，會受到規則的制約。由於同樣的道理，清代君主不得不小心翼翼地在常規方式和專制方式的統治之間作出選擇。當規則失去效用時，補救的方法不僅包括制訂更多的規則，也包括訴諸專制權力的手段。從在位初期起，弘曆便對無法運作的規章條例表現得極不耐煩。他的因應之道是，一方面對日常運作的官僚機器上緊螺絲，另一方面則將自己的專制權力注入這一機器的運作中。這種努力從他對官員的考評中，表現的最爲清楚。

效率的監督和指導

君主控制的核心是對官員的考績：考量他們是否有資歷擔任某一官職，調查他們在職位上的表現，並定期對他們是否稱職進行評定。弘曆在位的歷史表明，要官僚機器做到自我制約是極爲困難的。由於對自己所繼承的官僚體系感到失望，弘曆開始尋找替代性的途徑來實現對官僚們的控制。

要做到對官僚的控制，其精髓在於對犯罪和行政失誤作出區分。對腐敗或更爲嚴重的罪行，要由刑部在案犯被彈劾並撤職後處以刑事懲罰；行政處分則由吏部掌管，用於處罰各種失誤，特別是用於逾期或未能完成定額指標（如偵破刑案或收稅）、隱瞞消息以及其它違反規章程序的行爲。處分的內容則包括降級、調任到更差的職位、罰俸等等。所有官員的考績單都有處分記錄。以下是從一七四九年編的《吏部則例·處分篇》中，摘錄的一些典型的行政失誤和相應處分的例子：

官員將漕船沉溺情由不申報者，降一級調任。

地丁錢糧經征州縣官欠不及一分者，停其升轉，罰俸一年。欠一分者，降職一級。欠二分者，降職二級。欠五分以上者革職。

如有地方官畏疏防承緝處分，借端嚇阻事主，抑勒該供，諱盜不報者，核實題參。照諱盜例革職。⑯

雖然中國政府機制中，很早就設有專門機構負責調查彈劾官員的瀆職或錯誤，但自從中世紀以來，這些機構的功能就衰落了。從歷史上來看，政府中的監察機構「御史台」（在清代叫做都察院）有責任對皇帝提出諍諫並對百官予以監察。但早從公元七世紀起，這一機構對下的監察功能便超出了它對上的諍諫功能。不僅如此，很長一個時期以來，甚至連這個機構獨立監察百官的功能亦受到了侵蝕。滿洲征服者從明代繼承下來的監察體制，在很大程度上已喪失了對於地方行政的監察能力。到十六世紀後期，各省按察司行使的只是省一級的司法職能。滿清政府將之併入了省官僚機制，我們在提到各省按察使時則稱呼他們為「省法官」（provincial judges）。⑰雖然在京城仍有監察官員對京官予以監察，但他們的主要工作變成了梳理文件，以發現其中違規情況。雖然各行省也設有「省御使」，負責監視各省的行政活動，但這些人實際上駐在北京，這意味著所謂皇帝的「耳目」在京城以外是又聾又瞎的。因此，京城和各省的監察工作主要由官僚們自己來做，每個人都有注意其下屬行為的責任。要知道行政和監察機制融合到了什麼程度，只需看一省巡撫同時擁有御使台副貳的頭銜就可以了，這表明他負有監察下屬行為的特殊責任。實際上，官僚機器是在自己監視自己。⑱

官僚體制的自我監督有兩種形式：一種是對瀆職和犯罪就事論事的彈劾；另一種是對所有官僚三年一次的定期考績（這一考績也是對劣等官員彈劾的根據）。這兩種方式的監察主要都由官僚本身、而非監察機構進行。在乾隆朝發生的五千一百五十一件彈劾案中，只有不到百分之八的案件係由監察機構提出，其餘均由京城或各省的官員提出。⑲雖然弘曆認為這兩種方式都不行，但只是在三年考績報告中，他才把這個問題最為明確地點了出來。

三年考績

對官員定期考績的歷史，和中國政府體制本身的歷史一樣久遠。⑳滿清從明朝繼承了這個制度，並在入關以前就建立了這一制度。㉑到十八世紀，對文官㉒考績的基本程序包括京察（即對上三品以外所有京官的考察）和大計（即對除總督、巡撫、布政使及按察使以外所有地方官的考察）。

在京察和大計這兩項制度中，最爲吃重的程序是上級官員每年對其屬下的定級考成。這種考成構成了三年考績的原始材料。在京城，三年考績的登記由六部長官總其成，在各省則由巡撫負責。這些登記册（通常用明黃包扎）然後送交由吏部官員、都察院官員和滿漢大學士各一名組成的審查委員會。這個委員會將審查登記册，並決定官員的升遷、貶降或留任。吏部要向皇帝分別奏報升遷和貶降官員的情況。皇帝奏准因「卓異」而獲升遷的官員，仍然要由他們的上司專門加以推薦。這種因政績而擢升的個案，特別强調推薦的可靠性。對低級官員的推薦必須説明他是否有財政積欠或司法積案，因爲這會妨礙其升遷。這種情況若在其升遷以後發現，推薦者本人將會受貶職或調離的處分。

如果我們對這一過程中產生的具體文件認真加以考察，則這一制度表面上的話力就顯得不那麼突出了。首先，文件的格式非常的呆板。登記册有時被稱之爲「四柱册」，因而每個人都占有包括四個項目的一頁，其秩序爲：「操守」、「政事」、「才具」和「年力」。每一項目下又分爲三等：

三年考績的標準格式

項目	操守	政事	才具
上	清	勤	優
中	平	平	平
下	濁	怠	短

根據他們的評分，官員們被分爲三等。分等的標準是看一個官員在幾項中獲得了高於平均的分數。比如，一個官員如在前三項中得到清、勤、優的評語，便會被列爲第一等（年力在考成中好像並不重要。如果年齡和疾病使一個官員不能勝任，對他的彈劾是經由另一程序進行的）。那些得到兩項中以上評分的爲第二等；若只有一項評分高於中等或沒有，則列爲第三等。㉓所有這三等都屬於勝任。那些被列爲第一等的可以得到升遷，但要有專門的奏報推薦他們的「卓異」表現。同樣，低於標準、不能勝任的，則會經奏報後受到糾劾。各省三年大計的格式基本相同，但每個官員會得到一個總結他們表現的四字或八字的考語。

這些呆板固定的報告爲評價官員所提供的餘地是多麼有限！靠這個評分格式要對官員素質做出精細的區分，是遠遠不夠的。放在每個官員大記檔案中的四字或八字評語，也不見得更能説明問題。只要稍微檢視一下十八世紀的許多黃册，我們就可以看到考評官都是從一些標準詞匯中選用評語的。這樣的評語當然是粗糙，其結果也是無關痛癢，以下是從一七五一年直隸被評爲二等知縣的一份名單上摘取的幾個例子。這會使人聯想到，一個教師在爲她的三年級學生準備成績報告單時，挖空心思地想使她寫的每一評語都具體實在（如「課堂表現積極，書寫整潔」）：

才情敏練，精詳慎重。

清慎勤謹，治政有方。

精敏強幹，辦事幹練。

沉穩持重，辦事敏練。

實心任事，辦事幹練。㉔

人們會希望在接下來的升遷推薦中，會有更詳實的內容，的確，升遷的評分內容更爲全面，但是其格式同樣是拘謹和浮面的：

才識明敏，辦事幹練。

明白諳練，辦事勇往。

老成淳謹，辦事勤謹。

才情明練，辦事實心。
才具優長，辦事勇往。㉕

我們在各省的考評報告中，可以發現措辭略有差異（這說各省衙門有自己的標準詞匯本），但它們給我的總體印象是：雖然銓選官員們竭力對大致上還過得去的下屬作出甄別，但他們卻對這些下屬並沒有多少直接的了解。

這種拘謹呆板的程序是官僚生態的自然產物，也反映了運用這些程序的人們的心態。首先，人們需要迴避風險。推薦一個日後表現令人失望（或甚至更爲糟糕）的官員，會使推薦者本人受到處罰。或許，考評標準越是嚴格狹窄，官員們在推薦別人時所承擔的風險可能就越大。作爲一種原則，話應該越少越好。更進一步說，萬一出了什麼差錯，描述行爲比分析人品更容易搪塞；第二，考評或許適宜用於官僚們自己認爲是「好的」官員。在一個受規則束縛的環境裡，最好的官員就是最不惹事的官員—也就是能規避麻煩，將消極應付視爲美德的人。在任何一個官僚體制中，表現卓異都是有風險的。同樣，告密者和惹麻煩的人也不爲人欣賞。過分熱情的官員比規行矩步者更容易犯規。因此，在日常考評中，謹慎、小心和勤勉成爲最突出的品德。

常規控制的制度障礙

弘曆對常規控制的失望

弘曆對這個常規考評制度本身並無不滿。相反，他認識到這個制度關係到的是國之「大典」。在他看來，問題在於這一制度的濫用和誤用。登基七年後，他抱怨各省的大計只是「一紙空文」、虛應故事—或賢員不行舉薦，或劣員不受糾察。人事考評只注重眼前的具體事件，而很少提及一貫的操守。對一個現任官員的評價，取決於總督或巡撫是否喜歡，而不必與他的官聲相符。舉薦官員悉出個人喜好，對醜聞穢行也一味遷就，「只將教職及佐雜微員草草填注以充其數」。這樣的欺瞞行爲使君主遭到架空：「督撫受朕肱股心膂之寄，於此等切要政務等諸泛常，朕將何所倚賴？」㉖弘曆認爲，京察也只是在敷衍塞責。㉗

在考績官員的手中，三年一次的大計同樣是虛應故事。弘曆抱怨說，不合格候選人的升遷和留任考評也未被剔出，竟能一路上報到御前：

> 月官人村之優劣，年力之衰健，可一望而得。而拱默觀望，諉之吏部，吏部又諉之九卿。九卿吏部交相諉，實諉之於朕耳。㉘

弘曆知道，官員們與其做出個人判斷而招致可能的怨恨，當然不如將這件事踢給他，讓他一個人去受過。

對弘曆來說，當一個候選人從兩個考績官員那裡得到大相徑庭的評價，或當一個以庸碌出名的角色得到出色的評語時，考語的普遍貶值便再清楚不過。雲南巡撫推薦他手下的一個道台時，所用的考語是「老成持重」。㉙但是弘曆複查道台的記錄時發現，前任巡撫對他的評語是「年老體衰」，這是一個很難被時間治癒的缺點。他抱怨說：

（該新任巡撫摺內對）其衰老之處並未奏及。其他所注屬員考語，亦俱有優無劣。夫人才原屬不一，或樸實有餘而才情不能適應，或幹事幹練而居心未能慤誠。……今伊所奏屬員一摺，籠統開載，漫無區別，竟似通省官員並無一人可訾議者！

其個台灣道台的考語說他「年力強壯，居心誠樸，才具明白，辦事切實」。㉚弘曆批評道：

朕深知其人，係小有聰明，居心並非誠實，辦事亦不過循份塞責，初無幹練之才，且年力亦不甚強壯矣。……可見外任大員不留心人才之明驗。

理，是受到制度上某些問題制約的。雖然弘曆知道，這種情況的產生與懶惰和懈怠有關；但他也知道，可靠的日常人事管

庇護對抗紀律

各省巡撫既是現任行政首長又是考評官。因此，他們在行動上會因職務而有身不由己之處。㉛其中之一，便是樹立某種個人形象的强烈慾望，用官場的話來說就是「寬大」。這是一個好長官所應有的基本品質，它軟化了督撫與屬下之間原本冷冰冰、公事公辦的官僚關係。對一個長官來說，寬大意味著對部屬個人需要的關切。雖然長官會因此而得到部屬效忠的實際回報，但他的象徵性收獲，卻是由此建立起某種個人形象。每當長官對屬下嚴加斥責、把屬下當作官僚機器中一顆錯置的齒輪而非血肉之軀時，他的形象就會受到損害。在這種情況下，上司的尊嚴和屬下的前程都會受到損害。

在何種情況下，我們才可以把地方官看作是巡撫的屬下和護從呢？一般來說，答案當然要到實現整個中國官僚制度特徵的家長制中去尋找。但具體地來說，答案又在於督撫在部屬任職、轉任和升遷問題上提出舉薦的權力。除了少數地方職務因特別繁劇而由軍機處推薦任命，㉜以及一部分職位由吏部直接任命以外，巡撫擁有推薦官員出任本省具體職位的特權。如果一位巡撫覺得屬下中沒有特別合適的人選時，他還可以推薦本省以外的人選。甚至對於

按行政法規定在他們舉薦範圍以外的領域，巡撫們也會爲擴張自己的任命而不遺餘力，因爲這種權力對他們建立個人的權力庇護網路至關重要。考慮到各省人事調動的頻率，這種關係網絡可以迅速地成爲全國性的網路。《大清會典事例》所提供的證據表明，從道台到知縣的所有職位中，至少有百分之三十可以經由巡撫的推薦而得到任命。㉝

除了形成派系和朋黨的危險外，弘曆還必須不斷地料理督撫們沽名釣譽的傾向，因爲這使得他們難以公正地從事人事考評。㉞當高晉在安徽巡撫任內爲一個被撤職後，正面臨重新任命的屬下做出難以置信的評價時，弘曆斥責道：「……而已離任之人，不妨周旋以邀屬員稱譽，此向來督撫中沽名習氣，殊屬不合。」㉟當然，在弘曆看來，當這樣的寬大來自制度的頂端、即出自於他本人時，那就是完全恰當的了。確實，在官僚的實踐中這或許可視爲一條規律，即每一個官員都試圖給自己（或其上司）保留寬厚品格的名聲，而要求他的屬下嚴格遵守制度。

一個巡撫一旦爲某官員舉薦了一個職位，要他承認這是一個錯誤就會很尷尬。因此，舉薦就傾向於一以貫之：沒有一個巡撫願意輕易改變對所舉薦的屬下的意見，除非該屬下的表現好得或壞得出格以致使他別無選擇。弘曆抱怨說，如果一個庸碌之才獲薦得到一個輕鬆的職位，他的上司很少會說他曾有超群的成就；而如果一個前程看好的官員被推薦到一個繁劇的職位，那麼他的上司也很少會報告他的缺點。㊱

揣摩上司的意圖

另一個窒息人事考評的制度性問題是所謂的「迎合」，也就是經由修飾自己的評語來迎合揣摩到的上司意圖並加以討好。結果，這使得官員們根據皇帝的喜好對自己的考評標準加以修飾，從而對日常的考評制度造成了可笑的扭曲。這個問題在京城和各省的最高官僚群中都普遍存在。弘曆因而指出：「朕於事之應寬者，寬一二事，而諸臣遂相率而爭趨於寬。朕於事之應嚴者。嚴一二事，而諸臣遂相率而爭趨於嚴。」表面上看來，這好像是「風行草偃」，即對君主權威的一種必需的敬畏。但事實上，弘曆警告說：「諸臣之趨承惟謹者，多出於自私自利之念。」他們不識大體，妄爲揣度，不顧是非對錯，這難道是升官進爵的正當途徑嗎？京城部院衙門若有過錯，自當「面加指示，令其更改」。但各省督撫係「專任封疆」之人，「若務爲迎合，毫無定見，爲屬吏者又群然迎合，以取悦上官，則事之顛倒舛錯，非淺鮮矣」。㊲

彈劾的障礙

與任何責任制度一樣，人事考評過程中有一個自我否定機制，卻沒有人懂得如何運用它。對考評官來説，報告屬下的錯誤是一種危險，不報告同樣也是一種危險。行政法規包括一系列對「失察」的處罰—對屬下失職的失察會使自己受到行政處分。但是如果上司官員真的舉報了失職的屬下，則可能會引出一系列醜聞（包括牽扯到他對同僚的不實之詞，即他也對他們負有「失察」的責任），從而導致更爲不利的後果。弘曆知道，對失察的處罰使他無法得到地方上的資訊。例如，奏報邪教可能會禍及一個官員的仕途。因爲事件在該官員的轄區內發生，因而會對他是否稱職發生影響，他就可能會隱匿不報。㊳

以下是《吏部則例》行政法規中對官員「失察」的處罰條例：

其因事受財劣跡未著，同城之知府失於查察，降一級留任，司道罰俸一年。㊴其不同城在百里之內之知府罰俸一年，司道罰九個月。遇有失差題參，該督撫即於疏內將里數聲明，以憑察核，倘有里數聲明失實，將轉詳各官各降二級調用。㊵

在敏感的案子中，故意包庇屬下會帶來嚴重的災難而非象徵性的處分。一七六六年，當弘曆發現他所信任的一個行省長官莊友恭在一個彈劾案中隱瞞內情時，便抱怨說自己被出賣了：「莊友恭受朕深恩，特加擢用。乃敢爲此，巧於市恩之術。是有心欺朕矣！」㊶這個忘恩負義的傢伙不僅被撤職，而且對他的懲罰從行政處分變成了刑事起訴。莊被正式逮捕，押送北京交軍機處審查，其家產被查抄，本人繫獄候斬。當然這種處罰的目的不在於殺人，而在於懲戒。幾個月以後弘曆特赦了莊，並命他代理福建巡撫。㊷

弘曆清楚地知道，官場文化使得各省督撫們不願彈劾屬下，他因此對各省奏章閱讀得十分仔細，不令自己輕易受騙。他發現了一個官官相護的體系，其中巡撫們爲了保護直接下屬布政使和按察使的名聲，免受失察的指控，會在彈劾奏章中寫道：「（臣）正在繕疏間，據兩司道府揭報前來，與臣訪聞無異云云。」弘曆嘲諷道：「若謂一面繕疏，一面揭報適相符合，或千百中偶有一二，安得事事如此？」

自此，每當一個巡撫彈劾其屬下，他就必須說明消息來源是出於自己的調查還是來自下級的報告，並具體說明是如何上報的。㊸既然對彈劾中的違規行爲所進行的彈劾可能會產生新的違規，難道弘曆還會對經由常規程序達到健全的人事考評抱有信心嗎？他發現，自己所面對著的是這樣一個制度，省級官僚間垂直網絡在其中的形成，使得他們不可能自我約束。高層官僚和他們的下屬「上下通同，逢迎挾制諸弊，皆所不免」。弘曆指出：「此等惡風斷不可不嚴加儆治。」㊹然而，他也知道，經由常規的官僚控制程序不大可能掃除這些弊端。㊺

特殊的考評制度

來自現場的機要報告

目睹常規考評制度的失敗，弘曆自然要抓住一切機會以專制權力直接介入這一制度。要做到這一點，他就必須全面而可靠地掌握資訊。從即位開始，弘曆就力圖從各省獲得秘密的人事評定。如果督撫們因害怕引起不滿而不願在公開的管道對自己的屬下做實事求是的評價，或許透過宮廷奏摺提出秘密報告會使他們感到更安全。即位初年，弘曆就曾這樣指示過他們。㊻「朕即位之初，各省道府諸員，皆不深知其人。汝等可將屬員賢否事跡，各摺奏前來，務須秉公甄別，以備朕錄用。」但即使是機密管道，督撫們仍然感到不可靠。三年以後，弘曆抱怨說他最初的諭旨已被忘諸腦後。㊼所有的督撫們只「陳奏一次」，從此就沒有了下文。他指出，由於督撫們在任的時間通常長於他們的屬下，人員進出他們轄區的調動也就爲他們對屬下作出新的評價提供了很好的機會。所有督撫們都應時時透過「密奏」向上提出報告。可是，要實現這一要求，弘曆就必須不停地與督撫們角力。一七五九年，弘曆十分震驚但卻並不意外地發現，兩江總督透過機密管道道送來了敷衍了事的公文：

> 昨偶檢閱尹繼善所奏屬員賢否。摺內衛哲治尚爲淮安知府定長尚爲徐州知府。計其時距今已十數年！自後何以竟無續奏？此係密陳之事，並無損寬大之名。尹繼善復何所顧忌，而疏略若此？㊽

現場的勾結共謀也同樣敗壞了機要報告制度。弘曆沮喪地發現，他的行省官僚們在考評屬下時，會碰頭會商以彌合異見，這樣就剝奪了他本人獲知不同意見的機會。這樣的做法，是弘曆在比較兩份來自總督和巡撫有關人事的密奏時發現的：「伊等所注屬員考語，大略相同。因復將伊等上次所奏兩相比較，亦毫無參差之處，殊屬可異。」弘曆指出，這些密奏是人事任命的關鍵依據。「是以此等清折朕皆留中，時時披覽。亦不令在廷諸臣與知。」相應地，督撫們「自當個就所見，據實入告。初不會彼此會同，以示意見畫一。且正惟不必畫一，而朕於其間，參互審量。」若督撫們協調會商，統一口徑，「奚事密摺具奏乎？」㊾

弘曆本來指望經由另一管道獲得秘密情報，以打破人事考評中的常規，但結果顯然叫他失望。問題在於，機要管道和常規管道一樣，是由同一批官僚具體操作的。顯然没有人對宮廷奏摺的機要性有多大的信心。事實表明，這個制度並不足以打破行省官僚對人事考評的控制。

弘曆對新常規的拒絕

一個解決問題的方案是，使考評過程更爲制度化和精確化，但弘曆對之不感興趣。一位御使曾批評督撫們寫的人事考語充滿了陳詞濫調、空言套語，如「精明、能幹、謹慎、實在」，卻很少提到他們的具體政績。這位御使希望考語能反映官員的具體表現，按統一格式列舉他們具體做了些什麼。如果被舉薦人的表現與推薦不符，他的推薦人要承擔責任。㊿

弘曆回應説，這個方案表面上來看不是没有道理，但什麼是具體政績呢？該御使所建議的「興學、强化保甲」等項同樣是「空言」。說到底，如果保甲確實曾有所加强，地方官爲什麼不能及時抓獲土匪和逃犯呢？更深入一層來看，人治而非法治的重要原則，不可能經由只會產生俗套公文的程序來實現。弘曆因而否決了任何進一步制度化的解決辦法，尤其是否決了爲使政府儀式化和形式化而製造更多文牘的方案。然而，一旦君主否定了更爲有效的制度常規，答案是什麼呢？顯然只是是君權對官僚機器的直接介入。

宮中陛見制度

清朝繼承了前朝的尊賢制度，除了所有高官在三年大計時進宮覲見外，還要求所有官員在分發上任前要「帶領引見」。文官赴任前，由吏部帶領引見，武官則由兵部帶領引見。宮中的《起居注》每天錄下接受陛見的大批官員。人們可能會認爲，這樣的覲見只不過是一種集體跪拜和君主賜恩的空頭儀式，但君主與每個官員談話的細節卻令我們吃驚—弘曆真的希望接受陛見的官員能同他交談。㉛

在這樣的場合，人君藉助的是自己的眼光而不是那些固定呆板的考語。關於這一程序，我們所能看到的證據包括帝王本人對受覲官員的簡短評語，以及受覲官員的引見單或履歷單。弘曆的父親胤禛顯然認爲自己具備品鑒人物的卓越能力。㉜即使是很簡短的交談，他也能寫出犀利的品鑒評語，這是聖明君主品鑒人物能力的證明。雖然弘曆的評語相對來說要簡短而溫和，它們對一個官員的仕途前程同樣有著巨大的褒貶力量。人君得自面對面考核的印象，自然要超過督撫們在下面所做的例行公事式的評價。因此，一個考語優秀的官員的仕途，很可能毀於一次糟糕的陛見。一位倒霉的浙江按察使在受覲時給弘曆留下了「不懂規矩」的粗俗印象。當弘曆要他就浙江的事務提出報告時，這位官員卻從衣袖中，抖落出一份以「五刑」圖示來恐嚇百姓的佈告。弘曆認爲他舉止粗野，就對該官員的上司發出質詢。得到的回答是該按察使並無過失，雖然他的舉止欠雅，但居官方正，勝任其職。但是弘曆還是在第二年將其革職。[53]

雖然弘曆在位六十年間一定留下了成千上萬這樣的評語，我只找到了寫於不同年代的十九件。[54]把這些御評同經由常規程序產生的敷衍考語做一比較，是很有啓發性的。

禮山：人似忠厚，還可用，然器質只可勝道台而已。（一七四七年）

屠用中：人亦可，有出息。（一七五一年）

周元理：精幹曉事之材。（一七五八年）

孔繼洞：不如先所記，似圖安逸自止之物。（一七五八年）

姚立德：結實，有出息。（一七六一年）

兆麟：似有良心，當可用者，或略短於才事。（一七六一年）（一七六二年）

譚尚忠：明白，似有出息。略薄。（一七六二年）

楊重英：似可用，但恐過聰明有心。（一七六二）
馬騰較：結實可用，將來有出息。（一七六二年）
單烺：似可用。（一七六四年）
吳兆基：伶俐，當可造就，再看。（一七六四年）
狄詠篪：人似聰明。（一七六四年）
梁兆榜：此任似可，妥當，非大器。（一七六六年）
額魯禮：忠厚本份，人似結實。（一七六八年）
李源：妥當，不緊要之道似可去得。（一七七〇年）
顧學潮：未免蘇州派，非甚大器。（一七七三年）
德爾炳阿：去得。（一七八〇年）
張廷桂：亦可。（一七八一年）
沈榮勛：尚可。（一七八三年）

這些御評所用詞語中，褒語有：忠厚、有出息、精幹曉事、結實、有良心、明白、聰明、本份等等。貶語有：圖安逸、短於才事、薄、非大器等等。

弘曆當然是根據面對面的印象做出判斷的，因而或許會受到偏見（如他對江南士人的特別猜疑）或先入之見（許多人以前就覲見過他）的影響。但他所判斷的是品格而非職務表現（他盡自己所能這麼做—值得肯定的是他經常用「似」字來緩和語氣）。在品格褒語中最上等的是「有出息」（這在今天的漢語口語中很常用），我一般把它譯成「有才幹」（has gumption），而如果講到的是將來，則譯成「會有所成就」（will make something of him-self）。這個評語似在暗示，依靠自己才幹者和仰賴他人庇蔭者之間是有區別的。它顯然把領導才具和僅僅力圖保住官位的政客區分了開來。

其他的褒語反映出弘曆所讚賞的是實在穩重的品格：「結實」指的是堅毅、穩重，能夠在繁劇的職位上堅守原則的人。「忠厚」和「本份」與官僚評價中所用褒語意思接近。對弘曆來說，這兩個詞也許將堅持操守的人和利用官職謀取私利的宵小之徒區分了開來。與上述堅實品格相對的是「薄」，意爲淺薄，指的是表面上的能力並沒有堅實深厚的基礎。「明白」、「聰明」是一種只需恰到好處的品格。弘曆對一個「過聰明」的傢伙便感到反感，認爲他想用自己的小聰明來遮掩品德上的缺陷。

至少從這些零星的樣本中，弘曆好像始終沒有發現他所謂的「大器」，即鳳毛麟角真正能堪大任之器。他常以否定的方式，用這個評語說明某人顯然不具備這樣的傑出德性。這樣的才具顯然是缺的時候多、出現的機會少。對於一個顯然缺乏獨創性的人來說，「非大器」是一個貼切的評語。甚至連周元理這樣的人也不是弘曆心目中的大器—至少在我所引述的那次受覲時如此──儘管他在同時受覲的官員中，是唯一完美無缺的人才，並將在二十年後升任尚書。

確實，和日常考評制度中的俗套用語一樣，弘曆對品格才具是重視的。然而，覲見評語對理想官員的描述卻與常規考評大相徑庭。這一形象應包括堅毅、真誠與精力充沛，同樣重要的還有勇氣和雄心，這就是所謂的「才幹」。這是自豪而奮發努力的成功者的標誌；這是一個領袖人物，而非拘泥規章的胥吏。在弘曆看來，謹慎和勤勉只是一部可靠的文書處理機所需的品質，而無法使人勝任高級行省官員和部院京官的職位。

上層制度：政治任命

職位越高，其任命程序受常規制肘也就越少，這是所有官僚體系的一個共通原則。如所周知，「政治任命」爲最高長官提供了讓自己的朋友，或與自己觀點相同者出掌權要的機會，弘曆明確表示，各省督撫和京城部院堂官的職位太爲重要，不能經由常規處理。他也拒絕將省布政使和按察使歸入大計考核的建議，因爲他知道，要對這種敏感職守上的錯誤予以懲罰，就不能等待三年一次的常規考績。[55]雖然各省督撫和京城部院堂官免於三年大計，但他們仍有責任向皇上「自陳」。弘曆對這種冗長而充滿陳詞濫調的文字根本就已厭倦了，便在一七五二年取消了官員「自陳」的要求。[56]他宣布，他將隨時根據自己的意願親自獎勵或處罰這一級的官員：

卿貳職讚機務，督撫任寄封疆，朕量才簡擢，日復於懷。其有不副委任，或克稱簡畀者，率已隨時黜陟，斷無遠待三年之理。57

然而，將這樣繁重的職責攬到自己身上，仍不足以確保對高官的考績，六年以後，弘曆似乎又在回歸常規。雖然「自陳」只會製造一堆沒有實際價值的文牘，但沒有任何別的考績手段能使得高級官僚們自律。現在，吏部在京察時必須爲京三品以上官員和各省督撫們各準備一份登記表，並附上每人的最近履歷，以供皇帝審閱。但是，弘曆並未絲毫放鬆對政治任命的控制，他只是在警告獲得任命的官員：他不會讓他們的仕途變成舒適寫意的陳規濫俗，使之在無所事事中陷入常規化：

（朕對）其人賢否優劣，雖已均在洞鑒，然其間亦不乏屢進屢退，苟圖持祿戀棧之人。若以平時既無大過，足干吏議，又不按例甄核，任其迴翔日久，必致職業不揚，甚非澄敘官聯之道。

對政治任命的挑選和考評既是一種正式的制度，也是具體的政治實踐，其運作要服從一套不同於常規的原則。雖然吏部在某種程度上參與其中，但君主的專制權力打斷其日常運作的任何環節。官員的職位越高，他的任命和監督就越不受常規程序的制約，直接受到君主個人權力的影響也就越大。雖然這在人們意料之中，我們仍有必要進一步探討這種個人專制的權力是如何運作的。[58]

禮儀行為

君主對「政治任命官員」的控制，相當依賴自己與他們的個人關係。這是一種雙向的交流，它由君主所規定，而爲官僚們所認可。在官方文獻中，隨處可以看到君主通常會反覆地將他們稱之爲「心腹手足」。[59]官僚的認可，使這種在依賴一方與控制一方之間的對話完成了循環。這一認可在一個官員覲見皇上並接受任命之後的儀式中，及時地表現出來，這就是新獲任命的官員呈上的「謝恩表」。

今人看來，謝恩表似乎是一種極爲卑屈的文字，表達了一種極端的個人依附。應該成爲士大夫性格表徵的「高尚氣節」已是蕩然無存。如果還看得到個人「才具」的話，也只是蛛絲馬跡而已。這是一種顯現「東方專制」的文字，是一種文字形式的叩頭長跪。以下是一七六九年的一份謝恩表，頗值得予以全文徵引：

湖廣總督臣吳達善跪

奏爲恭謝
天恩事。竊臣質本凡庸，至愚極陋。仰蒙
皇上隆恩，生成教養，疊畀封疆，愧涓埃之莫報，惟舛謬之日增。乃何格外
慈宥，恩命特頒湖廣總督，且於上年十二月二十六日赴
闕叩覲
天顏，跪聆
聖訓，感銘肺腑，更沐
賞賜，稠疊
恩施逾分，
寵榮已極。雖犬馬尚如報主，臣具有人心，敢不殫竭
丹誠，以圖報效。惟有實心實力，恪遵
訓誨，整飭地方，無欺無隱，以冀仰報
高厚殊恩於萬一。所有微臣
感激下悃理合恭摺，叩謝
天恩，伏祈
皇上

睿鑒，謹奏

（朱批：覽。）[60]

所有的謝恩表都重複著這種只有些微不同的語言，僅僅把它看作一種禮儀是遠遠不夠的，這也是一個基本政治事實的象徵形式。它不斷地被重複，像其他的儀式一樣變得更重要而不是相反。這種有關賞賜和表達感激的儀式，維持著君主與高級官僚之間的關係。

即使在日常的公務中，表達依附關係的象徵符號仍然占有一席之地。就連平常的公文也以禮儀的形式包裝起來。例如，在回答君主旨諭的奏章裡，君主的話必須全文照錄。這不僅僅是一種良好的官僚實踐，以便使文書往返時有一條清楚的備查線索。作爲一種禮儀，奏報人所錄的君主的文字，經常大大地多於他本人謙卑的應答。[61]另一種通常的文字叩頭形式，是奏報人謙卑地照錄君主在他所退回來的奏章中所寫的訓斥性朱批。[62]

文書中的這種禮儀，强化了官員與君主間經由政治任命而建立起來的個人紐帶，如同我們剛剛在謝恩表中所看到的，强化的動力則是互惠。那種禮儀性的差辱不是一種貶抑的標記，而是特殊身份的象徵：用儒家的語言來説，官員們並非君主的工具。君主可以訓斥他們，嘲弄他們或處罰他們，如同一個嚴厲的父親對待犯錯的兒子。但是他們之間的關係並不卑猥，因爲他們是有「人心」的，有能力像人那樣行動，而不是機器或蠢笨的動物。他們不像那些低級胥吏，既不是規章的傀儡，也不是爲日常程序所牽動的機械。

君主要實現對官僚更有效的控制，就必須超越常規程序。覲見制度、機要考評系統，以及把高級官員同常規制度部分地分離開來，都是出於這樣的目的。在弘曆的官僚系統中，他所面對的官員級別越高，常規因素所起的作用就越弱。在這一制度的頂端（即由行省長官和各部院首腦組成的「俱樂部」），對話的規則是高度個人化的。在日常公文和謝恩表之類的禮儀性文書中，這種個人關係都一再得到重申。玩忽職守被看作是對君主本人的冒犯，君主因此而出現對臣下的信任裂痕，則是由於臣下的忘恩負義。結果，行省和京城的高級官員是根據兩套規則行事：在形式上，他們仍然受到行政處分則例的制約，君主可以據此將他們交吏部議處。然而，除此之外，他們又受到了君主的直接注意——他可以透過用繁瑣禮儀包裝起來的個人關係來激勵、責備和恐嚇他們。

個人關係同時在禮儀和事件的領域發揮作用。某些事件——特別是我先前界定過的「政治罪」——是最有效的媒介物，使得把中國官僚君主制的最上層捆綁在一起的個人紀律得以滋生成長。這是弘曆可以利用的機會，以防止他的高級官員們偏離他個人的控制，轉而滑入常規節奏和裙帶關係。

叫魂危機中帝王控制的運作

叫魂危機是對個人的紀律整肅提供了特別適當的機會，因爲它是一個建立在荒謬基礎之上的案件。君主的憤怒可以發泄在行省官員身上，因爲他們未能抓獲妖黨首犯。然而，這樣的失職卻是不可避免的，因爲這樣的妖首並不存在。叫魂案件雖如此荒謬，但弘曆在當時卻對此並無察覺。不過，說弘曆「利用」了政治罪並不見得比說政治罪「利用」了他更接近真實。政治罪爲君主的某種行爲的產生提供了一個大背景，而這種行爲的塑造則應歸於官僚君主制中，一些長期存在的結構性特點。弘曆將各省官員們在緝捕妖首問題上的失職，歸咎於他們的怠惰、遲疑、對無能屬下的姑息，也歸咎於江南的腐敗以及官員個人的忘恩負義。這些問題正是君主常年關注的焦點。我們已經看到，弘曆要在常規環境裡對付這些問題有多麼困難。像叫魂案這樣一樁政治罪所造成的最大衝擊，就在於它動搖了官僚們用以有效保護自己的常規行爲方式，從而爲弘曆創造一個環境，使他得以就自己所關心的問題向官僚們直接攤牌。

嚴飭屬下

我們已經看到，弘曆對督撫們整飭屬下時的失職有多麼失望。在君主看來，狡猾的地方官對縱容和輕信的督撫們隱匿下情，是一種典型的官場陋習。弘曆相信，他的督撫們既怠惰又易受騙。河南巡撫阿思哈試圖讓其主子相信，術士們有隱身秘術故得以逃脫，弘曆在朱批中嘲笑說：「汝存此心，無怪屬員緝拏不力，其欺汝無用廢物矣！」⑬弘曆認爲，向上封鎖消息是州縣官員逃避責任的典型做法，春天的剪辮恐慌遲遲未得上奏，便證明了這一點。在羞辱了高晉和彰寶對今春剪辮事件的失於奏報之後，弘曆又斥責了他們對地方官員督飭不嚴。長州、元和、吳縣的知縣報告說他們縣沒有剪辮事件，這是「極爲荒謬和不實」的。弘曆命令高晉清查三縣剪辮案的數目，然後參劾這三縣的知縣。⑭但過不多久，他又改變了想法。彰寶應該參劾這些知縣，但要讓他們先緝拿案犯。弘曆所擔心的是，不然他們就會在極度驚恐之下隱匿一切。雖然地方官一定有隱瞞情事，督撫也有包庇地方官的情形，彰寶在此時應暫緩參劾下屬。弘曆朱批道：「如此，則誰肯報公耶？此時但督其察拏，獲正犯後查拏……不解事矣，恐不能獲正犯矣。」⑮不過，弘曆已經把話點明了，各省對地方官的督飭必須加强。

重申官場規範

對地方官來說，任何保護都不比轄區的邊界來得確切。他對自己轄區內發生的一切負有全責，這也意味著轄區外的任何事情，當然都是別人的問題了。但是，這樣的常規與行省官僚職責的非常規方面形成了衝擊：主子的公務是不分畛域的，當發生的事件危及王朝的安全時，作爲其主子的個人臣僕，他也不能以轄區界限爲由來逃避責任。弘曆沒有放過任何一個機會來强調這一點。妖術大師玉石據說躲在安徽宿州。江蘇巡撫彰寶抱歉地奏道，因爲宿州不在江蘇，超出其管轄範圍，因此他對越出省境的緝捕頗覺躊躇。弘曆指斥說，即使在追緝普通罪犯時，官員們亦不妨越境會協鄰省緝拿。若此等匪魁潛匿他境，「豈可尚存畛域之見，視同膜外」，以省界爲藉口而逃避責任呢？督撫受封疆重寄，當以「國家公事」爲重。若顧慮越境「或傷同官和氣」，「皆非公忠任事之道」。若所有官員，「相率如此，則各省將扞格不通，尚成何政體乎？」㊅

在發生政治罪的情況下，官僚們發現職務的界定無法比轄區的邊界提供更多的保護。當浙江巡撫馮鈐報告說，他讓省臬司去調查妖術嫌犯時，在尋常情況下這本是很合理的做法，弘曆卻呵斥他推諉卸責：「此何等事，而汝按例交臬司？汝不當每日親審詳訊乎？外省習氣實在可惡！」㊆

强化個人關係

除了極爲嚴重的瀆職要受到刑事處分外，君主有兩套繮繩來控制他的督撫們。其一是常規的行政例則，君主可以將官員交由吏部賞罰。另一套則是行使非常規的專制權力。使用這種權力所導致的制裁，可以是喪失寵信，也可以是喪失財產、自由甚至生命。可以相信的是，後者的這種情況，在官員的心目中並非僅爲臆測想像：無論在處罰發生於戰場上或是鎮壓謀反時的嚴重瀆職時，弘曆的殘酷和嚴厲都是出名的。㊇在弘曆用以進行個人控制的言詞中，玩忽職守就是忘恩負義。當江蘇省按察使吳壇承認自己未及時向朝廷報告叫魂案件時，弘曆在朱批中斥罵道：

> 汝在刑部時，表現出色。然一任外省，即染模棱腐敗之陋習。殊堪痛恨……汝空耗時日，奏報但無一字是實。汝實有負朕之信任，不知恩之物！[69]

這樣的語氣在比較溫和時，實際上是對謝恩表的一種對應，是君臣之間禮儀交換的一部分。來自於被斥官員的回答通常是「悚懼難安」或「愧報無地」之類表示驚恐羞愧的套語，爲成百上千的行省奏章增添了色彩。[70]對帝王寵信的漫瀆會帶來真正的恐怖。山東巡撫富尼漢一定還記得，他的前任準泰在十六年前因隱匿一七五一～一七五二年僞稿案件的證據而被舉發。準泰未將一份在本省發現的僞稿抄本奏報上去。因爲僞稿攻擊的是弘曆的個人行爲（並可能指斥王朝的合法性），毫不奇怪，弘曆把自己的盛怒發泄在這個倒霉的旗人身上，指責準泰：「平日一味取巧因循，已不能稱職。及見此誣謗悖逆之詞，竟至忍心隱匿，實出朕意料之外……君臣大義於不問。」[71]弘曆囚禁了「忘恩負義」的準泰，並查抄了他的家產。政治罪將官僚生涯中整潔有序的後院置於專制權力的嚴厲狂暴之下，這就是爲什麼當叫魂案發生時，是君主的問題而非官僚們的問題。

官僚的抵制

關於官僚機器如何回應君主的淫威，我們必須在檔案文件中細心地尋找，似乎有幾種不同的抵制情況存在。毫無疑問，其中有一些抵制是經過深思熟慮的；有一些是由於官僚程序的顢頇、阻止了對緊急事件的及時因應；再有一些可能是某些官員因不可知論而產生的輕視，使他們不把叫魂案件當作一回事；還有一些可能是害怕清剿會危及自己的仕途；最後，則可能有一些耿直的官員，拒絕根據誣告之詞迫害無辜民眾。

抵制無疑是存在的。在北京風聞春天在江南發生的事件以前，抵制就開始了，一些莫名其妙的事件根本就未向朝廷報告。當對消息先發制人的控制未能達到息事寧人的結果時，各種補救過失的措施便應運而生。我所要討論的每一項抵制措施都可用其他的理由來解釋，但把它們綜合在一起來考慮，我相信它們所展示的便是對專制權力謹慎而廣泛的抵制。這些行動不像是協調一致的，說它們深思熟慮也沒有證據。但是，如果要抵制專制權力，並不需要共同作弊或苦心經營。官僚機器本身顢頇遲緩的工作方式，就足以使抵制專權的詭計得逞。

忙而不動：吳紹詩在江西

在叫魂危機發生的前一年，有人告訴弘曆說，江西巡撫吳紹詩被人喚做「老菩薩」。弘曆很擔心，這個老菩薩會太消極無爲而耽誤公事。[72]吳當時已七十歲，是一個著名的法律世家的大家長。⑬弘曆對這個世家十分尊重，吳和其子吳煥與吳壇曾兩次被任命同時在刑部供職，而按照迴避原則，同一家族的成員通常是不允許在這類的衙門同時任職的。

江西東面的信江河谷是連接鄰省浙江的便捷通道，叫魂的謠言早在六月中旬就從這裡悄悄地傳入了江西。吳紹詩並未奏報這一情況。他後來報告弘曆說，他曾口頭命令屬下對可疑的行旅保持警覺。但沒有人被捕，也沒有在本省發現剪辮情事。弘曆對這位年高譽隆的巡撫表現了出乎意料的克制，只是溫和地駁斥了他：對謠言未加奏報是「汝誤矣」。但到了十月初，吳紹詩報告說他在省內安下了一張比任何別省都要嚴密的警網，挑選了幹員「改裝易姓」分往各縣密行查緝，並每旬一次報告有無可疑人物。此外，他還令各府州委派精細强幹之人查訪「庵觀寺院祠堂書館及深山密箐等處」。吳紹詩審慎地提醒他的主子，那些從事「左道邪術」之人，以「創立燒香好善會（爲）名，陽則集鄉愚男婦，陰則勾結亡命棍徒」；他們又以避災防盜爲名，「造作妖言，製備軍器，誘人歸附」。無論僧道諸色人等，凡面生可疑、神氣沮喪、遷徒無定、畏於見人者，都要立即報告地方官。（朱批：「恐屬空言，實難信矣。」）⑭

確實，什麼事也沒有發生。六個星期以後，吳紹詩（在弘曆中止了清剿以後）在反覆謙卑的謝罪後報告說，江西沒有發現一起剪辮案。⑮所有檔案文字都證明江西不曾像鄰省那樣搜捕過可疑嫌犯。應該如何來解釋這一現象呢？如果不是吳的警網從來沒有真正地動用過，就是這樣的警網根本捕捉不到嫌犯。在江西，我們看不到其他省份的那種刑求和僞證。據此，我們只能相信，巡撫吳紹詩根本就不打算查緝他認爲是誤傳的案子，他在先前奏報中提出的憂心忡忡的警告和精心布置的查緝，都只是裝模作樣而已。吳紹詩安然度過了這一危機：弘曆不但沒有斥責他，反而在第二年任命他爲刑部尚書。由於他在法律方面的造詣，也可能由於他的頂頭上司—弘曆的姻親高晉的袒護，要對他不願加入這場集體遊戲的行爲予以懲罰，並不是一件容易的事。

轉移視線：對蘇州教派的迫害

吳紹詩的次子吳壇是鄰省江蘇的按察使。他和父親一樣，也是一位受人尊敬的法律學者。像他的上司一樣，他也未向朝廷報告春天發生的叫魂案件。如我們前面已看到的，他後來也因織造薩載對叫魂案件的密報而蒙羞，並遭到弘曆的痛斥怒責。但是不久，這個「不知恩之物」便爲主子送去了更爲可信的情報。九月二十八日左右，即受到弘曆朱批斥罵的三個星期後，吳壇奏報説，雖然他未抓獲叫魂案犯。但經過查訪卻發現蘇州城外有十一座由俗人建造的佛教經堂。[76]有兩個相關聯的教派—大乘教和無爲教—捲入了這些活動。我們在第六章曾經提到，幾個星期以前，無爲教在保安受到嚴厲鎮壓。無爲教（或許大乘教也一樣）奉羅清爲教主，自一七二七年起就被朝廷所禁。現在，大約有七十人被吳壇逮捕。他們的供詞讓人吃驚地發現，這些教派自一六七七年起就在本地活動，最早的經堂就建於那一年。[77]

此刻，我們必須來考慮一下事件的背景。我推測（雖然我無法證實），在蘇州這樣一個繁忙的城市中，上述規模的教派不可能長期隱蔽活動而不爲地方政府所知悉。縣衙的胥吏很可能多年來一直向他們勒索保護費。這些教派不一定是秘密宗教團體，它們爲運河上的漕船水手提供精神安慰和棲身之所，而某些棲身經堂的人顯然是退休的水手。省按察使受到上面的壓力要抓獲叫魂案犯，必然對其屬下施壓，底層經辦人員因此決定用教派信徒來交差。拘捕這些無辜但易欺的信徒可以暫時滿足朝廷清剿的胃口，而蒙羞的吳壇也可藉此來表現他的責任感。弘曆果如所料，對這些教派的反應十分嚴厲。他下令嚴懲這些教徒以儆效尤，並仔細審問他們同叫魂案可能有的聯繫。吳壇則必須特別警惕，看看能否找到曾在保安發現的那種「逆詞」。⑱

對蘇州教派的迫害，觸發了一輪對失職官僚的彈劾。⑲因爲這些教派早在一六七七年第一座經堂建立後，就開始在蘇州及其周圍地區活動，一大批曾經在蘇州幾個縣任職的官員以及他們的上司，都因未及時採取鎮壓行動而負有實際的責任。⑳最後的結果很可笑。在一大批事後受罰的官員中，包括六十八個知縣，二十二個知府，十四個道台，三十二個按察使，二十九個布政使，二十六個巡撫，以及十四個總督。其中許多人當然早已死了，有些因在此任職不到六個月而得到豁免，還有一些則因參與破案而不予追究。另有一些人以後升到了更高的職位。前江蘇巡撫尹繼善現爲內閣大學士、軍機大臣，他被罰俸九個月。但對一個像他這樣地位的人來說，這只相當於一張停車罰單。雖然一些低級官員受到降職或調職的處分，大多數人得到的只是象徵性的處罰。這個大張旗鼓的彈劾過程是一幕令人難堪的鬧劇，但在吳壇和江蘇省的其他官員們看來，這可能是用來應付來自弘曆的無情壓力的一種適當代價。

統一步調：覺性案

在湖南那個多情和尚覺性的案子中（我在第七章討論了案），湖廣總督定長讓他的主子欲怒還休。覺性在翻供以後和盤托出了他和劉姓店主年輕媳婦的姦情，對他的叫魂指控於是撤銷，他被判通姦，杖責流徙。定長回到武昌的官署後，於十月三十一日向弘曆奏報妖術清剿沒有進展。弘曆龍顏大怒，他現在懂得了定長爲何要旅行六百多里去親自審訊該案犯。他在朱批中呵斥道：「以汝伎倆惡術，不過又皆審處完事。汝安守汝總督養廉耳？不知恥無用之物，奈何？」[81]

在省府的審判中，所有的規章條例都沒有要求必須有總督在場。和弘曆一樣，我們可以有把握地假定，該省官員在弘曆面前組成了一條統一戰線──如果弘曆不滿意他們的清剿結果，他就必須懲罰一大批官員。像這樣由多個官員同時出場審訊的例子，在檔案中還有很多，官員們顯然是在用人數來博取安全。一份由省高級官員共同上奏的聯合報告，顯然比由一個官員單獨奏報更容易躲過君主盛怒的懲罰，並把因爲和其他人意見不一致而帶來的危險降到最低程度。[82]

常規化：轉移到安全軌道

卡爾・曼海姆（Karl Mannheim）曾指出：「官僚思維的基本傾向是把所有得政治問題化約爲行政問題。」⑧他的意思是説，官僚没有能力超越他們「有限的社會眼界」和理性化的工作範圍，去認識發生在更大的政治世界中非理性的利益衝突。我要給清代官僚們的眼界和權術打更高的分數，並假定他們很善於特意地將政治問題重定爲行政問題。

叫魂案中的許多例子表明，官僚們盡力將來自君主的緊急、非常規的要求導入習慣的、日常的軌道。無論如何，儘管在辦案中未能獲得具體的結果，但恪盡職守總可以差强人意了。對一個勤勉的官僚來説，他可以用許多日常公務讓自己忙碌不堪，卻不必承擔什麼風險。比如，從理論上説保甲制早就建立了，但實際上永遠有整頓和强化的必要。在清剿妖術時，南京布政使就曾一本正經地建議整頓保甲，以清查在南京地區的每一個人。

弘曆對此建議的目的了然於心：這只不過是裝模作樣以逃避吃力不討好的搜索叫魂案犯的責任。他因而朱批道：「此屬空言，汝外省官員習氣實屬可惡。」⑧高晉則建議在全國範圍内對僧道重新登記。他説，大多數僧道都是失意文人，其異言邪術大爲風俗人心之害。高晉並向弘曆保證，他不敢以空言來搪塞。弘曆朱批道：汝多年來未抓獲一個案犯，豈能説「非空言」？要對一群軟弱易欺的僧道發動一場常規性的清查是再容易不過了。弘曆清楚地知道做背後的目的是什麼。⑧浙江按察使也提出了一個相似的建議，對没有度牒的僧道外出

旅行要檢查其有無路照。㊻

地方官員們把緝拿叫魂案犯當成日常公事，便回到了既爲他們所熟悉，又不受短期考評約束的方法（如保甲制）。一個官員可以指望，在使用這些方法的結果還未經考核前就被調任，案件也從緊急管道轉入了對地方官員更爲安全的常規管道。但是，這個策略並未成功地讓警覺的弘曆改變他的初衷。

作爲社會制度的官僚君主制

叫魂危機的文獻記錄所折射出的是一種雙重的圖像。其中那幅粗線條圖像勾勒出的，是每日進行的對妖術的清剿。而比較隱晦不彰的圖像，則透露了文獻作者和讀者之間的關係。從這重疊的圖像中，我們可以聯想到中國這個帝制國家的兩個面向：它既是一種工具（其功能是根據滿清皇室和滿漢精英層的利益需要來管理國家），也是一種制度（其功能是在不同政治角色之間，實行權力分配和地位分派）。國家作爲一種工具（我將之稱爲「政府」），和我們對於政府的常識性理解是相符的：它是爲完成諸如徵稅、治安和戰爭之類的任務而建立起的組織機構。國家作爲一種制度（我將之稱爲「官僚君主制」），則是由那些生活於科層秩序之中，其生涯取決於聲望和權力、黜陟和安全的人們之間的各種關係所建構而成的。當我們解讀由「事件」而產生的文件時（不管這文件是關於稅收的常規公文，或是關於叛亂的緊急奏報），都必須要把它們當作對外在現實的描述，要麼將它們視爲文件作者政治需要的反映。（所謂「政治需要」，當然並不一定是狹隘的私利，也可以是文件作者從原則出發對部門利益的捍衛。）人們在制度中的相互關係和發生於現實世界中的「事件」絕不是風馬牛不相及的。恰恰相反，由於這些「事件」使得國家作爲工具和制度的兩個面向，各自因對方而具有了意義。

雖然「事件」這個詞對我們來說並無確切的定義，但在中國的官僚實踐中，它卻是一個很能夠說明問題的用詞。「事件」有一個開端（當有人首先引起事端）首一個結尾（當某人因處理事端的方法而受到賞罰）。一個官員的仕途取決於他的表現，而他的表現則取決於他處理具體事務的優劣。賦稅是否已經徵齊？犯罪案是否被及時破獲？造反是否被阻止或平息？水患是否獲得了治理？災民是否得到了賑濟？等等。就可敘述性而言，一次明顯的成功或失敗就是一個「事件」。一般來說，是「事件」給了官員以機會去彈劾他人，「事件」也可指出官員的長處並加以鼓勵。「事件」作爲一種機會，不僅可以爲一個人帶來幸運，也可以同時服務上司和下屬的需要，並編織出得以在公共生活中立足的人際關係。

所以，除了維持帝國的秩序以外，政府還有另外一個作用，即爲官僚君主制的運作提供象徵性的資源。正如官僚君主制靠中國社會的經濟剩餘爲生一樣，它要以社會中的「事件」爲原料，來推動制度內部各種關係的運作。官僚君主制的內在機制則對所有這些「事件」進行加工，使它們轉換爲權力和地位。

像官僚君主制下的其他關係一樣，這一制度的主軸—君主和官僚之間的關係—也從「事件」中汲取養分。君主需要具體的機會來强調他對官僚的支配，來懲罰爲他厭惡的人物和褒獎受他寵信的官員。一個行省官員並不僅僅只是這一制度的具體辦事員：他的每一次公開行動，都受到了他和君主之間個人關係的影響；而這種個人關係始於他被任命時的朝廷覲見，並在其後的例行覲見中一再被强調。這種個人關係的質量，以及它同正式的、「客觀的」官僚政府結構之間的複雜關係，則在相當程度上是經由官僚們所參與的「事件」得到界定的。只有經由「事件」，這種關係才會成爲檔案文獻的一部分。

但是，官僚君主制並不只是消極地對以「事件」形式表現出來的社會環境作出反應。恰恰相反，人們對自己所希望處理的「事件」也有一定的選擇權力，並能夠決定如何對這些事件作出界定。官僚君主制下的一個行爲者可以塑造「件」可以重新對「事件」作出界定，甚至可以製造「事件」，從而增進自己在這個制度內部的利益。同樣，人們也可以剔除可能危及自己利益的「事件」。當然，這樣的選擇權力是有其限度的——一場重大的民衆造反便是無法揑造或剔除的。但是，君主和官僚都可以經由文獻的製作，來影響人們對某個事件的界定和看法。對叫魂危機當然也可以用這樣的手段來加以操縱。民衆的恐慌迫使這一危機浮到了社會生活的表面。但是，官僚君主制對妖術意義的界定，則明顯地受到了體制內不同角色的需要的影響。所有人在處理這一事件時，顯然都以一只眼睛盯著官僚世界中的權力和地位。我想說明的是，一七六八年的妖術危機，不僅對政府來說是一種緊急狀況，而且對弘曆來說，為他對官僚制度的極深猜忌提供了一個出氣孔。說弘曆故意利用叫魂危機來整飭官僚，可能超出了證據的效力範圍。但已有的證據確實表明，當弘曆看待官僚體制時，他的習慣用語源於他內心最深層的憂慮，即常規化和漢化。而這一語言的力量—它對事件作出界定和為行動提供動力的力量—則在政治罪的環境中，出現了急劇的膨脹。

妖術與弘曆對大清帝國的深層焦慮之間，的確有所關連，這從他的朱批中反映了出來。這些朱批不用草稿，也並非別人起草，是弘曆的當下反應。這因而是他自己想法的不假思索的表露，是他對眼前問題的直接感受。這些朱批文字的背景是對妖術的清剿，但其內容則涉及到對官僚的控制。弘曆憎惡妖術，並對其社會影響懷有恐懼。但他對妖術的反應卻受到了他對其政權所患頑疾的看法—常規化、漢化的左右、江南文化的毒化—所有這些都在嘲弄帝王的權力。他用以刺激官僚投入妖術清剿的語言，不僅在語氣上，也在詞彙上與長期以來他因官僚制度而產生的挫折感是相通的。只有經由具體的事件，他才能發泄自己的挫折與不滿。現在，以叫魂案一政治罪為背景，他所使用的語言是和官僚們的行為有關的。

但是，君主究竟能夠利用這樣一個破綻百出的案子走多遠，而不致引起人們對他本人行為的懷疑呢？當這個案子的基礎最終崩潰時，君主必須保護自己不受崩塌碎片的傷害。惱羞成怒的弘曆，以在官僚中尋找代罪羔羊來結束對叫魂案的清剿。但這樣做時，他仍意圖一箭雙鵰。巡撫富尼漢關於叫魂案犯供詞並非出自刑求逼供的說法誤導了他，所以富尼漢必須降級並受罰。但是，其他官員沒有積極參與對叫魂案的清巢，辜負了他的信任，而這種失職則導致了妖術在全國的蔓延。只有透過處罰這些官員的失職，他才能向世人和後代昭告，他的清剿是正確的。

作爲最後的一幕，皇上的盛怒指向了新任山西巡撫蘇爾德—他剛剛從已任六年的江蘇布政使職位獲得升遷，並已因未能及時奏報妖術案而受到責難。直到弘曆把叫魂案提到桌面上來時，他才報告了山西的叫魂案。弘曆在朱批中斥罵他道：「此足證汝仍未改在江南染上之欺騙惡習。」⑧當叫魂案最後收場時，蘇爾德被單獨挑出來受到特別懲處。他在「江蘇最久」、「漸染惡派，痼習尤深」。當叫魂案在蘇州剛發生時，他沒有陳奏（當時他仍在蘇州任上）。其後作爲山西巡撫，儘管該省案犯累累，他仍「復踵其故智，不知悛改」，「清剿阻撓尤甚」。弘曆將他貶爲省按察使發往遙遠荒僻的新疆。⑧要讓一個旗人靈魂中的江南腐朽惡習曝晒於陽光之下，還有什麼地方會比那兒更合適呢？

第十章　主題和變奏

中國文化是統一的，但並不是單一同質的。我相信這就是何以會出現牽動全社會的事件，像叫魂危機的原因—雖然不同的社會群體對這一經驗的表述（representation）是各不相同的。①我們看到了繡服蟒袍的法官和衣衫襤褸的囚犯之間的文化差距。但是，人們在社會等級上存在距離並不意味著他們互相之間不能理解。這種距離有時意味著人們對於相同的符號會有各種不同的解讀。儘管「邪術」讓所有的人感到害怕與憎惡，但每一個社會群體都將妖術傳說中的不同成分重新組合，使之適應於自己的世界觀。這就是爲什麼像妖術大恐慌這樣一個「事件」會同時「發生」在王公貴族和農夫平民身上，而「發生」的條件則是因人而異的。對這一事件的不同表達（expression），取決於人們不同的社會角色及生活經歷。從這一角度來看，叫魂主題被賦予不同的變調，演成不同的故事，每一個故事所表達的則是某一特定群體的恐懼。這些故事有一個共同的主題，那就是，伴隨著未知人物和未知力量而來的凶險。

君主：眞實和幻影

爲了探討弘曆的思路，讓我們先來看一看這樣一個事實：一七六八年後，叫魂恐慌又於一八一〇年和一八七六年至少兩次出現，但這兩次朝廷都未大做文章，發動全國性的清剿。一八一〇年時在位的是弘曆的兒子顒琰（即嘉慶皇帝），他不願對剪辮妖術的謠言神經過敏。他寫道：同樣的怪異在一七六八年發生過，他的父皇曾命令對之「嚴加清剿」，但這些怪異卻漸漸自行銷聲匿跡了。因此顒琰明確禁止地方當局「株連根究」（以免像一七六八年和後來鎮壓一八一三年八卦教叛亂時那樣強迫嫌犯招供同夥，造成廣泛株連）。相反，地方當局應進行秘密調查並秘密奏報，以免「衙門胥吏濫及無辜」、擾亂地方（如一七九六年白蓮教大起義爆發時的情況那樣）。結果，這一事件無疾而終。②

一八七六年的事件發生時，光緒皇帝年幼，其時慈禧太后攝政，日漸權傾朝野，清政權正面臨著内亂外患。其中特別令人頭痛的是基督教民和地方民衆之間的社會衝突，有時並會釀成暴力事件。這些因素構成了那年春天起源於南京，並蔓延波及長江沿岸數省的剪辮恐慌的大背景，地方當局奏報説，某些被捕嫌犯承認他們是民間教派或秘密社團的成員。他們的「邪術」包括把人的髮辮粘在木人或紙人上，然後施行法術把它們變成活人，使之成爲主人的打手。有人還相信髮辮是被術士們派遣的侏儒割去的。兩江總督沈葆楨則相信這些術士來自白蓮教派。那些罪行得到「確證」的案犯被處斬首（這是自太平天國起義以來行省權力大爲擴張的一個方面），以便「安定人心」。像往常一樣，地方當局面臨的難題是要在清剿妖術（其風險是法律的濫用）和任其消聲匿跡（其風險是引起民間的憤怒）之間，找到一條中庸之道。

民衆的情緒被傳教士的活動煽動起來。許多人相信天主教士和中國教民積極捲入了妖術活動，民間的反妖術活動於是帶上了反教的傾向。根據沈葆楨的報告，由於某些術士和歹徒皈依基督以逃避清剿，形勢變得更爲複雜。在當時的情況下，朝廷所要竭力避免的是反洋教暴亂，因爲這會引起列強的干涉，當局於是警告民衆不要「捕風捉影」。來自京城的指令要官員們不得聽任事態發展，便更重要的是要防止暴民作亂。③

在這兩次事件中，朝廷每次都出於很充分的理由，沒有像一七六八年的弘曆那樣對妖術大事清剿。但除了有不事清剿的理由以外，這些後來的統治都顯然也缺乏站得住腳的理由從事清剿。我們現在不得不回過頭來考慮這樣一個問題：究竟是何種看法或何種形勢，導致了弘曆對妖術作出這樣的回應？

弘曆對異端的兩次最嚴厲的清剿，都發生在清政府軍事行動受挫，他對其軍隊的表現深爲不滿的當兒，這大既並不是偶然的。一七五一至一七五二年的危機—包括僞稿案和對馬朝柱的瘋狂搜捕—恰好發生在鎮壓川西金川土著的漫長軍事行動之後。

在這場戰役中，清軍對金川土著的損失非常慘重、進剿不利，以至於弘曆以貽誤戰機爲由，處決了清軍的兩名最高將領。而當一七六八年的危機發生時，征伐緬甸之役正毫無指望地被困在瘴癘肆虐的熱帶叢林中，弘曆則以無能和謊報軍情爲由撤換了他的戰地指揮官。當清軍陷於困境時，難道弘曆不會將震怒和沮喪發泄到國內事務中來嗎？④

然而，雖然這種沮喪可能會給弘曆對妖術的清剿加溫，但清剿的實際進程卻有著自己的邏輯。弘曆的憂懼亦真亦幻。真實的部分，在於他難以打破官僚體制自我滿足、常規裏足的積習。君主要維護鞏固自身利益，就必須不斷訴諸專制和無常的權力，而提出政治罪指控，則是使用這種權利的最佳機會。幻影的部分（但誰能說幻影非真呢？）則在於他對無法爲他所見的勢力心存恐懼。妖術當然就是這樣的一種勢力，但還有來自謀反和漢化的雙重威脅。即便像弘曆這樣一位已經漢化的滿洲君主，也無法將謀反與種族因素區分開來，而當一個案子牽涉到辮子的象徵意象時，便足以成爲使他疑慮爆發的導火線。與謀反危險相伴隨的是漢化問題，這一威脅雖然並不急迫，但卻更爲險惡。弘曆的反應是文化的（推崇滿族語言和歷史，發動全國性的文字獄來清除反滿意識），同時也是政治的（清除已成爲漢族官僚體系特徵的種種「惡習」）。

江南是問題的關鍵。危險來自富庶文明的長江三角洲，並正沿著運河兩岸向北蔓延。在弘曆看來，南方是漢族官僚文化的罪惡淵藪：腐敗頑固、朋黨比奸、懦弱虛僞。強健的旗人可能會陷入江南的魔咒；弘曆會用最嚴厲的語言斥責受到江南文化蠱惑的滿洲官員。現在，某種罪惡又從江南向外蔓延，那就是官場中的腐敗習氣和社會上的妖術陰影。人們可能會提出異議，認爲弘曆「真正相信」的不是第一種、而是第二種危險。確實，弘曆在公開場合是妖術的嘲笑者，說妖術是荒誕不經的迷信。但是，他在許多奏稿上的批示，又顯示他對妖術的細節與目的有著濃厚的興趣。⑤他究竟是否「相信」妖術的存在？最好還是這樣地提出問題：對他來說，術士的妖術較諸漢文化的蠱惑是否就更不可信？術士們竊取人們的靈魂，腐敗的漢文化則竊取滿洲的品德，哪一種危險對他更爲真實呢？

知識階層和大衆對妖術的看法

普通百姓的妖術信仰，和君主視妖術爲謀反的認識是有區別的。這使我們聯想到，在歐洲中世紀晚期和近代早期，鄉村巫術和出現在宗教法庭上的「博學的」或「魔鬼橫行的」巫術之間同樣存在著區別。在理查・基徹佛（Richard Kieckhefer）對歐洲巫術迫害的研究中，他寫道，大多數村民指控鄰居使用巫術，是因爲他們相信鄰居用巫術傷害他們，但並不一定認爲鄰居這麼做的時候，與撒旦有任何約定。

在歐洲大陸發展起來，有關巫術中魔鬼作用的看法，顯然是神學家和法學家們

> 的臆測—除非在巫婆和受害者之間加上魔鬼這個環節，他們便無法對巫術作出解釋。……即使在當代的民間巫術信仰中，人們也認爲有關魔鬼在巫術中所起作用的指控是站不住腳的。只有在英國的審判中，這種情況才偶爾發生。而當它發生時，則顯然是受到知識界影響的結果。⑥

審判官和其他「專家」們把「魔鬼契約」的概念強加到了村民們單純對巫術的恐懼之上，這些人以「邪惡的眼光」嘲笑民間的信仰，並以自己充分理性化的、將人生視爲上帝和撒旦之間對抗的觀念來取代這種信仰。

和歐洲教廷的法官們一樣，弘曆也將一種因自己的恐懼而產生的意義注入到民間的妖術中。這又是一個例子，揭示出妖術如何在一個複雜而龐大的社會中超越階級的界線而傳播開。對妖術的看法可能同時存在著兩個或更多的版本。皇家的版本以對滿洲統治、歸根結底也是對整個政體的威脅爲中心，農民的版本所集中關注的則是由陌生外人引起、因靈魂丟失而造成的突發與隨機的死亡。但是，君主和農民使用的並不是完全不同的語言。對弘曆來說，陰謀家們也是外人（所謂「奸狡僧徒」和「失意文人」），即儒教秩序的放逐者。他們沒有確定的文化歸宿，若非不受儒教家庭制度的限制（如那些違背父母，拒絕結婚生子、傳宗接代的僧徒），就是不理會正統科舉官僚制度的約束（如那些科舉考試失敗轉而反對科舉官僚制的文人）。

弘曆在叫魂危機中的政治行爲，對我們進一步認清「專制」這一概念或許會有所幫助，而「專制」正是後期帝國的特徵。在弘曆的行爲中所反映出來的，其實是他本人的個性。即位之初，他就立誓要在他過於仁慈的祖父和過於嚴厲的父親之間，尋找出一條中庸之道。⑦他確實找到了這樣一條中庸之道，但其方式卻是奇怪的：他在寬容和嚴厲這兩極之間來回擺動，因此，他的「中庸之道」並不是一種常態，而是一種均衡。這種行爲是否表明了他的專制的有效性？從他的朱批中流露出來的，卻是他的惱怒和急躁。面對真實的或只存在於他想像之中的威脅，他的反應看上去不僅過分而且滿懷惡意。由於滿清王朝這第四位，也是最榮耀的君主身上的這些品質，他要實行個人控制，也許就非要訴諸「政治罪」不可。

但是，我也常常禁不住設想：到了這個時候，中國的帝國制度本身是否已達到了非使「政治罪」成爲政治生活一部分不可的地步？此時此刻，任何一個君主要想維持對官僚制度穩固、有序和可靠的控制，都已變得十分困難。弘曆的父親胤禛是最後一位曾經爲此認真努力的皇帝。他整頓財政體系，建立對邊疆地區的行政控制，強化彈劾制度，並加强帝國通訊體系的機密性。在所有這些問題上，胤禛都做了不遺餘力的嘗試。但是到了弘曆手中，這些制度建設不是停頓了，就是出現了倒退。這或許並不能簡單地歸諸弘曆缺乏他父親的那種耐力。到弘曆的時代，官僚體制已是盤根錯節，征服者已不可逆轉地進一步漢化，以至於君主對官僚的常規控制已捉襟見肘。如果情況確是如此，那麼政治罪可能便爲弘曆提供了一種恰當的替代性手段：它既可以像一七五一年和一七六八年時的情況那樣，讓他圍繞著謀反危機對官僚體制實行動員；也可以像十八世紀七十年代時的情況那樣，讓他透過文字獄對文人騷客進行恐嚇。弘曆並未蓄意這麼做，但可能是在他睚眦必報的個性和好大喜功的政治趣味引導下，仰仗這樣的手段來達到非如此便不能達到的目標—君主對於有權有勢的官僚精英的控制。

普通民衆：權力的幻覺

我們已經檢討了民叫魂信仰的根源，但我們永遠也無法確切地知道，究竟是什麼「導致了」一七六八年的叫魂大恐慌—如果這本身是一個有意義的問題的話。要找到爲什麼大恐慌在這個時刻、以這種方式發生的線索，我們就必須如我在第二章中所建議的，以清中葉社會狀況對普通民衆心態的影響進行探討。我們在研究十八世紀中國社會時，必須考慮到當時的人們普遍認爲周圍盡是邪惡、他們的生命則受到隱蔽勢力威脅的看法。但是，我在這裡要討論的，主要是由妖術所揭示的醜陋社會現實，而不是由它所引起的社會恐慌。

作爲現代中國的前奏，叫魂大恐慌向中國社會的觀察者們凸顯了一個特別令人難過的現象：社會上到處表現出以冤冤相報爲形式的敵意。叫魂案從一開始就帶有這種令人不快的特徵。在叫魂幽靈的發源地德清，慈相寺的和尚們爲進香客從與他們競爭的那個寺廟嚇跑而欲挑起人們對妖術的恐懼。更有甚者，他們虛構了一個容易爲人們相信的故事，即一夥石匠試圖用妖術來加害自己的競爭對手。這是一場戰中戰，每一場都用民間的恐懼來做文章。除了醜惡的妒嫉，還有無恥的貪婪：縣役蔡瑞爲從蕭山和尚們身上勒索錢文，也編造出了可信的罪證。

一旦官府認真發起對妖術的清剿，普通人就有了很好的機會來清算宿怨或謀取私利。這是扔在大街上而且上了膛的武器，每個人—無論惡棍或良善—都可以取而用之。在這個對一般人民來說權力向來稀缺的社會中，以「叫魂」罪名來惡意中傷他人，成了一般人的一種突然可得的權力。對任何受橫暴的族人或貪婪的債主逼迫的人來說，這一權力爲他們提供了某種解脱；對害怕受到迫害的人，它提供了一塊盾牌；對想得到好處的人，它提供了獎賞；對妒嫉者，它是一種補償；對惡棍，它是一種力量；對虐待狂，它則是一種樂趣。

我們在這裡所瞥見的，是否是一個已被人口過度增長、個人平均所得資源比例惡化、社會道德墮落所困擾的社會所遭遇到的一種道德報應？在這樣一個倍受困擾的社會中，人們對會自己能否經由工作或學習來改善自身的境遇產生懷疑。這種情況由於腐敗而不負責任的司法制度而變得更加無法容忍，沒有一個平民百姓會指望從這一制度中，得到公平的補償。在這樣一個世界中，妖術既是一種權力的幻覺，又是對每個人的一種潛在的權力補償。即使叫魂這樣的事其實從來沒有發生過，人們仍然普遍地相信，任何人只要有適當「技巧」，便可經由竊取別人的靈魂而召喚出陰間的力量。這是一種既可怕又富有刺激的幻覺。與之相對應的則是真實的權力—人們可以指控某人爲叫魂者、或以提出這種指控相威脅而得到這一權力。施行妖術和提出妖術指控所折射反映出來的，是人們的無權無勢狀態。對一些無權無勢的普通民衆來說，弘曆的清剿給他們帶來了再好不過的機會。⑧

任何人—無論貴賤—都可以指稱別人爲叫魂犯。其實，把僧人和乞丐當作替罪羊，是朝廷和民間的某種共謀。弘曆相信，妖術謀反陰謀是邪惡妖僧所爲，而乞丐則是他們雇用的跑腿。對於這些處於社會邊緣的群體，弘曆動用國家權力對他們大加撻伐。當他這樣做的時候，他再次强化了社會對於背棄儒家秩序、因而在政治上是危險的那部分人原本就根深蒂固的刻板印象。這些人也成爲弘曆恐懼謀反的最佳陪襯。至於普通民衆，他們早已把叫魂妖黨的帽子套到了和尚的頭上。他們也有自己的成見：和尚是危險的外來者，由於爲死人做法事而受到了污染，並常常同鬼魂世界發生交往。當弘曆對這些易受攻擊的外來人進行迫害時，村民是不會不表示歡迎的；否則的話，在抵禦邪術的問題上，他們就只有指望對妖術持不可知態度的官僚們，爲他們提供微不足道的保護了。⑨

這種「受困社會」（impacted society）爲反常的權力攪擾，它和萊斯特・梭羅（Lester Thurow）所描述的二十世紀美國「零和社會」在某一方面是很相似的。⑩這兩種社會都發現，它們所面臨的基本問題，已無法透過增進生產來解決，而需要「對損失進行分攤」（loss allocation）。但是，兩者的一個主要區別，在於梭羅筆下的後工業化美國，人們被出賣的感覺，是由於進步和經濟成長的信念而產生並得到强化的—這種進步和經濟成長一度曾使西方世界相信，所有的困難都會屈服於人類的努力，某些人會從中得益卻不會有任何人受到損害。與此形成對照，在帝制晚期的中國，從未有人設想人的努力能夠（或應該）產生無限的進步和成長。同一個富裕的工業社會相比較（不管這個社會的貧富差距有多大），「損失分攤」在一個貧窮的農業社會是一種更爲嚴酷的過程。當中國進入近代的時候，社會擁擠、貧窮，人們對於正在侵蝕著普通大衆生存機會的種種實際力量，幾乎完全没有了解。

「受困社會」的特殊政治，就是在這種情況下產生的。在帝制晚期的中國，絶大多數人没有接近政治權力的機會，也就不能依個人的利益去競爭社會資源。對普通臣民來說，僅僅是組成團體追求特殊的社會利益，便構成了政治上的風險。有時，人們便會到舊的帝國制度之外去尋找這種權力；其結果就是造反和革命。但對大多數人來說，權力通常只是存在於幻覺之中；或者，當國家清剿異己時，他們便會抓住這偶爾出現的機會，攫取這種自由飄浮的社會權力。只有非常的境況才會給無權無勢者帶來突然的機會，使他們得以改善自己的處境或打擊自己的敵人。即使在今天，讓普通民衆享有權力仍是一個還未實現的許諾。毫不奇怪，冤冤相報（這是「受困社會」中最爲普遍的社會侵略方式）仍然是中國社會生活的一個顯著特點。

官僚制度：謹愼的喝彩

在叫魂故事的三個不同版本中，最不精彩的是我們故事中非英雄角色官僚的那個版本。⑪如果說，這些實際而持不可知論的人們會對什麼未見勢力感到害怕，那就是暴民的狂怒易變和君主的反覆無常，這兩者都對他們感到自在的現存體制構成威脅。他們試圖透過恐嚇那些提出妖術指控的人來擊敗前者，透過對君主封鎖消息來挫敗後者。但是，這兩個計策都未奏效。他們被迫以並不可靠的證據爲基礎，勉强從事對妖術的清剿。

弘曆的軍火庫中缺乏一件武器—他無法找到一個可與臣民共享的目標。君主和村民從各自的立場出發，都對叫魂妖黨懷有恐懼；他們都很快便從易受攻擊、處於太平盛世邊緣的人們中找到了替罪羔羊。但是，弘曆心目中最不願意看到的，是暴民蜂起的現象。由於恐懼的因素制約著他在危機初期謹慎行事，並促使他一直透過機密管道進行通訊聯絡。舊政權的一個基本政治特徵，便是普通民衆對政治抱著消極態度。由睚眦必報的領導人和狂熱激動的民衆勾結起來對付共同敵人的狂暴結合（這正是現代政治「運動」的表徵），還是一件要到遙遠的未來才會發生的事情，十八世紀的官僚們還沒有受到這樣的致命夾擊。雖然他們之中的個別人士可能會被盛怒的君主挑出來加以懲罰，但作爲一個整體，他們的地位仍然相當穩固。他們是知道這一點的。

雖然各省督撫們不斷地要弘曆相信，他們正在積極地追緝妖術案犯，弘曆卻清楚地知道，情況恰恰相反。清剿結束前兩個星期，河南巡撫阿思哈在十月二十一日的奏報中附上了一份完整的全省捕人名單（這是我唯一能找到的這樣的名單），向我們揭示了真情。他對河南在三個月的清剿中所逮捕的全部叫魂案犯，按縣分列作了說明。其中都是些一般的嫌犯，下層社會的烏合之衆，如流浪漢、乞丐、遊方僧道等，也就是當時中國每天絡繹於途的各色人等。⑫

在全部二十五名嫌犯中（此外還有可憐的和尚海印，他的案子我已在前面討論過，阿思哈微妙地沒有把他列入這份名單），有八名因證據不足而在清剿過程中先後被釋放了，剩下的十七名仍在押以待進一步審訊。對一個有兩千萬人口的省份來說，三個月清剿所達到的這個結果真是微不足道。弘曆斥罵他們的督撫們清剿不力，難道沒有道理嗎？⑬

如果說，弘曆的清剿撞上了官僚們設置的路障，那麼構成這些路障的，恰恰是最令他痛恨的「官場惡習」：謹慎地隱匿情報，小心地自我保護，隱瞞真相以掩護人際關係，百促不動以墨守常規程序。一個普通的清代官僚即便並非故意設置障礙，僅以他日常的貪瀆和欺飾，就足以讓任何一個君主大傷腦筋。但是我們知道，叫魂案最後得以翻案，並非取決於普通官僚的一般素質，而是依賴少數幾個位居要津的大臣作爲——他們敢於告訴弘曆這是一樁錯誤的案件，根據的是虛假的供詞，如不停止只會造成更大的麻煩。

我並非建議，這裡存在著對於專制權力的某種「憲政」制衡。任何可靠的途徑都無法使清代君主受制於法律，也沒有任何可靠的法律，可以讓一個君主必欲懲罰的人得到保護。在清代，甚至連一個知縣都可以在自己的公堂上爲所欲爲，而幾乎沒有被繩之以法的危險。但在某些極不尋常的情況下，處於最高層的官員們，顯然仍可能運用任何政府都必須遵守的最高準則來限制君主的專制權力。要做到這一點，他們就不能把自己僅僅看作是爲某一特殊政權服務的臣僕。這樣的自信，只會存在於自以爲文化傳統當仁不讓的繼承者身上。在中國帝制晚期的政治生活中，即使是在最高的行政層次，具有這種膽識的人士已屬鳳毛麟角。一個半世紀後，當帝制垮台，而滋養這種精英自信的社會和文化制度也隨之崩潰後，這樣的膽識也就變得更爲稀缺了。

沒有人會哀悼舊中國的官僚制度。即使按照當時的標準，它所造成的社會傷害，也已超出了僅僅壓碎幾個無依無助的遊民踝骨的程度。但不論是好事還是壞事，它的特性卻可以阻擋任何一種狂熱。沒有這種應急的錨碇，中國就會在風暴中急劇偏航。在缺乏一種可行的替代制度的情況下，統治者就可以操縱民眾的恐懼，將之轉變爲可怕的力量。生活於當代的異見人士以及因社會背景或怪異信仰而易受指控的替罪羔羊，也就是容易遭人貼上標籤的人們，便會成爲這種力量的攻擊目標。

任何人都無法佇立其間，以阻擋這種瘋狂。

譯者後記

《叫魂 乾隆盛世的妖術大恐慌》所講述的是一個關於「盛世妖術」的故事。套用出版界朋友們的一句行話，這是近年來美國漢學研究中出現的一本「大書」。

在中國的千年帝制時代，清高宗弘曆（乾隆皇帝）可謂空前絕後的一人。在他治下的六十餘年間，經順治、康熙、雍正三朝而建立並鞏固起來的大清帝國達到了權力與威望的頂端。然而，弘曆治下的盛世似乎達到了登峰造極之時，整個大清帝國的政治與社會生活卻被一股名爲「叫魂」的妖術之風攪得天昏地暗。在一七六八年（乾隆三十三年）由春天到秋天的幾個月中，這股妖風竟然衝擊了幾乎半個中國，其影響所及，小民百姓爲之人心惶惶，各級官員爲之疲於奔命，皇帝陛下爲之寢食不寧。

於是，人們不禁要問：既爲盛世，何以會妖術橫行？仔細讀過這個故事，不禁又會問：從歷史的角度來看，這個故事到底有什麼意義？在二百多年後的今天再來講述這個故事，又能令生活於今天的人們得到怎樣的啓示？在我們看來，這正是《叫魂》這本書使人覺得可讀和耐讀的地方（儘管人們對於書中關於歷史事件的理解與解釋是見仁見智的）。讀這本書，是在讀歷史。但每每又會讓人聯想到自己所親身經歷過的許多事情—至少我們在翻譯此書時常常是有這樣的感覺的。

孔復禮教授是美國及西方中國史研究領域中爲人們所公認的一位大家。他於一九六四年在哈佛大學獲得博士學位，是讀者所熟悉的費正清教授的高足。一九七七年，當費正清教授從哈佛大學榮退後，孔復禮教授便由已任教十多年的芝加哥大學轉回母校，接替費正清留下的遺缺，一直任教至今。他曾擔任過芝加哥大學遠東語言文化系主任、哈佛大學費正清東亞研究中心主任、哈佛大學東亞研究委員會主席；獲得過包括顧根漢學術研究獎在內的多種學術榮譽；並且是美國藝術人文科學院院士。

孔復禮教授並不是「著作等身」的學者。事實上，在他迄今三十餘年的研究寫作生涯中，他只出版過兩本專著。一本是寫於七十年代初的《中國帝制晚期的叛亂及其敵人》，另一本便是我們現在翻譯成中文的這本《叫魂》。這兩本書出版後，都在美國歷史學界引起了極大的迴響，普遍被人們認爲開了學術研究風氣之先。

《中國帝制晚期的叛亂及其敵人》一書將政治軍事史研究和社會史研究結合起來，對促成近代中國國家與社會巨大變化的內在歷史動因進行了探討。《叫魂》則表現出了一種更爲宏大的學術視野，在構建以「叫魂」案爲中心的「大敘事」的過程中，在方法論的層次上將社會史、文化史、政治史、經濟史、區域分析、官僚科層制度分析以及心理分析等研究方法結合在一起。此書於一九九〇年出版後，獲得了當年的「李文森中國研究最佳著作獎」。

我們兩人在美國大學教授中國歷史課的時候，都曾以《叫魂》作爲學生的必讀參考書，頗受學生歡迎，並因而萌生了將此書譯成中文，介紹給華文讀者的想法。儘管我們自己都有著極爲繁重的教學任務與早已排得滿滿的研究寫作計劃，我們最終還是決定擔負起將《叫魂》一書譯成中文的工作。我們採取了分工合作的方法，由陳兼翻譯第一至第五章，劉昶翻譯第六至第十章，然後兩人分別校閱對方所譯章節，最後由陳兼對全書譯文進行統校。

但是，在翻譯的過程中，我們竟時時感到承擔翻譯此書也許是一個「錯誤」。《叫魂》不是一本好譯的書。儘管我們都是歷史科班出身（但並非專治清史），在大學歷史系也都已任教多年，但在翻譯此書時，仍然感到十分吃力。孔復禮教授寫作此書時大量引用了清代的文獻檔案資料，在論述過程中，又在娓娓道出一段段曲折稀奇故事的同時，將它們同自己對社會科學理論的理解與一種深刻的歷史人文關懷揉合在一起，以極爲生動精巧的英文寫成了這本書。要以流暢的中文忠實地反映出原書的意思與風格，真是談何容易！我們在翻譯此書時，對原文與譯文都反覆推敲，可謂殫精竭慮，自以爲是盡了全力。經過兩年多的努力，譯文最終是完成了，但其中定然會有許多不妥及至不達之處，我們只能誠懇地期望讀者諸君予以批評教正。

在完成本書翻譯的過程中，我們得到了很多友人和同行的幫助。孔復禮教授爲我們提供了大量清宮原始檔案的複印件，並認真解答了我們的許多問題。姚平教授和陳之宏博士仔細閱讀了部分章節的譯稿，並提出了不少可貴的修改意見。胡小華和李迪兩位先生在擔任譯者之一的研究助手期間，做了許多具體甚至瑣碎的服務工作。此外，我們還曾得到林滿紅教授和韓書瑞（Susan Naquin）教授及時提供的幫助。謹在此深表謝意。

陳兼　劉昶　一九九八年十月

附註

第一章

①關於這一案例的原始件，已於一九三〇～一九三一年由北平故宮博物院在《史料旬刊》中選編出版（一九六三年台北國風出版社重印）。有關這一問題的學術討論，參見參考書目中所列的德·格魯特（J. J. M. de Groot）、恩特曼（Robert Entenmann）、孔復禮（Philip A. Kuhn）及谷井俊仁等人的著作。

②清代中國的一個省份，往往擁有比當時歐洲的任何一個國家更多的人口。受到一七六八年妖術恐慌影響的十二個省份，人口的總和超過兩億。有關一七八七年的官方人口數據，參見何炳棣（Ho Ping-ti）：《中國人口研究，一三六八～一九五三年》（Studies on the Population of China, 1368～1963），哈佛大學出版社一九五九年版，第二八三頁。鑒於何炳棣認爲當時中國人口往往登記不足（第五八頁），因而，對一七八七年的人口的估計，大約不會超過一七六八年之人口實數。

③福欽（Robert Fortune）：《在中國人之間生活：內地、沿海、海上》（A Residence

among the Chinese：Inland, on the coast, and at Sea），倫敦，John Murray 出版社，一八五七年版，第三五九、三六三頁。

④《德清縣志》（一六七三年版），第四卷第三頁。孫任以都（Sun E－tu Zen）曾在《清代中國的養蠶業和絲織業》一文中對十八世紀的絲綢工業作過探討，載威爾莫特（W. E. Willmott）主編：《中國社會的經濟組織》（Economic Organization in Chinese Society），史丹福大學出版社一九七二年版，第七九～一〇八頁。參見該文第九一頁關於絲綢市場的不穩定及其對小生產者造成的有害影響的討論。

⑤清朝第四位皇帝統治時期（一七三六～一七九六年）的正式稱謂是「乾隆時期」（參見第三章中對「乾隆」一詞的討論）。皇帝本人則通常被歷史學家稱爲「乾隆皇帝」，簡稱「乾隆」，但本書則以他的本名弘曆來稱呼他。對任何因當時無人稱他弘曆（他的名字是避諱的）而反對這一稱呼的意見，我只能說，當時亦無人稱他爲「乾隆」。

爲強調滿族的種族背景，我以滿族名字來稱呼所有的滿族人物（包括弘曆），並以莫蘭多夫（Mollendorff）體系拼寫（除非諸如弘曆一類的滿族名字已被漢化，若如此，則其拼法應是分開的，以代表個別的漢字，並保持拼法上的一致）。書後並附有所有滿族名字的拼音及相應的漢字對照表。

⑥此節關於一七六八年一月至四月間德清、杭州和蕭山所發生事件的描述，均取自《錄副奏

摺．法律．其他》乾隆三十三年中一批同浙江地區的妖術恐慌有關的口供。口供的原稿與經過編輯的文本均保留了下來，兩者之間差異不大。這些口供顯然是遵照皇帝一七六八年八月的詔令而收集在一起的。亦請參見《朱批奏摺》，第八五三卷第二號及第八五三卷第四號，乾隆三十三年七月一日和十七日（永德）；《宮中廷寄》，乾隆朝三十三年七月二十一日。這些文件均有永德處理這些事件的記載。爲方便可能希望參照原文的專家，本書註解中一概以陰曆來標明所引文件的日期。

⑦《德清縣續志》（一八〇八年版），第一〇卷第六頁。吳石匠後來否認水位問題曾給他造成特別的困難，但考慮到對他的指控，他是不得不這麼說的。

⑧本書中凡提到年齡，均按中國習慣計算，也就是說，當某人出生時，已爲一歲。按照西方的算法，則應年輕一歲。

⑨有關告陰狀這一民間習俗的知識，我應感謝李時岳教授在與我的私人通信中給予的指點。

⑩我不清楚沈案何以是由德清縣而不是由事發所在地的仁和縣審理。這也許是因爲德清縣是罪案的起源處。

⑪《朱批奏摺》，第八五三卷第二號，乾隆三十三年七月一日。

⑫《錄副奏摺．法律．其他》，乾隆三十三年。

⑬一七八四年版的《杭州府志》無法爲在口供中提到的任何寺廟提供確切的方位考証。該書

指出，這些寺廟都很小。它們也許屬於第五章中將要討論的那種「世襲」寺廟。接受剃度（剃光頭髮）則是出家的第一步。

⑭一七八五年，一位曾被囚禁的耶穌教士記述了在北京受到審訊的情況：「犯人們被帶到公案前，當他們受到訊問時，手、腳和脖子分別戴著鐐銬，並必須光頭跪在官員面前的地上。」韋勒克（Bernward H. Willeke）：《帝國政府與一七八四至一七八五年間在中國的天主教傳教士》（Imperial Government and Catholic Missions in China during the Years 1784～1785），紐約，Franciscan Institute 一九四八年版，第一三八頁。

⑮阿洛姆（Thomas Allom）：《中國：景色，建築與社會習俗，插圖本》（China：Scenery, Architecture, Social Habits），倫敦，London printing and publishing Company 18－？年版，第二卷第八五頁。

⑯關於衙役，參見瞿同祖（Ch′u T′ung－tsu）：《清代中國的地方政府》（Local Government in China under the Ch′ing），哈佛大學出版社一九六二年版，第五六至七三頁；關於衙役的「卑微」地位，參見漢森（Anders Hansson）：《晚清地方上的不入流之輩》（Regional Outcast Croups in Late Imperial China），哈佛大學一九八八年博士論文，第四七至四九頁。

⑰這兩個事件中以私刑殺人者都被逮捕並以殺人定罪。我只是找到了安溪這一案例的初審與

複審判決文件。見《刑科史書》，第二七七二卷，乾隆三十四年三月二十九日；第二七八一卷，乾隆三十四年六月二十三日。

⑱《江蘇按察使司錄呈長州縣拏獲乞丐陳漢如等一案全卷抄冊》，載《錄副奏摺．法律．其他》，乾隆三十三年八月。這一本九十頁的小冊子登錄了整個蘇州事件，是省當局就陳漢如等人的案件記錄向軍機處提呈的報告。軍機處及刑部對疑犯的調查則在《錄副奏摺．法律．其他》（乾隆三十三年九月十七日）中作了小結。除非另外標明出處，本書關於蘇州事件的所有資料均來自這些文件。差不多同時，省內發生了另三個相近的案件：在昆明（四月三十日）、蘇州（五月十四日）、安通（五月二十八日），所有被懷疑剪人髮辮的人都遭到了暴民的攻擊，並且都被逮捕，但後來又都獲得釋放。因篇幅關係，我未將它們一一羅列。有關這些案件的概要，參見《朱批奏摺》第八五五卷第四號，乾隆三十三年七月三十日（高晉）。

⑲在官方文件中，被懷疑或指控犯有罪行的人通常被稱爲「犯」。爲了保留中國司法制度中對於被告這種帶有歧視的味道，無論是直接或間接引語，凡在中文原文使用了「犯」一詞時，我均相應地用「criminal」（罪犯）一詞來表達。

⑳洛赫（Henry Brougham Loch）的敘述，轉引自傅德（Derk Bodde）：《十八世紀北京的監獄生活》（Prison Life in Eighteenth-Century Peking），載《美國東方協會雜誌》

（Journal of the American Oriental Society），第八九卷第二期（一九六九年），第三二九頁。

㉑轉引自博德：同上書，第三二〇頁。

㉒《錄副奏摺．法律．其他》，乾隆三十三年九月十七日（傅恆）。

㉓克拉克杭（Clyde Kluckhohn）：《納瓦霍的巫術》（Navaho Witchcraft），波士頓，Beacon Press 一九六七年重印本，第一一六頁。

㉔米德爾頓（John Middleton）和溫特（E. H. Winter）編：《東非的巫術與妖術》（Witchcraft and Sorcery in East Africa），倫敦，RKP 一九六三年版，第二一頁。參見該書《序論》。

㉕貝蒂（John Beattie）：《班洋羅的妖術》，同上書，第二七至五五頁。

㉖《朱批奏摺》，第八六五卷第一號，乾隆三十三年七月十五日（定長）。讀者也許會對我用「大恐慌」（panic）一詞感到不解。我使用這一詞是經過考慮的，因爲這是西方的觀察家們在其他的場合看到這種現象時所用的詞。《字林西報》的一個記者，曾在一八七六年親眼目睹了一件由剪人髮辮而引起的恐慌（參見第十章），他寫道：「從上星期五起，人們在這裡（武昌）看到的騷動」。是由一種認爲剪人髮辮者就在戶外，而受害者在三天內就會死去的信念引起的。「消息的流傳使大恐慌（panic）蔓延全城……可以看到，人

們臉色凝重，在街上行走時，有人將辮子由肩上拖到胸前，有人則將辮子小心翼翼地握在手中，遇到外國人或任何看上去可疑的人時，都會顯得相當不安……幾乎所有的孩子都在衣領上掛有一個裝有符咒的紅袋，或者將符咒寫在一塊黃布上，再綁在頭髮上。」（《字林西報》，一八七六年八月四日，第一一九頁）。

第二章

①韓書瑞（Susan Naquin）和羅斯基（Evelyn Rawski）：《十八世紀中國社會》（Chinese Society in the Eighteenth Century），耶魯大學出版社一九八七年版。該書對有關這些趨勢的學術研究做了出色的概述。

②新近出版的一本書目，在中華帝國晚期經濟發展的類別下（有一個時期，這被稱之爲「資本主義萌芽」）共列出了中國大陸地區一九五一至一九八四年間發表的五六五篇論文，二十六本專著，七部資料集。參見田居儉、宋元強編：《中國資本主義萌芽》，巴蜀書社一九八七年版，第一〇一六～一〇六三頁。

③韓書瑞和羅斯基：《十八世紀中國社會》，第一百頁。

④艾特韋爾（William S. Atwell）的著作，爲人們理解晚明經濟中白銀貨幣所起的作用打開了通路。尤其請參見他所著《關於中國與日本「十七世紀危機」的一些觀察》（Some

Observations on the "Seventeenth－Century crisis" in China and Japan），載亞洲研究》（Journal of Asian Studies），第四十五卷第二期（一九八六年），第二二四頁；以及他的《關於白銀，對外貿易以及晚明經濟的筆記》，載《清史問題》（Ch'ing－shih wen－t'i），第三卷第八期（一九七七年），第五頁。關於貨幣供應及其在十七世紀的影響，參見魏斐德（Frederic Wakeman, Jr.）：《中國與十七世紀的危機》，載《中華帝國晚期》（Late Imperial China），第七卷第一期（一九八六年），第一～二六頁。關於清代貨幣供應的一般情況，參見傅格爾（Hans－Ulrich Vogel）：《清初中國的中央貨幣政策與雲南的銅礦生產，一六四四～一八〇〇年》（Central Chinese Monetary Policy and Yunnan Copper Mining during the Early Ch'ing，一六四四～一八〇〇年），哈佛大學東亞研究委員會即將出版；林滿紅（Lin Man－houng）：《貨幣與社會：十九世紀初中國的貨幣危機與政治經濟意識形態》（Currency and Society: The Monetary Crisis and Political－Economic Ideology of Early Nineteenth－Century China），哈佛大學一九八九年博士論文。

⑤韓書瑞和羅斯基：《十八世紀中國社會》，第二二二頁。

⑥由施堅雅（G. William Skinner）所提出的地區性體系的分析方法，是當代影響最大的方法上的嘗試，其目的在於能夠對中國經濟作功能上的區分，同時將這種區分和政府行政體

系聯繫起來。參見施堅雅：《十九世紀中國的地區性城市化》，載施堅雅與艾爾文（Mark Elvin)編《中華帝國晚期中國的城市》（The City in late Imperial China），史丹福大學出版社，一九七七年版，第二一一～二五二頁。

⑦劉石吉：《明清時代江南市鎮研究》，中國社會科學出版社一九八八年版，第六一頁。

⑧蔡世遠認爲，政府應當放開對於福建稻米出口的限制。令人遺憾的是，米價的穩定並未能持久。轉引自劉石吉：《明清時代江南市鎮研究》，第六三頁。

⑨《正德華陽縣誌》，轉引自劉石吉：《明清時代江南市鎮研究》，第一七頁。

⑩對於「標準的市場化社區」的經典性描述，是以施堅雅在成都平原所作的實地考察爲基礎。雖然其他地區的情況必定會有所不同，但「市場化社區」作爲一個概念，已爲有關較早時期的歷史研究所證實。參見施堅雅：《鄉村中國的市場與社會結構》（Marketing and Social Structure in Rural China，第一部分），載《亞洲研究》，第二四卷第一期（一九六四年），第三～四三頁。

⑪韓書瑞和羅斯基：《十八世紀中國社會》，第一一四～一二三頁。

⑫有關這些奴僕解放法令，在《大清會典事例》，第一五八卷第三〇～三一頁作了概述。亦請參見漢森：《晚清地方上的不入流之輩》；韓書瑞和羅斯基：《十八世紀中國社會》，第一〇〇頁；孔復禮：《中國人對於社會等級的看法》，載華森（James L. Watson）：

《革命後中國的階級與階層》（Class and Stratification in Post－Revolution China），劍橋大學出版社一九八三年版，第二二～二三頁。

⑬韓書瑞和羅斯基：《十八世紀中國社會》，第一二一頁。

⑭《大清會典事例》，第一五八卷，第三二頁。

⑮《大清會典事例》，第一五八卷，第三二～三三頁。

⑯葉顯恩：《明清徽州農村社會與佃僕制》，安徽人民出版社一九八三年版，第二九一頁。

⑰全漢昇：《乾隆十三年的米貴問題》，載全漢昇：《中國經濟史論叢》，新亞研究所（香港）一九七二年版，第五六〇頁。

⑱汪輝祖：《病榻夢痕錄》（卷下），乾隆五十七年條，轉引自林滿紅：《貨幣與社會》，第二九四頁。

⑲林滿紅：《貨幣與社會》，第二六七頁。

⑳彭信威：《中國貨幣史》，聯群出版社（上海）一九五八年版，第六〇五頁。

㉑汪輝祖：《病榻夢痕錄》（卷下），乾隆五十九年條，轉引自林滿紅：《貨幣與社會》，第二九四頁。

㉒林滿紅：《貨幣與社會》，第二九五頁。

㉓雖然據彭信威的圖表（參見註⑳所註解的内文）所示，白銀輸入的負增長始於一八二一～

一八三〇年間，但這一數字（來自東印度公司的紀錄）未將當時正蓬勃發展的鴉片走私包括在內，因此，白銀的倒流也許在至少十年前便已開始了。

㉔一個州可以被視爲一個縣級單位，儘管在行政體制中，它的地位要稍微高一些。

㉕《廣德州誌》（一八八一年版），第五〇卷第一三頁；《安吉縣誌》（一八七一年版），第八卷第二九頁；韋思蒂（Steven C. Averill）曾對進入江西的移民作過研究，這一過程看來與廣德及毗鄰地區的移民情況有相似之處，參見韋思蒂：《棚民與長江沿岸高地的開發》（The Shed People and the Opening of the Yangzi Highlands），載《近代中國》（Modern China），第九卷第一期（一九八三年），第八四～一二六頁。

㉖《廣德州誌》（一八八一年版），第二四卷第一〇頁。毫無疑問，奏請豁免稅收，描繪了一幅極爲黯慘的圖畫。然而，正如本章以下將對乞丐的討論所揭示的，一代人以後，在叫魂大恐慌爆發前夜發生的種種事件，極爲生動地證明了這幅圖畫有多麼精確。

㉗葉顯恩：《明清徽州農村社會與佃僕制》，特別參見第二三二～三〇二頁。

㉘一八四三年的一份報告提及，來自更爲貧窮的浙江西南各府的流民，正大批湧入廣德－徽州的丘陵地區，成爲生荒地上的「棚民」。許多流入此地的人根本找不到工作，也許便如我們以下將要敘述的，構成了那一大群在十八世紀的廣德四處游蕩的乞丐暴民。《大清會典事例》，第一五八卷第二九六頁。

㉙汪士鋒：《汪悔翁乙丙日記》，文海出版社（臺灣）一九六七年重印本，第一冊第一三頁，第二冊第一〇頁。

㉚《績溪縣誌》（一七五五年本），臺北績溪同鄉會一九六三年版，第八三頁。

㉛谷井俊仁在當時文人的筆記文章基礎上，就十八世紀旅行者們在中國絡繹於途的情況描繪了一幅令人印象深刻的圖畫。他的主要觀點是，剪人髮辮者很容易地便可以四處走動，而官方要發現並抓住他們卻難上加難。參見谷井俊仁：《乾隆時期一樁影響廣泛的犯罪事件及國家的對應——關於割辮案的社會史素描》，載《史林》，第七〇卷第六期（一九八七年十一月），第三三～七二頁。

㉜何柄棣：《中國人口研究》，第二七八頁。何著仍是關於這一問題的權威之作。

㉝關於移民及其影響，參見何柄棣：《中國人口研究》，第六～八章。

㉞十九世紀中葉清朝的安徽巡撫王直回憶道，他曾從自己直隸家鄉（保定府）的年長者處聽說，「往時，一鄉一集，其遊惰之業者，率不過百人，衆皆非笑，無所容身。今（亦即十九世紀三十年代——孔復禮所加註）則數百家之聚，數十人不等，習以爲常。」轉引自彭澤益：《鴉片戰爭後十年間銀貴錢賤波動下中國經濟與階級關係》，載《歷史研究》，一九六一年第六期第六三頁。這種情況，是由這一時期因白銀短缺而引起的經濟危機所造成的。

㉟在本書中，我使用「僧道」（clergy）或「僧道的」（clerical）這兩個詞，以避免使用「禮儀執事人員」（ritual specialist）這個表達方式（盡管我有時也會使用它）。在帝制晚期的中國，大多數禮儀執事人員和西方神職人員的區別，在於他們不從屬於任何一個教會。他們也並不全都以從事禮儀活動作爲一種「職業」，或以此來排斥其他的各種行業。就那些從廣義上被認爲是「佛教徒」的人而言，其中有很多新參加者居於佛門內外之間，並不是完全的佛門弟子，而且除非他們接受正式的剃度，大概也永遠不會成爲眞正的佛門弟子。大多數的「和尚」並不居住在規矩嚴密而正式的大寺廟中，而是住在地處普通社區、或位於普通社區附近的小廟中。至於大體上遵循道教傳統的「道士」們，他們的大多數既不以自己的全部時間從事這一活動，也不居住在任何一類道觀中。許多「和尚」與「道士」只在自己村中三教九流兼容並蓄的廟宇中從事祭祀活動，而並不從屬於專一的佛寺或道觀。總之，比起另一些人來，一些僧人道士所過生活受到的控制要嚴密得多。在人數甚少、素養甚高的僧道上層人士與廣大未受過多少訓練的「和尚道士」之間，差別是巨大的。在官方文件中，常用「僧」、「尼」或「道」等詞簡稱一大批形形色色、透過衣著、剃光了的頭以及行爲舉止來表明自己從屬於某種主要宗教的人們。對官員們來說，他們不得不作出這樣的區分，而我們卻不能對此僅從字面上來看待。在舊中國，「僧道」與「俗人」之間的差別，遠遠沒有西方「僧侶」與「平民」之間的差別那麼明顯。有關這個

問題的一般性討論，請參見本書參考書目中普利普．繆勒（Pripmφller, Johanners）、薛泊（Kristofer Schipper）、湯普森（Laurence Thompson）、華森、韋爾契（Holmes Welch）、伍爾夫（Authur Wolf）等人的著作。

㊱《上諭檔方本》，乾隆三十三年七月二十日（傅恆）。

㊲定州座落在人口稠密的華北平原，位於北京西南約一百多英里處。

㊳軍機處的官員們將此案發還直隸，當局對李英供詞中所提及的所有廟宇道觀都進行了搜查，除找到了「佛道經典」外，並未發現藥品、符咒或妖術指南之類的東西。在李英故事中提到的每個人均被逮捕，帶往承德審訊。最後李英和其他人均被宣無告罪，釋放回家。

㊴《清實錄》，第七九〇卷第一〇頁，乾隆三十二年閏七月十七日。

㊵這裡涉及到的一個問題是，處理這些報告的一般程序（報告經由省府轉送禮部，而不是省裡的官員奏報皇帝），給地方官員留下了所有這一切不過是過過場的印象。具有諷刺意味的是，這種一般程序是一六七四年根據弘曆的皇祖父康熙的詔令而設的。將皇帝這個因素從這一程序中取消（亦即皇帝不再過問這些情報），也就意味著這整個體制已形同虛設。《朱批奏摺》，第八六四卷第六號，乾隆三十年八月十三日。

㊶弘曆反對這一意見。他朱批道：「此亦治標而非正本澄源之論。」（然而，究竟什麼是他的「正本澄源之論」，卻不甚清楚。）更何況，此事「此時更不可行」（弘曆顯然是擔心

在反妖術運動正開始扎根的時候，會造成僧道人員中的混亂）。弘曆決定：「俟事後再講。」浙江省按察使曾日理也觀察到當時只有少數僧道持有度牒，因而提出了一個相似的建議，要求所有的僧道人員必須持有路照（《朱批奏摺》，第八六四卷第一二號，乾隆三十三年九月二日）。同高晉的一樣，這一建議是來自省級官僚的一個典型的反應：比組織有力的偵緝來得更快，也更有利的，是經由通常的文案處理而把整個問題納入常規。對於這種反應，本書第九章將作進一步的分析。

㊷今天，在官方對於行乞者的態度中，仍然充滿著對於公共安全的關切以及道德上的說教。在此，我要感謝韓書瑞使我注意到了《中國日報》（China Daily）一篇題爲《乞丐對社會秩序構成威脅》的報導。根據這一報導，儘管乞丐人數有所下降，但據估計中國全國在一九八七年仍有六十七萬名乞丐，比起一九七九年，下降了三十七%。根據《人民日報》的報導，這些乞丐「擾亂了社會秩序，因而應當引起社會的廣泛注意……在乞丐中，只有二十%是因自然災害或家庭變故的原因而以乞討爲生的。大多數人則把乞討視爲賺錢的捷徑。還有人則或是爲了逃學，或是爲了逃避由父母包辦的婚姻。還有人是被家庭拋棄的精神病人……一九八七年，廣州市三十五%的乞丐是罪犯。」載一九八八年五月十六日《中國日報》。

㊸《朱批奏摺》，第八六五卷第五號，乾隆三十三年八月十九日（閔鶚元）。

㊹然而，我並不知道閔鶚元的計畫最後是否獲得批准並得以實行。

㊺《清實錄》，第八一三卷第一五頁，乾隆三十三年六月二十二日。

㊻谷井俊仁引用了一七二一年孫家康遊記中，關於窮人出家以求生存的記述。參見《乾隆時期一樁影響廣泛的犯罪事件及國家的對應》，第六〇頁。

㊼最後這條資料引自奈森尼・吉伊（Nathaniel Gist Gee）：《被社會遺棄的階級：關於中國乞丐的筆記》，北京領袖出版社一九二五年版。關於乞丐的類型，參見馬蒂農（Jean－Jacques Matignon）：《北京的乞丐》（Le mendiant de pekin），載《中國的迷信，罪行與貧困》（Superstition, crime, et misère en China），里昂，Storck出版社一九〇二年版，第二〇七～二四六頁；徐珂：《清稗類鈔》，中華書局一九八六年重印本，第五四七三頁。

㊽「仙舫」對蒲松齡的評語，見張友鶴緝校：《聊齋誌異》，上海古籍出版社一九七八年版，第一三一～一三二頁。

㊾沙克（David C. Schak）：《中國乞丐「窩」：一個下層社區的貧困與流動》（A Chinese Beggars' Den: Poverty and Mobility in an Under－class Community），匹茲堡大學出版社一九八八年版，第二六頁。

㊿徐珂：《清稗類鈔》，第五四七五頁。

㊿1 徐珂：《清稗類鈔》，第五四七五頁。

52 《清實錄》，第七八七卷第二頁，乾隆三十二年六月十七日。

53 《刑科史書》，第二七七三卷，乾隆三十四年五月三日和四日。第一件案子發生於廣西，第二件發生於山西。

54 這一研究將需要對保存在北京第一歷史檔案館的刑部編年紀錄《刑科史書》進行大規模的縱向分析。只經由較少的研究便已證明，美國社會對於乞丐的敵意正在上升。想一想這個一九八八年發生於紐約市的故事：「在過去一年中，街頭行乞者的數目增加了好幾倍，其行乞方法也越來越變得咄咄逼人、甚至嚇人。」一個紐約人承認，乞丐們「爲我殺人的想像力提供了新的目標」。甚至連習慣上對乞丐不予理會、沒有同情心的居民，也在「付出某種心理上的代價……內心發生著一場小型爭鬥，有時並外露而成爲憤怒。」見包德甫（Fox Butterfield）：《紐約人因街頭有太多乞丐而憤怒》，載《紐約時報》（New York Times），一九八八年七月二十九日，第一版。

55 有關「焦慮」的一種新近的解釋，參見列瓦克（Brian P. Levack）：《歐洲近代早期對巫師的迫害》（The Witch－Hunt in Early Modern Europe），倫敦，Longman Group 出版，一九八七年版，第一四〇～一四二頁。

第三章

①關於雍正的繼位問題，參見吳秀良（Silas H. L. Wu）：《通向權力之路：康熙和他的繼位者，一六六一～一七二二年》（Passage to Power: K'ang-hsi and His Heir Apparent, 1661~1722），哈佛大學出版社一九七九年版。關於胤禛治國時期的主要研究著作是馮爾康的《雍正傳》，人民出版社一九八五年版。

②《清實錄》，第二卷第五頁，雍正十三年九月三日。

③例如，在財政事務方面，曾小萍（Madeleine Zelin）在關於胤禛推動各省財政合理化的研究中指出，通貨膨脹之類的新因素給地方政府帶來了新問題，而這是徵收附加稅的新稅制所無法解決的。參見曾小萍：《地方官手中的銀兩：十八世紀清代中國推動財政合理化的改革》（The Magistrate's Tael: Rationalizing Fiscal Reform in Eighteenth-Century Ch'ing China），加州大學出版社一九八四年版，第二九一～二九八頁。

④關於弘歷的傳記，可以閱讀方超英的《弘歷》，載恆安石（Arthur W. Hummel）編：《清代名人錄》（Eminent Chinese of the Ch'ing Period），二卷本，華盛頓，Government Printing Office，一九四一年版，第三六九～三七三頁；並參閱康無爲（Harold L. Kahn）：《皇帝心目中的君主統治：乾隆朝的形象與現實》（Monarchy in the Emperor' s Eyes：Image and Reality in the Ch'ien－lung Reign）哈佛大學出版社一九七一年版。

⑤關於清代的通訊體系以及其中「朱批」部分，將在本書第六章討論。

⑥滿族男子究竟自何時開始採納其特有的前額削髮、後面留辮髮式，不得而知。推想起來，這是一個需在馬背上作戰的民族爲了方便而採用的髮式，以便在射擊時不致讓前面的頭髮擋住視線。

⑦魏斐德（Frederic Wakeman, Jr.）：《宏業：十七世紀滿族人在中國對帝國秩序的恢復》（The Great Enterprise：The Manchu Restoration of Imperial Order in Seventeenth－Century China），加州大學出版社一九八五年版，第四一六～四二二，六四六～六五〇，八六八頁及其他部分。

⑧《多爾袞攝政日記》（一六四五年六月二十二日），轉引自單士元：《清代起居注》，載《清代檔案史料叢刊》，中華書局，第四卷（一九七九年版）第二六〇頁。

⑨《清實錄》，順治朝第一七卷第七～八頁。

⑩薛允升：《讀例存疑》，第二卷第一八頁，第三卷第五五八頁。

⑪魏斐德：《地方主義與清征服江南時期的效忠思想：江陰的悲劇》，載魏斐德和格蘭特（Carol Grant）編：《中華帝國晚期的衝突與控制》（Conflict and Control in Late Imperial China），加州大學出版社一九七五年版，第四三～八五頁。

⑫這一段故事引自《刑科題本·蓄髮》，第〇〇〇四部分。

⑬發生在湖北漢川縣的這一事件係引自《刑科題本·蓄髮》，第四六九卷第七頁（一六四八年二月二十八日）；第四六九卷第十六頁（一六四八年，具體日期不詳）。

⑭李奇（Edmund R. Leach）認爲：「從禮儀上來說，長髮表示不受限制的性徵；短髮、或部分剃髮，或緊緊紮住的頭髮表示受到限制的性徵；完全剃光的頭表示獨身生活。」李奇爲使這個觀點更爲合理，徵引了十七世紀英國在這個問題上的精神病專家查爾斯·伯格（Charles Berg）的看法：騎士們蓄長髮，性徵突出，缺乏自我約束；而圓顱黨人卻留短髮，性徵受到限制，並有嚴格的自我行爲約束。見李奇：《魔法般的頭髮》，載《皇家人類學研究所所刊》（The Journal of the Royal Anthropological Institute），第八八期（一九五八年）第一五三～一五四頁。霍爾派克（Chyristopher R. Hallpike）反對李奇將短髮與性抑制結合起來的看法，但他自己的假設，對頭髮與社會紀律關係的說法提供了有力的支持：「剪髮表示社會控制（在象徵的意義上同社會控制有關係。）《社會的頭髮》，載《人雜誌》（Man）第四卷（一九六九年）第二六一頁。

⑮魏斐德：《宏業》第六四六～六五〇頁。

⑯關於前三世紀的刑典，參見霍爾色韋（A. F. P. Hulsewe）：《秦律的遺跡》（Remnants of Ch'in Law），荷蘭萊登，E. J. Brill 出版社一九八五年版。我要感謝耶茨

（Robin Yates）向我提及此書。

⑰趙舒翹：《提牢備考》（一八九三年版），第二卷第六頁。

⑱確有這樣的事：反清志士強行割斷遵從滿清法令的農民的髮辮，參見魏斐德：《宏業》，第七六五頁註，第八〇七頁。

⑲近代一個滿洲剃髮要求相近的事件，是一九四九年共產黨人在全國範圍內對人們的服式所作的改變。「中山裝」（西方人誤稱爲「毛裝」）與俄國式的勞動帽明白無誤地提醒人們：被征服者必須以遵從征服者的風格來表明自己的服從。

⑳參見克羅斯利（Pamela K. Crossley）的重要研究：《〈滿洲源流考〉與滿洲傳統的形成，載〈亞洲研究〉，第四六卷第四期（一九八七年），第七六一～七九〇頁。

㉑陳東林、徐懷寶：《乾隆朝一起特殊文字獄：僞孫嘉淦奏稿案考述》，載《故宮博物院院刊》，一九八四年第一期，第三～一〇頁。關於這一案子的文件，在不同卷宗下收藏於北京第一歷史檔案館。

㉒根據陳東林、徐懷寶所引述的一份檔案文件，參見《乾隆朝一起特殊文字獄》，第九頁。

㉓《清實錄》，第四一四卷第一四頁，乾隆十七年五月九日。弘曆發現，馬朝柱宣言中的某些提法在「文氣心思」上與僞奏稿相似。

㉔陳東林、徐懷寶：《乾隆朝一起特殊文字獄》，第四頁。這一惡名昭彰的案子與一位湖南

文人曾靜有關。他於一七二八年曾陰謀推翻朝廷，但卻爲弘曆的文親赦免。弘曆登基後，即將他凌遲處死。參見恆安石《清代名人錄》，第七四七頁；《清實錄》，第九卷第一〇頁。

㉕鈴木中正，《乾隆十七年馬朝柱的反清運動——中國民衆的烏托邦運動的一例》，載《明清史國際學術討論會論文集》，天津人民出版社一九八二年版，第六九八～七一四頁。

㉖以收藏於臺北故宮博物院軍機處檔案中的許多「供詞」爲依據，鈴木中正爲馬朝柱事件描繪了這幅圖畫。在北京第一歷史檔案館，我也曾看到過關於這一事件的許多文件。

㉗《清實錄》，第四一三卷第一九頁。

㉘《清實錄》，第四一四卷第二頁。當地知縣曾報告說，馬朝柱等人均屬「勤苦農民」，在山中謀生。考慮到官方爲得到「供詞」而使用的手段，我們對這種說法不能完全置之不顧。對此，本書以下還有進一步論述。

㉙在北京故宮檔案中，我接觸到了一份行省官員給皇帝的奏摺，標明的日期則是十七年以後，內稱仍未發現馬朝柱的蹤跡。很顯然，這樣的奏摺是每年都要提交的。《刑科史書》，第二七七一卷，乾隆三十四年三月五日。

㉚《朱批奏摺》第八三六卷第一號，乾隆十七年四月八日（永常）。湖廣總督永常在奏摺中，似乎是在直接引用供詞。無論是審訊者或是永常本人，都不致於故意在供詞中加入這

些言辭。相反的，在一般情況下，地方官吏常常會對直接向滿人統治提出挑戰的證據持大事化小的態度。

㉛《清實錄》，第四一四卷第一四頁，乾隆十七年五月九日。

㉜《清實錄》，第四一四卷第一四頁，乾隆十七年五月九日。

㉝《清實錄》，第四一三卷第九～一二頁。

㉞蕭一山：《清代通史》（五卷本），商務印書館（臺北）一九六七年版，第二卷第一七～一八頁。方超英亦持同樣看法，見恆安石《清代名人錄》，鄂爾泰條。

㉟胡中藻的厄運是於一七五五年四月二十三日在一次高級法庭官員極不平常的會議上宣布的。弘曆的詔諭（公開發表的那份）記載於《清實錄》，第四八四卷第一七頁。

㊱蕭一山：《清代通史》，第二卷第二一頁。

㊲這些數字來自具有權威性的資料，亦即清廷的內部文件。安雙成：《順康雍三朝八旗丁額淺析》，載《歷史檔案》，第一〇卷第二期（一九八三年），第一〇〇～一〇三頁。

㊳韓書瑞和羅斯基：《十八世紀中國社會》，第一四一頁。

㊴在北京的旗人中，蒙古語也漸漸不被使用——一七六五年，弘曆憤怒地發現，國子監的「蒙古教習」居然不能說蒙古語。《清實錄》，第七三七卷第一八頁，乾隆三十年五月二十八日。

㊵韓書瑞和羅斯基：《十八世紀中國社會》，第一八頁。

㊶《清實錄》，第六六四卷第三、九頁（一七六二年）。本案的主犯後來被除户籍，發配伊犁爲奴。

㊷《清實錄》，第六八五卷第一頁（一七六三年）。弘曆甚至還因皇族成員在北京與人酒後鬥毆的「卑鄙」行爲而感到「有玷宗室」。《清實錄》，第六九四卷第一六頁（一七六三年）。

㊸《清實錄》，第七三六卷第三頁（一七六五年）。

㊹《清實錄》，第六九五卷第五頁（一七六三年）。

㊺《清實錄》，第七三四卷第五頁（一七六五年）。

㊻弘曆講到，他曾對楊應琚寄予極大的信任，但卻從他奏摺中的種種「不合之處」發現了問題。他擔心的是，楊應琚因有疾在身而受到下屬欺瞞。弘曆因而派遣福靈安及一名御醫，同往前方探查楊的身體狀況。「降旨福靈安，就近親赴軍營，將彼處實在情形，查明具奏。」福靈安的調查顯示，緬人確實蒙騙了楊應琚，並乘機侵入大清境界；而李時升的戰報則完全是虛構的。弘曆在自己的懷疑得到證實後，又加上了頗富色彩的一筆，以貶低福靈安所從事的偵查活動的重要性。楊的欺罔之言敗露，「實由天意昭彰」。先前並沒有人對楊的行爲提出指摘，而福靈安又故意等到回京後才當面作出報告，「朕復傳旨詢問，伊

始將所知彼處實情，一一入告。此皆仰賴上蒼默佑，啓迪朕衷，得以先機燭其情僞，不致於貽誤，並非因福靈安此奏摺」。福靈安的奏摺原係用滿文寫成，此刻又「俱著譯發，並諭中外知之」。《清實錄》，第七八一卷第一八頁，乾隆三十二年三月二十四日。

㊼關於清初江南問題的討論，參見魏斐德：《中華帝國晚期地方控制的演變》，載魏斐德和格蘭特編：《中華帝國晚期的衝突與控制》，第九～一三頁。

㊽弘曆喜歡向江南官員們指出，在進入江南這個高度腐化的環境「以前」，他們還都是有良知的官員。甚至連兩江總督高晉這樣深受信任的老臣，也受到過「實屬昏憒糊塗」的苛責。《清實錄》，第七五一卷第六頁（一七六六年）。

㊾《清實錄》，第六七〇卷第五頁（一七六二年）。

㊿仍然存在的一個令人難以解釋的問題是，弘曆對於漢文化的「眞實」看法究竟是什麼？他是熱衷於中國藝術的鑒賞家，是漢文詩詞的多產作家（不管這些詩詞是他本人的作品或是他人的代筆），是浙江式亭台樓閣的模仿修建者，也是博大精深的中國學術的庇護人。難道對江南的腐化咬牙切齒到這種地步的，就是這同一個弘曆嗎？也許，可以簡單地將這一切歸咎於他的虛僞。但我認爲，眞正的答案並不在此。弘曆的身份是雙重的：他既以中國的禮儀方式擔當著一個大一統帝國的君主，同時又是一個少數民族征服者集團的首領。這裡可以使人聯想到，當一個美國總統候選人進入白宮後，他便立即會發現，自己必須越出

那個使他競選成功的黨派的利益，而以「全體人民的總統」的面目出現。當他的言辭變得越來越超脫的時候，他的形象也就越來越顯得常規化了。這是不是意味著弘曆「實際上」是某種人，卻假裝以另一種人的形象出現？或者說，由於擔任皇帝這一角色心理上的需要，他的兩種身份已混合在一起，並已被吸收爲他的自我意識的一部分了呢？當然，因應形勢的需要，他仍可以從策略考慮出發，由使用一種語言轉而使用另一種語言。

第四章

①《清實錄》，第八一二卷第一八頁，乾隆三十三年六月十二日。這封信實際上是一七六八年七月二十六日發出的。關於帝國的通訊體系，參見本書第六章。

②我們必須假設，富尼漢在宮中的眼線最遲在七月六日便傳話給他：弘曆已經掌握了這方面的情況。弘曆信上的日期是七月二十五日，但信實際上是二十六日才發出的。北京可能直到七月二十九日才收到富尼漢七月二十四日關於此事的奏摺，弘曆就是在這一天看到奏摺的。《隨手登記》，乾隆三十三年六月十六日。我不能確定誰是富尼漢在宮中的眼線。

③參見谷井俊仁對十八世紀旅行者們所走路線的追蹤，參見《乾隆時期一樁影響廣泛的犯罪事件》，第五五頁。

④這裡所引用的供詞，在《朱批奏摺》，第八五二卷第一號，乾隆三十三年六月十一日（富

尼漢奏摺）中有概括，並在八天後所進行的進一步審訊的供單中又有補充，見《朱批奏摺》，第八五二卷第六號，乾隆三十三年六月二十九日（富尼漢）。

⑤錄有這一招供的供單，原附於奏摺之後，但未能保存下來。我參考的是八天後審訊時錄下的供單。

⑥《朱批奏摺》，第八五二卷第六頁，乾隆三十三年六月二十九日（富尼漢奏摺），包括有下文將予以討論的韓沛顯及其他剪人髮辮者的供詞（現存於《錄副奏摺·法律·其他》檔案，第五一盒）。

⑦《清實錄》，第八一三卷第一～三頁，乾隆三十三年六月十六日。

⑧這裡所引用的大清律係姚雨薌編：《大清律例會通新纂》（北京一八七三年版），文海出版社（臺北）一九六四年重印本。關於清政府如何運用大清律來處置妖術案件的實例，則在《刑案匯覽》（上海一八八六年版）有所考察，在薛允升：《讀例存疑》中則有考釋。這裡所引用的條款與子條款的編號，均出自《讀例存疑》。只要有可能，我也會參照博德和莫里斯（Clarence Morris）在《中華帝國的法律：以清代的一百九十個案子爲例》（Law in Imperial China, Exemplified by 190 Ch'ing Dynasty Cases，賓州大學出版社一九六七年版）一書中提供的英文譯文。早期對這個問題的一篇極好的研究論文是威廉斯（E. T. Williams）：《中國刑律中的巫術》（Witchcraft in the Chinese Penal Code），

載《皇家亞洲學會華北分會雜誌》（Journal of the North China Branch of the Royal Asiantic Society），第三八卷（一九〇七年），第六一～九六頁。

⑨《唐律》中包括有除「採生折割」以外（這是在明代才增加的條款）的所有各條。在《大清律例》設有「採生折割」條款處，《唐律》設有禁止「肢解」人體的條款，將之視爲一種針對受害人靈魂的罪行。參見薛允升：《讀例存疑》，第一七頁；林咏榮：《唐清律的比較及其發展》，國立編譯館（臺北）一九八二年版，第五四六頁。德—格魯特將「魘魅」說成是「人們的靈魂受到征服」或「人們的靈魂受到術師法力的控制」。這是術師通過將「寫就的命令送往神靈世界」（亦即經由符咒）而召喚出來的妖魔鬼怪。參見《中國的宗教體系》（The Religious System of China），荷蘭萊登，E. J. Brill 出版社，一八九二～一九一〇年版，第五卷第八八七、九〇五頁。

⑩《大清律例會通新纂》，第一五卷第一二頁；薛允升：《讀例存疑》，第四二一頁；這是一條在明代便定下的法規，又在一七二七年作了修訂。

⑪《大清律例會通新纂》，第一五卷第一二頁。

⑫《刑案匯覽》，第一〇卷第二二～二三頁，《刑案匯覽》（續編），第七卷第一〇三頁。

⑬《刑案匯覽》，第一〇卷第二二～二三頁。這一條款被援用於這兩個案子時，都沒有用類比的方法。第二個案子中的被告後來被減刑，因爲他的性「妄想」涉及到的只是一個和

尚，而不是眞正的女人。

⑭《大清律例會通新纂》，第一六卷第三一頁。

⑮薛允升：《讀例存疑》，第四四頁。我無法確證這一條款是因何案例而形成的。

⑯薛允升：《讀例存疑》，第五六七頁；《大清律例會通新纂》，第二二卷第一一～一二頁。這條法規的歷史與「十惡」一般深遠，可以追溯到公元七世紀（林咏榮：《唐清律的比較及其發展》，第七一三頁）。然而，唐代對此的懲罰卻只是絞決。

⑰《刑案匯覽》，第一二卷第二一頁。

⑱《大清律例會通新纂》，第二五卷第六九頁；薛允升：《讀例存疑》，第八二八頁。

⑲在當代，臺灣普通人使用「人妖」一詞特指男妓。我無法斷定，清代人們使用這一詞時是否有特別的性含義。

⑳《大清律例會通新纂》，第二五卷第六九頁。在《中華帝國的法律》一書第三二七～三三三頁，博德和莫里斯對「採生折割人」忽略未提。

㉑《大清律例會通新纂》，第二五卷第七〇頁。

㉒《讀例存疑》，第八二八頁。

㉓批語還特別指出，對於將桃片和臭椿片塞進別人墳墓以破壞其風水的行爲，應參照本條款的第三條（即「詛咒殺人害人」）予以懲罰。

㉔《大清律例會通新纂》，第二五卷第七二～七五頁。

㉕《大清律例會通新纂》，第一六卷第三一頁。

㉖《清實錄》，第八一二卷第一～三頁（一七六八年七月二十九日廷寄）。

㉗我無法找到說明此事究竟如何發生的原始報告。

㉘《清實錄》，第六六六卷第一頁，乾隆二十七年七月一日。

第五章

①徐珂：《清稗類鈔》，第七三卷第六八頁。

②徐珂：《清稗類鈔》，第八四卷第二九～三〇頁。

③蒲松齡：《聊齋誌異》，第六六三～六六五頁。

④參見伊文斯—普里查德（E. E. Evans Pritchard）：《阿贊德人中的巫術、神諭和魔法》（Witchcraft, Oracles, and Magic among the Azande），牛津大學出版社一九三七年版。

⑤「宗教」在中國並不是一個統一的概念。但是，這並不意味著我們在中國的環境下就不能對宗教進行研究了——如果我們相信，這對理解中國或是理解宗教都很重要。當然，我們應當非常仔細，避免摻入違反證據的解釋。

⑥最接近的是澤田瑞穗所著《中國的咒法》，東京，Hirakawa Shuppansha 一九八四年版。

該書極爲出色地將中國關於魔法咒術的文字組織匯集在一起。德—格魯特所著六卷本的《中國的宗教體系》（尤其是五、六兩卷），也包括從實地調查工作和從典籍中得到的大量珍貴資料。

⑦科恩（Myron L. Cohen）曾指出，中國人的信念要求靈魂具有多樣性是由於在有關死的問題上兩種看法重疊的結果，一是祖先崇拜，一是和最後審判和轉世聯結在一起的佛教報應思想。《靈魂與救世：中國民間宗教中相互衝突的兩個題目》，載華森和羅斯基（James L. Watson and Evelyn S. Rawski）編：《中華帝國晚期和近代的殯葬禮儀》（Death Ritual in Late Imperial and Modern China），加州大學出版社一九八八年版，第一八〇～二〇二頁。人們在「數字」問題上採用基本屬於形而上的方法或是社會背景分析的方法，並不是本處討論的癥結所在。這一討論所涉及的是靈魂（不管是整體或部分）和活人軀體分離的問題。

⑧余英時：《魂兮歸來！對佛款未傳入前中國關於靈魂及「後世」概念變化之研究》，載《哈佛亞洲研究》（Harvard Journal of Asiatic Studies），第四七卷第二期（一九八七年），第三七四～三七五頁。

⑨德—格魯特：《中國的宗教體系》，第四卷第九二頁。

⑩和靈魂分離相關的「恐懼」在普通話中稱爲「驚」或「驚嚇」。見哈瑞爾（Steven

Harrel）：《中國民間宗教中的靈魂概念》，載《亞洲研究》，第三八卷（一九七九年），第五二四頁；托普利（Marjorie Topley）：《中國傳統觀念及對疾病的治療：香港的兩個例子》（Chinese Traditional Ideas and the Treatment of Disease），載《人雜誌》（Man），第五卷（一九七〇年），第四二九～四三六頁。

⑪余英時：《魂兮歸來！》，第三六五頁。

⑫余英時：《魂兮歸來！》，第三七五頁。召魂儀式直到不久前一直在中國民間文化中生存了下來。德—格魯特曾對廈門的一個幾乎完全相同的儀式作過描述，其目的是爲了召喚一個生病或驚厥的孩子的魂。《中國的宗教體系》，第一卷第二三四～二三五頁。

⑬哈瑞爾：《靈魂概念》，第五二五頁，轉引荷恩（Emily M. Ahern）：《一個中國村莊的死亡崇拜》（The Cult of Death in a Chinese Village），史丹福大學出版社一九七三年版。丹尼斯（N. B. Dennys）對廣東的一個「魂遊」事件作了詳細敘述，參見《中國的民間傳說及其和阿利安與閃族民間傳說的類同之處》（The Folk－lore of China, and Its Affinities with That of the Aryan and Semitic Races），倫敦，Trübner and Co. 出版社，一八七六年版，第五九～六一頁。德—格魯特引用小說資料顯示，有能力的人可以使自己的魂離開軀體，「特別是爲了可以看到隱形事物的目的」。《中國的宗教體系》，第四卷第一〇三～一〇六頁。

⑭席文（Nathan Sivin）指出，中國人認爲在死和睡著之間並沒有十分嚴格的區別。死去只不過是未能醒來而已。「死」這個字也被廣泛地用於「失去知覺」的狀況。私人通信，一九八八年十二月二十四日。

⑮《聊齋誌異》第二三四頁有一個故事，患上了相思病被認爲是一個年輕公子失魂的原因。

⑯哈瑞爾：《靈魂概念》，第五二五頁，引自伍爾夫編：《中國社會中的宗教禮儀》（Religion and Ritual in Chinese Society），史丹福大學出版社一九七四年版，第一三一～一八二頁。

⑰德—格魯特：《中國的宗教體系》，第一卷第二四三～二四四頁。

⑱德—格魯特：《中國的宗教體系》，第五卷第四七〇頁。

⑲哈瑞爾：《靈魂概念》，第五二五頁。

⑳多爾（Henry Doreé）：《關於中國人的迷信的研究》（Researches into Chinese Supersitions），上海T'usewei printing press；一九一八年版，第五卷第四七二頁。

㉑沈德符《萬歷野獲編》，中華書局一九八〇年版，第七五三頁。發生於十六世紀的一次叛亂，由一位名叫唐賽兒的婦女所領導，她是白蓮教的一個支派的成員，據信能操縱活生生的「紙人」施行妖術。參見古德里奇（L. Carrington Goodrich）和方超英編：《明代人物傳記辭典》（Dictionary of Ming Biography，一三六四～一六四四），哥倫比亞大學出

版社一九七六年版，第一二五一頁。

㉒經書可以擁有與其論學教誨內容完全不相干的魔法力量。參見德—格魯特關於《易經》和其它經書爲護身符對付妖魔的討論。《中國的宗教體系》，第六卷第一〇一一頁。

㉓袁枚：《子不語》，上海一九一四年版，第二卷第一五頁。這一故事的英譯文，見德—格魯特：《中國的宗教體系》，第五卷第八九三頁。

㉔德—格魯特：《中國的宗教體系》，第五卷，第九二〇頁。

㉕德—格魯特：《中國的宗教體系》，第五卷第九二六頁。

㉖德—格魯特：《中國的宗教體系》，第五卷第八七一頁。

㉗羅貫中和馮夢龍：《平妖傳》（一八三〇年版），古典文學出版社（上海）一九五六年重印本，第五二頁。

㉘李奇的假設是：「頭髮是無形的性心理的一種有形的象徵性替代物。」見《魔法般的毛髮》，第一五三頁。亦請參見本書第3章註⑭。

㉙李奇：《魔法般的毛髮》，第一六〇頁。

㉚荷西蒙（Paul Hershman）：《頭髮，性和髒物》，載《人雜誌》，第九卷（一九七四年），第二七七、二八九頁。荷西蒙在該文第二七五頁寫道，一種符號是經由深刻的心理上的聯結而「取得自身力量的」（例如，頭髮等於性心理），但隨後便在禮儀的場合變成

了一個在意義上漂浮不定的東西。在某種禮儀背景下，信號的意義雖同最初的意義有關聯，但並不一定完全相同。

㉛華森：《事關骨肉：廣東社會對於死亡污染的處理》，載布洛克和派瑞（M. Bloch and J. Parry）編：《死亡和生命的再生》（Death and the Regeneration of Life），劍橋大學出版社一九八二年版，第一七三頁。我們還弄不清楚的是，爲什麼會讓已婚女兒來做這件事？除非這是爲了加強姻親之間的關係。

㉜有大量史料證據表明，師父保存著弟子的頭髮。《朱批奏摺》，第八五八卷第三號，乾隆三十三年七月二十六日（劉統勛等），便是一個例子。關於「結緣」，參見《朱批奏摺》第八六六卷第六號，乾隆三十三年九月十五日。要增加自身的靈魂精氣，取決於從很多人那裡獲得頭髮，而並不僅僅取決於頭髮分量的多少——大衛師明遠建造「萬魂橋」的計劃表明了這一點（參見本書第四章）。

㉝德—格魯特：《中國的宗教體系》，第六卷，第九三一頁。

㉞關於護符，參見多爾《關於中國人的迷信的研究》，第三卷，第二五五頁，第五卷，第五〇〇～五〇九頁；亦參見德—格魯特：《中國的宗教體系》，第六卷，第九三一頁。

㉟丹尼斯：《中國的民間傳說》，第八二～八三頁。

㊱午榮和章嚴編纂，周言編：《魯班經匠家經》，上海一九〇九年編，第四卷，第三～四

頁。這裡引用的資料來自題爲「秘決仙機」的附錄，但書中未註明此附錄的出處。全書始自公元五世紀中期，但也包括更早的資料。關於該書的歷史和特點，參見魯藤比克（Klass Ruitenbeek）：《傳統中國木匠業的營造方式和禮儀》（Craft and Ritual in Traditional Chinese Carpentry），載《中國科學》（Chinese Science），第七卷，（一九八六年十二月），第一三～一六頁。此書被認爲具有極大的魔力，以致於書販在賣書時從來不會將臉對著書。一旦看到此書，便必定要對別人施行魔法，否則自己就會遭殃。參見曹松葉：《泥水木匠故事探討》，載《民俗》（廣州），第一〇八期（一九三〇年四月），第一頁。

㊲在《中國的咒法》一書第二一三～二三七頁，澤田瑞穗從小說筆記中引用了有關如何對付造房工匠妖術的忠告。在該書第二一八頁有這麼一個例子：如在臥室中發現有害之物，「且不可觸及此物，需將其投入滾油煎炸，再投入火中，則（造房）木匠非死即病。」有時禍害並非有意造成。例如，某一房屋的居住者開始「咳血」。事後發現，原來是因爲木匠在上樑時碰傷了手，血滲到木頭裡去了（第二三〇頁）。

㊳楊慶堃（C. K. Yang）：《中國社會中的宗教：關於宗教在當代的社會作用及其若干歷史因素的研究》（Religion in Chinese Society: A Study of Contemporary Social Functions of Religion and Some of Their Historical Factors），加州大學出版社一九六一年版，第一

三四～一三五、一五六～一五八頁。

㊴拜讀薛泊的未刊論文《論中國的民間宗教》（無日期）使我受益匪淺。我也非常感謝席文對這個問題所作的廣泛評論（一九八八年十二月二十四日的私人通信）。

㊵楊慶堃：《中國社會中的宗教》，第一八八～一八九頁；《大清會典事例》，第五〇一卷第二頁。韓書瑞讓我使用了她研究清代僧道的大量筆記，我對此深表謝意。

㊶這些官員若是和尚則叫做「僧錄司」，若是道士則叫做「道錄司」。見《大清會典事例》，第五〇一卷第五頁。一七七三年，由於尚不清楚的原因，這些官員轉歸內務府監督掌管。見《大清會典事例》，第一二一九卷第三頁。

㊷在這些部門任職的人員，由各省總督或總兵向禮部通報，再由禮部將人員名單轉呈吏部登記造冊。整個體系均由各省衙門及禮吏兩部委任操縱。明代將人員名單奏報皇帝的舊制在清代號已廢止不行。所有這一切顯然是爲了使程序常規化，同時也是爲了減少呈送皇帝的文書。見《大清會典事例》，第五〇一卷第六頁。

㊸《大清會典事例》，第五〇一卷第五～八頁。

㊹《大清會典事例》，第五〇一卷第八～一一頁。這裡，用於在俗和尚的是「應付僧」一詞，本身含義不甚明確，並可能只在局部地區使用。德—格魯特在《中國的宗教派別和宗教迫害》一書第一二七頁將這個詞和瑜伽派聯結起來。但是，我遍查了關於佛教的各種標

準參考資料，卻不能確認這種說法。用於在俗道士的則是「火居道士」一詞，弘曆下達反對在俗僧道的詔諭，可能是受了四〇〇年前明代的一項公告的觸動。見德─格魯特：《中國的宗教派別和宗教迫害》（Sectarianism and Religious Persecution in China），阿姆斯特丹，Johannes Muller 出版社一九〇三～一九〇四版，第一二一頁。

㊺《宮中檔乾隆朝奏摺》，乾隆三十三年一月十八日（三七四）和乾隆三十三年二月十三日（六四四）。

㊻蒲松齡：《聊齋誌異》，第一三一頁。在這本流傳甚廣的鬼怪故事集中，有一個故事講的是一個和尚使用妖術來傷害吝嗇的施主，這同其它的故事都不一樣，因而十分突出（第一九四～一九九頁）。

㊼關於佛教在帝制晚期的實際活動以及佛教僧人的生活，仍待研究。在以下的討論中，我所借助的田野調查所反映的是二十世紀初的情況。這樣的做法當然不能令人滿意，但它的好處在於，我們是在和實際活動而不是解決問題的方案打交道。而且，我想我在這裡所討論的僧人生活的各個方面，也許是很少發生變化的。我主要依靠的是普利普─繆勒（Johannes Prip－møller）所著的《中國的佛教寺廟：它們的布局以及作爲佛教隱士生活場所的作用》（Chinese Buddhist Monasteries：Their Plan and Its Function as a Setting for Buddhist Monastic Life），香港大學出版社一九六七年重印本，第五章；韋爾契：《中

國佛教習俗，一九〇〇年～一九五〇年》（The Practice of Chinese Buddhism，一九〇〇～一九五〇），哈佛大學出版社一九六七年版，尤其是第九～十章。

㊽韋爾契：《中國佛教習俗》，第二〇七～二一〇頁。

㊾關於道教驅邪治病的方法，見薩索（Michael Saso）：《道教禮儀中的正統與非正統》（Orthodoxy and Heterodoxy in Taoist Ritual），載伍爾夫編《中國社會中的宗教和禮儀》，第三二九～三三五頁。

㊿項甌：《東喬項氏家訓》，轉引自《永嘉縣誌》（一八八二年版），第六卷第一二頁。我未能確定項甌一書的出版日期。

(51)華森：《廣東社會中的喪葬司儀：污染，舉止行爲和社會等級》，載華森和羅斯基編：《中華帝國晚期和近代的殯葬禮儀》，第一一八頁。

(52)麥法蘭（Alan Macfarlane）的看法是：「人們更可能指控他們爲術師而非巫師，因爲他們並不對某一部分人群構成反覆發生的、秘密的、與內在的挑戰，他們構成的只是一時的威脅。」他在這裡所作的區分涉及到了「巫術」所有的一種天生的惡意，亦即對特定的人加以傷害的動機，而這種惡意只有長期生活在一起後才能產生。見麥法蘭：《都鐸與斯圖亞特時期英國的巫術：一項地區性比較研究》（Witchcraft in Tudor and Stuart England: A Regional and Comparative Study），倫敦，RKP 出版社一九七〇年版，第二二九頁。

㊸關於巫術恐慌源於社區本身緊張的看法，對於理解妖術事件並沒有什麼幫助。正如在中國發生的妖術事件所顯示的，受到人們懷疑的術士是外來人，對受他們之害的人來說，他們則完全是陌生人。有關「社會緊張」的論述，參見馬維克（Max G. Marwick）：《妖術產生的社會環境》（Sorcery in Its Social Setting），曼徹斯特大學出版社一九六五年版；有關對於「社會緊張」論的批判，參見拉納（Christina Larner）：《巫術與宗教：民衆信仰的政治學》（Witchcraft and Religion：The Politics of Popular Belief），英國牛津，Basil Blackwell出版社一九八四年版，第五〇～五一頁。

㊹韋勒（Robert P. Weller）：《土匪、乞丐和鬼蜮：國家在臺灣對宗教解釋控制的失敗》，（Bandits, Beggars, and Ghosts）載《美國人種學者》（American Ethologist），第十二卷（一九八八年），第四九～五五頁。

㊺珀特（Jack Potter）：《廣東的薩滿教》（Cantonese Shamanism），載沃爾夫編：《中國社會中的宗教和禮儀》，第二〇六～二三一頁。

㊻一個重大的例外看來是在墓前占卦的巫術，有時這會在社區衝突中被人們當作武器使用：某一方的親屬會將祖先的骨骸排列起來，使之產生有利於家系中自己這一支而不是另一支的魔法效應。這一說法係由弗里曼（Maurice Freedman）所提供，參見他的《祖先崇拜：中國個案的兩個面向》（Ancestor Worship：Two Facets of the Chinese Case），載

施堅雅選編：《關於中國社會的研究：弗里曼文選》（The Study of Chinese Society：Essays by Maurice Freedman），史丹福大學出版社一九七九年版，第二九六～三一二頁。該書初版於一九六七年發行。關於在社區衝突中墓前巫術的使用，亦請參見貝奈特（Steven J. Bennett）：《天地的模式：中國實用宇宙論中的科學》（Patterns of Sky and Earth：A Chinese Science of Applied Cosmology），載《中國科學》，第三卷（一九七八年）第一～二六頁，有關論述見第二二頁。

㊼沙克：《中國乞丐「窩」》，第六三頁。這一極爲出色的人種學研究專著資料極爲豐富，既包括有十九至二十世紀觀察者留下的記錄，也包括有作者本人在臺灣從事田野調查的記錄。特別參見該書第三章。

㊽沙克：《中國乞丐「窩」》，第五九頁。

第六章

①京師所在的直隸除外，該省只有總督一人。

②關於行省官僚的上層，請參閱傅宗懋：《清代督撫制度之研究》，國立政治大學（臺北）一九六三年版。

③在一七六八年，行省官僚任期的平均年數與他們的級別成正比，並反映了常態性的升遷模

式；總督：十一年；巡撫：九．五年；布政使：五年；按察使：二．五年。

④根據何炳棣對一七八七年各省人口的估計，見《中國人口研究》，第二八三頁；也請參見米契爾（Brian r. Mitchell）歐洲歷史研究，一七五〇～一九七五年》（European Historical Studies 1750～1975），紐約，Fact on File，一九八一年版。歐洲的統計數字來自一八〇一年的人口普查。

⑤以一七六八年在位的總督和巡撫爲例，平均在一個職位（從獲得巡撫級別開始）上的任期是總督三．五年，巡撫二．二年。總督的平均任期被直隸總督方觀承特別長的任期（十九年）提高了。我對官員任期的統計，都是根據錢實甫的全面完整的《清代職官年表》（中華書局一九八〇年版）來計算的。

⑥在乾隆三十三年這一年平均每省有二．五個巡撫。有些省的巡撫像走馬燈一樣撤換：如這一年山東有四位巡撫，福建有五位。在十八世紀中葉，一個省一年中有三個巡撫輪換並不稀奇。一七六八年的撤換特別頻繁，部分原因是由於叫魂危機的干擾。

⑦請參閱本書第九章關於吳紹詩和吳壇的案例。

⑧對於通訊制度的權威研究是費正清和鄧嗣禹：《論清代文件的傳送》和《清代文件的分類和用途》，載《哈佛亞洲研究》（Harvard Journal of Asiatic Studies），第五卷（一九四〇年），第一～七一頁，第六卷（一九四一年），第一三五～二四六頁；吳秀良《清代的

奏摺制度，一六四四～一九一一年》，載《哈佛亞洲研究》，第二七卷（一九六七年），第七～七五頁；莊吉發：《清代奏摺制度》，故宮博物院（臺北）一九七九年版；白彬菊（Beatrice S. Barlett）：《朱批：軍機處制度的起源》（The Vermilion Brush: The Origins of the Grand Council System），耶魯大學一九八〇年博士論文；白彬菊：《國立故宮博物院檔案中的清官奏摺》，載《故宮博物院通訊》（臺北），第一三卷第六期（一九七九年），第一～二一頁。

⑨根據規定，所有朱批奏摺最後都要送回宮中歸檔，因此我們今天才能在北京和臺北看到它們。

⑩參見第九章對任命謝恩表達方式的討論。

⑪當高晉於一七七九年去世時，弘曆的輓詩特別稱讚了他低級職位的出身。《清史類纂》，第二三卷第八～一三頁；恆安石《清代名人錄》，第四一一、四一三頁。關於高晉的家族背景，參見史景遷（Jonathan D. Spence）：《曹寅和康熙皇帝：奴僕和主子》（Ts'ao Yin and K'ang-hsi Emperor: Bondservant and Master），耶魯大學出版社一九六六年版，第一六頁。

⑫這份奏摺的摘錄和朱批見《清實錄》，第八一三卷第三〇頁。但我無法找到奏摺原件。

⑬彰寶本人十一年後因貪污定罪，死於獄中。《清史類纂》，第二三卷第四一～四四頁。

⑭《清史類纂》，第一六卷第四四頁；恆安石《清代名人錄》，第四一三頁。關於揚州案件的文件，參見《清實錄》，第八一三卷第一九頁，乾隆三十三年六月二十五日。

⑮《朱批奏摺》，第八五三卷第三號，乾隆三十三年七月十日；《朱批奏摺》第八六二卷第二號，乾隆三十三年七月十四日（彰寶）。

⑯《宮中廷寄》，第二七卷，乾隆三十三年七月十五日。彰寶急忙向弘曆保證，他要彈劾所有封鎖今春剪辮事件消息和釋放割辮案犯的屬下。弘曆再經思考後回答說，彈劾最好等案情解決以後再說，否則沒有人肯報告因自己先前失職而發生的事件。由此，我們看到整飭官僚時一個典型的局限：對隱匿下情的懲罰只會導致更爲嚴重的隱瞞。《朱批奏摺》，第八六二卷第二號，乾隆三十三年七月十四日（彰寶）。

⑰《宮中廷寄》，乾隆三十三年七月九日。雖然人們可能懷疑弘曆利用叫魂危機轉移人們對皇室姻親捲入醜聞的注意力，但事實好像並非如此。高衡和其他的案犯已經被移交軍機處受審，最後被定罪和處死。

⑱《朱批奏摺》，第八五三卷第五號，乾隆三十三年七月十八日（彰寶）。

⑲《朱批奏摺》，第八五四卷第二號，乾隆三十三年七月十五日（高晉）。《宮中廷寄》，乾隆三十三年七月十八日。

⑳《上諭檔》，乾隆三十三年七月二十日。

㉑《朱批奏摺》，第八五三卷第五號，乾隆三十三年七月十八日（彰寶）。

㉒關於這一制度的發展，參見史景遷：《曹寅和康熙皇帝》，第八二～八九頁。

㉓《清史稿》，中華書局一九七六年版，第三二五卷第一〇八六四頁。

㉔《上諭檔》，乾隆三十三年七月十一日。降雨和糧價是特別敏感的情報，因爲它們是民衆情緒的指標，從而會影響國家的安定。

㉕《朱批奏摺》，第八六二卷第三號，乾隆三十三年七月十八日（薩載）。

㉖《宮中檔》，第二〇卷第二四八頁，乾隆三十三年四月一日（彰寶）。

㉗《清實錄》，第八一五卷第三九頁，乾隆三十三年七月二十四日。

㉘《朱批奏摺》，第八六二卷第五號，乾隆三十三年七月二十六日（彰寶）。

㉙《朱批奏摺》，第八五七卷第三號，乾隆三十三年七月二十七日（彰寶）。

㉚清朝開國皇帝努爾哈赤叔父的子孫，名字之前冠有覺羅二字。他們與皇室直系的關係比宗室更遠。

㉛《國朝耆獻類徵·初編》（一八八四～一九九〇年版），文海出版社（臺北）一九六六年重印本，第二九〇卷第一四～一五頁。永德的傳記十分簡單，這或許反映了同時代人對他的評價。

㉜《朱批奏摺》，第八五三卷第二號，乾隆三十三年七月一日（永德）。

㉝同㉜。

㉞我們不知道這些文件呈送的確切日期，但可以肯定是在九月一日前到達御案的。這些文件是第一章註⑥提及的供詞。

㉟《朱批奏摺》，乾隆三十三年七月二十一日。

㊱《朱批奏摺》，第八五六卷第一號，乾隆三十三年八月二日（富尼漢）。

㊲《朱批奏摺》，第八五一卷第一號，乾隆三十三年八月二日（富尼漢）。

㊳《朱批奏摺》，第八五二卷第一號，乾隆三十三年六月十一日（富尼漢）。

㊴《朱批奏摺》，第八五四卷第二號，乾隆三十三年七月二十日（高晉）。

㊵《朱批奏摺》，第八五四卷第二號，乾隆三十三年七月十五日（高晉）。高晉在準備自己的奏報時，顯然已經接到了宿州的報告，並附於自己的奏摺之後，使這個不如此便令人失望的故事有了一個愉快的結尾。

㊶《清實錄》，第八一五卷第四六～四七頁，乾隆三十三年七月二十六日。

㊷《清實錄》，第八一五卷第五七頁，乾隆三十三年七月二十七日。

㊸這個故事的一些無關緊要的細節，由後來的文件做了補充。參見《錄副奏摺·法律·其他》，乾隆三十三年九月五日（劉統勛等）；《朱批奏摺》，第八五四卷第九號，乾隆三十三年八月十七日（定長）。

㊹《朱批奏摺》，第八六五卷第一號，乾隆三十三年七月十五日（定長）。

㊺關於孟士會一案參見《朱批奏摺》，第八五九卷第一號，乾隆三十三年六月二十日；《朱批奏摺》，第八五一卷第一號，乾隆三十三年七月四日（方觀承）；《上諭檔》，乾隆三十三年七月十一日（劉統勛和劉綸）；《清實錄》，第八一三卷第一五頁，乾隆三十三年六月二十二、二十三日（劉綸等撰）；《上諭檔》，乾隆三十三年七月二十日（傅恆）。

㊻《清實錄》，第八一三卷第一五頁，乾隆三十三年六月二十二日。

㊼《朱批奏摺》和《上諭檔》，乾隆三十三年七月十二日。

㊽韓默：《清代名人錄》，第二五二頁。

㊾《上諭檔》，乾隆三十三年七月二十日。

㊿《朱批奏摺》，第八五八卷，第一號，乾隆三十三年七月十七日（劉統勛等）。

(51)《清實錄》，第八一五卷第五～六頁，乾隆三十三年七月十八日；《朱批奏摺》，（《史料旬刊》，第一八七～一八八頁），乾隆三十三年七月二十六日（托恩多）。

(52)原文是"See strange things but no take them so, strange things themselves away will go".

(53)《清實錄》，第八一五卷第五～六、七～九頁，乾隆三十三年七月十八至十九日。

54《朱批奏摺》，第八五八卷第二號，乾隆三十三年七月二十三日（劉統勛等）。

55《上諭檔》，乾隆三十三年七月八日；《清實錄》，第八一四卷第一七頁。

56阿思哈（約一七一〇～一七七六年）的仕途經歷，可以告訴我們滿洲貴族是如何讓他們的平庸之才得到行省高位的，儘管他們的無能衆所周知。阿思哈出自上三旗（此三旗直接依附於皇室，君主對他們寄予特別的信任）。一七二六年，可能在十八九歲時，他在北京一個專爲旗人子弟開設的官學學習，並直接從內閣得到了一個中書職位。在京城官場低級職位上見習以後，一七四五年他被派往甘肅任布政使。四年以後，他升任江西巡撫的高位，據說，他在任上的一些改善軍事訓練的瑣細建議贏得了皇上的歡心。第二年他調任山西巡撫，他在任上強迫受災地區的富户繳納「賑濟」款給地方官府，從而毀了自己的前程。山西地方士紳的公憤顯然影響了弘歷，他非常憤怒，指出阿思哈的做法是「卑鄙錯謬」的，「不勝任巡撫」。他被撤職，改任吏部員外郎。到一七五五年，他以布政使銜派往準噶爾軍前經理糧運。一年之內，他以軍功受薦，在一七五七年再次成爲江西巡撫，回到了十一年前開始擔任此職的地方。三年後，軍機處的調查確定他受賄和勒索，判他絞刑，但是弘歷很快給他減刑，讓他以三品頂戴去烏魯木齊贖罪。兩年後，他再次升到巡撫的職位，先在廣東、然後在何南任職，即我們現在看到的他的職位。後來，弘歷認爲阿思哈的一個奏章愚蠢可笑，終於認定他缺乏旗人的勇氣、誠懇和純正，並不能指望他會有所改變。於是，他被貶往伊犁贖罪。四年以後，他被召回北京在軍機處幕僚任職，並很快改任都察。一七七五年他被派去協助鎮壓王倫起義，因膽怯而受譴責，再次受辱，但被允保留職位。同年，弘歷賜予他在宮中騎馬的特權（這一榮譽通常只賜予年長而傑出的京城官員）。一七七六年，他代理吏部尚書，旋改任漕運總督。同年底去世，謚「莊恪」。參見《清史稿》，第三三七卷第一一〇五〇頁；《清史類纂》，第二二卷第四三頁。

㊼關於河南的大恐慌和海印的故事，參見《朱批奏摺》，第八六一卷第一～三、六號，乾隆三十三年七月十三日；《清實錄》，第八一五卷第一四頁，乾隆三十三年七月二十日。

㊽《清實錄》，第八一五卷第一四頁，乾隆三十三年七月二十日。

㊾《朱批奏摺》，第八六一卷第二號，乾隆三十三年七月二十四日（阿思哈）。

㊿《朱批奏摺》，第八六一卷第三號，乾隆三十三年八月一日（阿思哈）。

61《朱批奏摺》，第八六一卷第六號，乾隆三十三年八月十一日；《清實錄》，第八一六卷第二〇～二二頁，乾隆三十三年八月九日。如果我們對照阿思哈的實際任職記錄，弘歷在評價中認其爲一盡責的官員只是一種官場套話，參閱註56。

62富尼漢承認，關於剃掉全部辮子以預防妖術傷害的信仰在山東很普遍。《朱批奏摺》，第八六〇卷第七號，乾隆三十三年八月二日。

63《清實錄》，第八一五卷第五三頁。這封廷寄在《上諭檔》中日期爲七月二十七日，但在

《清實錄》中則爲七月二十五日。

(64) 韓書瑞：《山東叛亂：一七七四年的王倫起義》（Shantung Rebellion: The Wang Lun Uprising of 1774），耶魯大學出版社一九八一年版，第四八頁；歐大年（Daniel Overmyer）：《中國民間宗教教派研究》（Folk Buddhist Religion: Dissenting Sects in Late Traditional China），哈佛大學出版社一九七六年版，第一一三～一一四頁。

(65) 《上諭檔》，乾隆三十三年八月九日。這是一份給軍機處的機密宮中旨令，廷寄則發給直隸官員。保安屬宣化府，故文件中有時說邪教發生在宣化。

(66) 「禍福」是清律中用語，指的是對重大政治事件做非法預言。《大清律例》第一六卷第一一頁。關於普明和他的千禧年信仰傳統，參見謝克（Richard Shek）：《沒有造反的千禧年：華北的皇天道》，載《近代中國》，第八卷第三期（一九八二年），第三〇五～三三六頁。

(67) 《上諭檔》，乾隆三十三年八月十六日。

第七章

① 《上諭檔》，乾隆三十三年八月十二日。

② 《國朝耆獻類徵，初編》，第一七三卷第三四頁。

③《朱批奏摺》，第八六六卷第三號，乾隆三十三年八月二十三日（明山）。

④《朱批奏摺》，第八六〇卷第三號，乾隆三十三年七月二十八日（楊錫紱）。旗丁爲專門負責運河漕運的兵丁。

⑤我懷疑這是一種驅邪的儀式，在這種儀式中，紙張所代表的邪魔，被一種順勢療法式的魔法所燒燬。

⑥《朱批奏摺》，第八六〇卷第四號，乾隆三十三年八月二日（富尼漢）。

⑦《宮中廷寄》，乾隆三十三年八月四日。

⑧《上諭檔》，乾隆三十三年八月五日。

⑨《朱批奏摺》，第八六〇卷第六號，乾隆三十三年八月九日（富尼漢）。

⑩《朱批奏摺》，第八六四卷第五號，乾隆三十三年八月二十四日（永德）。

⑪該條例（《大清律例》一六二·〇四）也禁止《地畝經》之類的書預言自然災害。弘歷曾在一七四四年將此書列爲妖書，因爲自然災害被認爲是王朝崩潰的徵兆。見《讀例存疑》，第四二三頁。

⑫在道教神話中，神仙們都住在汪洋中的一個島上。

⑬這實際上不應是「例」，而是「律」，爲《大清律例》第一七八條，屬「禮律」（《讀例存疑》，第四四一頁）。王的案件並不十分適用這條律，因爲該律講的是術士「在官員的

……宅邸內」作法。這條律特別將「根據五經預言未來」大行爲排除在外。一六四六年，清廷對這條繼承自明律的條文做了註解，強調預言「禍福」嚴格來說是個政治問題，因爲它和王朝的合法性和長遠命運有所關涉。

⑭對和尚、乞丐和其他可疑人物的圍捕，也同樣在江蘇進行，備受折騰的高晉和彰寶直接指揮。這一次，他們用大量名字和細節來堵住弘曆的口。

⑮《清實錄》，第八一五卷第五三頁，乾隆三十三年七月二十五日。

⑯關於覺性的材料，參見《朱批奏摺》，第八六五卷第一四號，乾隆三十三年八月二十七日；《朱批奏摺》，第八六五卷第一六號和第八六五卷第一九號，乾隆三十三年九月十一日；《清實錄》，第八一八卷第二五頁，乾隆三十三年九月十一日；《錄副奏摺·法律·其他》，乾隆三十三年九月十八日。

⑰《清史類纂》，第一七卷第三九～四一頁。

⑱弘曆這裡提到的是他九月七日的上諭，見本書第六章。

⑲《清實錄》，第八一七卷第一六頁，乾隆三十三年八月二十二日（給妖術流行的各省督撫）；《清實錄》，第八一七卷第二四頁，乾隆三十三年八月二十五日（給全國各省督撫）。

⑳「五王爺替僧」可能是當地的一個民間信仰崇拜，起源於臺南（臺灣當時是福建的一部

分），然後流傳到其他許多地方。參見薛珀：《論中國的民間宗教》，第六頁。

㉑《朱批奏摺》，第八五三卷第五號，乾隆三十三年七月十八日（彰寶）；《朱批奏摺》，第八五六卷第二號，乾隆三十三年八月七日（永德）；《朱批奏摺》，第八五三卷第一八號，乾隆三十三年八月二十九日；《朱批奏摺》，第八五三卷第一九號，乾隆三十三年九月十七日（馮鈐）。拉納（Christina Larner）描述道，十七世紀蘇格蘭的巫術審訊中，也使用這種剝奪睡眠的方法。參見拉納：《上帝的敵人：蘇格蘭對巫師的迫害》（Enemies of God：The Witch－Hunt in Scotland），約翰·霍普金斯大學出版社一九八一年版，第一〇七頁。

第八章

①《朱批奏摺》，第八六六卷第二號，乾隆三十三年八月二十二日（四達和蘇爾德）；參見《清實錄》，第八一六卷第七頁，第八一七卷第三七頁。這條法律特別強調誣告者將受到與所誣告之罪名相同的懲罰。在這個案件中，處罰是凌遲處死。

②裁汰漢旗是爲了減少日益增加的軍費開支。

③《上諭檔》，乾隆三十三年八月十日（傅恆等）。

④《清實錄》，第八一六卷第二三頁，乾隆三十三年八月十日。

⑤《朱批奏摺》，第八六一卷第一〇號，乾隆三十三年九月十一日（阿思哈）。

⑥《朱批奏摺》，第八六二卷第二八號，乾隆三十三年十月十七日（彰寶）。

⑦《朱批奏摺》，第八五四卷第四號，乾隆三十三年七月三十日（高晉）。

⑨爲了節省篇幅，我將對張四幾天審訊的記錄集中在一起敘述。所有的翻譯都是完整的。《朱批奏摺》，第八五四卷第五號，乾隆三十三年八月三日（高晉）；《朱批奏摺》，第八六三卷第六號，乾隆三十三年八月十四日；《朱批奏摺》，第八五四卷第一二號，乾隆三十三年十二月七日（高晉）。《錄副奏摺·法律·其他》，乾隆三十三年九月五日、九月十一日和九月十七日（劉統勛等）。

⑩《錄副奏摺·法律·其他》，乾隆三十三年九月八日（劉統勛等）。

⑪《錄副奏摺·法律·其他》，乾隆三十三年九月二日（劉統勛等）。我沒有找到錄有韓沛顯回供的文件。

⑫以下關於通杲案情的細節，全出自傳恆十月二十五日的書面報告，見《上諭檔》，乾隆三十三年九月十五日。

⑬中國把大批囚犯關在同一牢房裡的做法，必定造就了一個生動的囚犯文化，囚犯們在其中分享他們的悲慘遭遇。各色故事——包括妖術傳說——都是囚犯們通常用以消磨痛苦的牢獄生活的方法（參見本書第一章博德對於大批囚犯共囚一室的描述）。「迷藥」也一定是

囚犯閒聊的一個話題。但是，我們也不能排除可能有某些方法可以調製讓人迷幻的藥物。哈佛醫學院藥學系教授戈德曼（Peter Goldman）博士寫道（一九八九年六月十三日的私人通信）：「當代使用古柯鹼粉劑的經驗表明，藥物可以經鼻腔接觸很快發生效果。」他的一個在中國科學醫學院的專家朋友寫信告訴他，某種藥粉可能是從含有顛茄精或莨菪鹼的各種花卉或其種子中提煉出來的。這位中國專家還回憶道，當他還是個孩子時，他父親常常警告他不要在夜晚出去，「因爲我可能會碰上一些術士」，他們會「對我撒一些藥粉而把我拐走」。後來他才知道，這種藥粉係由茄類植物的花（含麻醉劑的草藥）提煉而成。但是，戈德曼博士又指出「只對這種傳說作出純粹藥學的解釋還是不夠的，除非你還能解釋術士如何能把藥粉塞入一個不情願的受害者的鼻子，而自己卻不受到藥物的麻醉。」

⑭刑部建議，鑒於衙門胥吏在該案中牽連無辜，應對他們判處絞刑。這與最近作出的對蔡瑞和張二的判決是相符合的，蔡誣告了無辜的蕭山和尚，張則試圖誣陷他的債主。富尼漢提出異議說，這兩個案件並非出於醜惡的意圖，而兩個胥吏也與通杲沒有過節。他們因而應受較輕的杖責流徙懲罰。《朱批奏摺》，第八五六卷第一二號，乾隆三十三年十一月十六日（富尼漢）。我沒有找到最後解決這個爭議的文件。

⑮《宮中廷寄》，乾隆三十三年七月十八日；《朱批奏摺》，第八五二卷第五號，乾隆三十

三年八月五日（劉統勛等》；《錄副奏摺・法律・其他》，乾隆三十三年九月十七日（劉綸等）。

⑯《欽定吏部則例》卷四三是特別針對官員濫刑的懲罰。所有懲罰都在行政處罰範圍之內（撤職、降職或罰俸）。唯一會受到刑事處罰的，是使用一種特別的「櫃床」來逼供犯人。

⑰在弘曆給各省的指示中，特別嚴厲地禁止「教供」。例如《清實錄》，第八一五卷第三八頁，乾隆三十三年七月二十四日。

⑱《清實錄》，第八一八卷第七頁，乾隆三十三年九月四日。

⑲《宮中廷寄》，第八一五卷第六號，乾隆三十三年七月二十一日；《朱批奏摺》，第八五二卷第三號，乾隆三十三年七月二十三日（劉統勛）。

⑳《朱批奏摺》，第八五四卷第四號，乾隆三十三年七月三十日（高晉）。

㉑《朱批奏摺》，第八五二卷第五號，乾隆三十三年八月五日（劉統勛等）。

㉒《清實錄》，第八一六卷第二五頁，乾隆三十三年八月十一日（給吳壇）。

㉓《清實錄》，第八一七卷第二四頁，乾隆三十三年八月二十五日。

㉔《錄副奏摺・法律・其他》，乾隆三十三年九月二日（劉統勛等）；《錄副奏摺・法律・其他》，乾隆三十三年九月八日（劉統勛等）。

㉕《清實錄》，第八一八卷第一五頁，乾隆三十三年九月七日（一七六八年十月十七日）。
㉖《清實錄》，第八一八卷第一六頁，乾隆三十三年九月七日。
㉗恆安石：《清代名人錄》，第五三三頁。
㉘關於劉統勛去承德的通常行程見《上諭檔》，乾隆三十年九月五日和乾隆三十三年八月二十八日。
㉙這段時間軍機大臣的行止，可以從《上諭檔》中他們在廷寄上的簽名追蹤出來。
㉚《宮中廷寄》，乾隆三十三年九月二十四日（廷寄）；《清實錄》，第八一九卷第一五頁（明發上諭）。
㉛《宮中廷寄》，第二七〇卷，乾隆三十三年九月二十四日。
㉜《朱批奏摺》，第八六〇卷第十二號，乾隆三十三年十月五日。考慮到弘曆早先就因爲得到的供詞不可靠而懷疑有「刑求」跡象存在，這裡的話並非僅僅是一種虛僞。見《朱批奏摺》，第八五四卷第二號，乾隆三十三年七月十五日（高晉）上的朱批。
㉝《清實錄》，第八一九卷第一五頁，乾隆三十三年九月二十四日。受到彈劾的還有屠知縣，他因爲證據不足釋放了蘇州的乞丐。《吏科題本》（內政、參劾，第七二卷），乾隆三十三年十一月十五日。
㉞《清史稿》，第四七七卷第一三〇二三頁。

㉟富尼漢在九月一日的奏摺中兩次重複了這一說法。《朱批奏摺》，第八六〇卷第二號，乾隆三十三年七月二十一日。

㊱《上諭檔》，乾隆三十三年十一月二十三日（一七六八年十二月三十一日）。富尼漢直到審訊結束兩個月後才被傳喚去做解釋。爲了敘事的清晰，我把這些事件和十月份的審訊放在一起。

㊲《朱批奏摺》，第八五二卷第九號，乾隆三十三年十一月二十七日（一七六八年十二月十九日）（富尼漢）。

㊳與此相似的一個案件是僞稿案。在該案中，當時的山東巡撫准泰也因匿報物證而犯了「誆奏」罪。《宮中廷寄》，乾隆三十三年十二月五日。弘曆的諭旨「盡法質訊」見《清實錄》，第八一三卷第一五頁，乾隆三十三年六月二十三日。湖南巡撫程燾也因一個類似的匿報刑求的案子而被降職爲布政使。見《宮中廷寄》，乾隆三十三年十二月五日。

㊴《錄副奏摺・法律・其他》，乾隆三十三年九月十七日（傅恆）。

㊵《錄副奏摺・法律・其他》，乾隆三十三年九月十七日（傅恆）。

㊶《上諭檔》，乾隆三十三年九月二十八日（傅恆等）。

㊷慈相寺案件最初是由永德發現的。以後爲彰寶的屬下在追查浙江的線索時進一步證實。《朱批奏摺》，第八五三卷第二十四號，乾隆三十三年九月四日（永德）；《朱批奏

摺》，第八六二卷第十九號，乾隆三十三年九月八日（彰寶）；《錄副奏摺・法律・其他》，乾隆三十三年九月十七日；《上諭檔》，乾隆三十三年九月十七日；《朱批奏摺》，乾隆三十三年十月二十五日（彰寶）。

㊸關於寺廟經營事務的某些方面，請參見韋爾契在《中國佛教習俗》第一九一～二〇五頁的討論。

㊹當地的說法爲「埋喪」或「埋煞」。「煞」指的是游離屍體的有害幽靈。這兩個詞指的都是散佈死亡污染的邪術。

㊺《上諭檔》，乾隆三十三年九月十七日（傅恆）。

第九章

①本章部分內容曾在我的《政治罪和官僚君主制：中國一七六八年的個案》中發表。該文載《清史公報》，第八卷第一期（一九八七年六月），第八〇～一〇四頁。我對於清史研究會允許我在本章中使用這部分內容，謹在此致謝。

②請參閱參考書目中李國祁、墨子刻（Thomas A. Metzger）、奧考（Jonathan Oeko）和瓦特（John R. Watt）等人的著作。

③請看參考書目中白彬菊、全漢昇、史景遷和吳秀良等人的著作。

④在分析這樣一個完整的「制度」時（如果這一制度確實存在的話），我們必須避免過分強調以下幾點，而把君主專制中的專斷因素給推理掉了⑴認爲所謂的「專斷」不過是君主的例行活動，而君主本人不過是規章制度或傳統價值的一個工具；⑵認爲君主相當受到他的顧問群的操縱，而他們爲他提供的獨立行動空間非常有限；⑶認爲君主和官僚是同一個社會制度的產物，因而他們之間任何表面的衝突都是一種假象。

⑤韋伯：《經濟與社會：解釋社會學提綱》（Economy and Society: Economy and Society: An Outline of Interpretative Sociology），加州大學出版社一九七八年版，第一〇四八頁。

⑥同⑤，第九三三頁。

⑦同⑤，第十一頁。

⑧韋伯：《中國的宗教》（The Religion of China），美國，Free Press，一九五九年版，第五九頁。

⑨韋伯：《經濟與社會》，第八一八頁。

⑩韋伯：《經濟與社會》，第三、八、十二章。

⑪羅森伯格（Hans Rosenberg）：《官僚，貴族和專制君主：普魯士的經驗，一六〇〇～一八一五年》（Bureaucracy, Aristocracy, and Autocracy: The Prussian Experience,

1600～1815），哈佛大學出版社，第三八～四一頁。

⑫羅森伯格：《官僚，貴族和專制君主》，第二章。

⑬羅森伯格：《官僚，貴族和專制君主》，第一七五頁。

⑭克羅齊（Michel Crozier）有關官僚制度中權力關係的經典性描述，可以說明中國的情況：「掌權者爲了達到自己的目的，有兩套相互衝突的武器：一方面是理性化和制定規則；另一方面是製造例外和無視規則的權力。他的最好的策略是找到這兩種武器的最佳配合。……規則的擴展會限制他的權力，而太多的例外又會削弱他控制別人的權力。」參見《官僚現象》（The Bureaucratic Phenomenon），芝加哥大學出版社一九六四年版，第一六三～一六四頁。

⑮誠如克羅齊所指出，官僚們「對中央集權的抗爭，不是爲了幫助這個制度去適應環境的挑戰，而是爲了捍衛和發展某種制度剛性來保護自己。」《官僚現象》，第一九三頁。

⑯《欽定吏部則例》（一七四九年版），第十六卷第十一頁，第二十三卷第一頁，第三十八卷第二十四頁。

⑰哈克（Charles O. Hucker）：《明代中國的監察制度》（The Censorial System of Ming China），史丹福大學出版社一九六六年版，第五七頁。

⑱關於清代監察制度的組織，參見布蘭內特（H. S. Brunnert）和黑格爾斯托姆（V. V.

Hagelstrom）：《當代中國的政治組織》（Present Day Political Organization of China），上海一九一一年版，第七五～七九頁；高一涵：《中國御使制度的沿革》，商務印書館（上海）一九二六年版，第七七～九六頁。這兩本著作都是根據《大清會典事例》所做的制度研究。至今還未見關於清代監察制度具體運作的檔案研究。

⑲馬起華：《清高宗朝之彈劾案》，華康出版部（臺北）一九七四年版，第七八～八四頁。

⑳對官員定期考績的制度，通常稱之爲考課、考績、三年大比，它們最早在《周禮》中就有記述，另外在前後漢歷史中也有記載。《周禮》是公元前三世紀的作品，主要是關於中國古代封建王朝制度的描述。

㉑這一制度的早期歷史見於《大清會典事例》，第七八卷第八〇頁。在滿清統治的最初百年做過一些細小修訂，但是我的討論局限於乾隆朝。我對考績制度的思考受到墨子刻的基礎性研究《清代官僚體制的內部組織》（The Internal Organization of Ch'ing Bureaucracy）的啓發，特別是該書第四章。

㉒對武職的考績有一個相似的制度叫做軍政。

㉓在北京第一歷史檔案館保存的大量例行考績的黃冊中，可以看到這一制度的運作。比如，一七五三年的京察名單—黃冊，第三八六一卷，第三～五頁。

㉔一七五一～五二年的大計冊，乾隆十六年，第三八六〇冊。

㉕《吏科史書》，乾隆二十五年十二月（一七六一年），第一〇七六卷。這是對州縣官員的評語。

㉖《大清十朝聖訓》，第九一卷第四頁（一七四二年）。年輕的皇帝形式上仍在其父親臨死時任命的四個顧命大臣的指導之下。這個諭旨和這一時期的其他許多諭旨一樣，可能是由顧命大臣起草的。但是它的口氣和弘曆以後關於同一問題的諭旨的口氣相當一致，因此，沒有理由懷疑它不是弘曆本人的看法。對於弘曆祖父的同樣抱怨，參見《大清會典事例》，第八〇卷第十頁（一六九七年）。

㉗《大清十朝聖訓》，第九三卷第一頁（一七五〇年）。

㉘《清實錄》，第二九五卷第一頁（一七四七年）。

㉙《大清十朝聖訓》，第九二卷第三頁（一七四八年）。

㉚《大清十朝聖訓》，第九二卷第六頁（一七四九年）。

㉛為節省引文起見，我將用巡撫來包括總督和巡撫；我們所關心的問題對他們來說是相同的。

㉜即包括所有四個很難定義的職位。關於評定職位難易的制度，參見施堅雅：《城市和地方體制中的等級秩序》，載施堅雅和艾爾文編：《中華帝國的城市》，第三一四～三二一頁。

㉝乾隆朝的《大清會典》沒有按照任命的方式來對職位分類，但是接下來的嘉慶朝版本是這樣做的。《大清會典》中有一類將某些督撫職權範圍内的職位和範圍外的職位混在一起，我沒有將這一類計入這百分之三十内。《大清會典》嘉慶朝，第四卷第六頁（關於吏部的部分）。關於職位的分類，請參閱傅宗懋：《清代督撫制度之研究》，第九一～九四頁。在乾隆早年，弘曆不得不發布特別禁令，來反對基於同鄉和同年關係的各省人事關係網絡，這是一個傳統的問題，但顯然發自内心：「朝廷官職豈能專爲自己的桃李保留？」王先謙：《東華續錄》，載《十二朝東華錄》，大同書局（臺南）一九六八年重印本，第二卷第八頁，乾隆二年二月十三日。

㉞《大清十朝聖訓》，第九四卷第四頁（一七五七年）。

㉟《大清十朝聖訓》，第九四卷第三頁（一七五五年）。

㊱同㉟，第九一卷第四頁（一七四四年）。

㊲《清實錄》，第十五三卷第二一頁（一七四一年）。

㊳《清實錄》，第八一六卷第七頁（一七六八年）。

㊴一個官員的名義俸祿只占其全部收入的一小部分，其收入的主要來源是養廉。養廉與名義俸祿的比例，在道台一級根據其轄區的大小可以高於四十比一。參見張仲禮：《中國紳士的收入》（The Income of the Chinese Gentry），華盛頓大學出版社一九六二年版，第一

二～一一四頁。

㊵《欽定吏部則例》（一七四九年版），第三卷第一五頁。

㊶《宮中上諭》，乾隆三十一年一月十三日。

㊷《朱批奏摺》，內政，職官，卷宗二，第一一八件，乾隆三十一年二月九日（高晉和明德）；《清史類纂》，乾隆三十三年十二月十五日。

㊸《大清十朝聖訓》，第九三卷第一頁（一七五〇年）。

㊹《大清十朝聖訓》，第九二卷第三頁（一七六九年）。

㊺在弘曆看來，清代政治的特點是，清政府大大優於明代被宗派分裂的政府。一七六九年，當一個巡撫建議建造一個特別的安全監獄來羈押犯罪官員時（以便爲在任上犯罪的人提供更多的舒適），弘曆十分憤怒。這些犯罪官員不僅不應得到優待，他們比平民罪犯更爲可惡。他斥責這一官員，竟毫無顧忌地追隨前明官官相護的可恨惡習。《宮中上諭》，乾隆三十三年十二月十五日。

㊻《清實錄》，第十五卷第三〇頁（一七三六年）。

㊼《大清十朝聖訓》第九〇卷第四頁（一七三八年）。

㊽《大清十朝聖訓》，第九五卷第一頁（一七五九年）。

㊾《清實錄》，第六二八卷第六頁（一七六一年）。

⑩《宮中上諭》，乾隆三十一年六月十七日。但我無法找到該御使的原始奏稿。

⑪一個來自雲南駐防的年邁總兵在這樣的緊張關頭呆若木雞，「始終竟不聲明，則昏憒已甚」，讓弘曆感到厭煩。該總兵的上司，雲貴總督愛必達很快奏告說這個將軍「年老有疾」，應該退休。對愛必達在知道皇上已親見此人無法勝任後才做這樣的奏報，弘曆十分震怒。《大清十朝聖訓》，第九五卷第二頁（一七六〇年）。

⑫雍正的覲見評語最近已由故宮博物院編輯出版，參見《清代檔案資料叢編》，中華書局一九八三年版，第九卷第四四～一五七頁。

⑬《大清十朝聖訓》，第九二卷第二頁（一七四七年）。順便提一下，這位官員並非從事馬上生涯的粗魯的滿洲軍人，而是一個中年漢族官僚，弘曆肯定在以前召見過他。

⑭我可能看到了所有弘曆的現存陛見評語，以朱筆批寫在吏部爲他準備的官員簡歷上的文字。它們保存在北京第一歷史檔案館的《宮中檔案》「履歷單」中，共兩箱。朱批沒有註明日期，爲方便起見，我使用官員簡歷上的最近日期。君主個人評價的證據當然不限於覲見評語。除此之外，弘曆也在剛接受任命官員的謝恩奏摺上批字。我注意到北京宮廷奏摺檔案的「內政，職官」部分有幾十份這樣的批語，但這樣的批語如果沒有上千份的話，至少可能有幾百份。其中一份批語的口氣和內容與覲見評語沒有多大差別。在一位剛剛被任命爲知府的謝恩表上，弘曆朱批道：對河流管理知之甚多，長處應有所用。（譯註：此處

引文未找到中文原文，係根據英文譯回中文。）《朱批奏摺》，內政，職官，乾隆四十五年二月五日。除了指出他們的專長和將來的專任以外，這些評語有時表明弘曆對該官員的最高評分：「中人之才。只堪簡職」；「知府足矣，局面小些。」《朱批奏摺》，內政，職官，乾隆四十五年，第六三～六五箱。

㊺《大清十朝聖訓》，第九三卷第一頁（一七五〇年）。

㊻《大清會典事例》，第七八卷第八頁。

㊼這與其父親的堅持常規形成對照；在其在位後期胤禛恢復了自一六八五年中止的京察制度，並把間隔從六年減爲三年。「自陳」的要求不變。《大清會典事例》，第七八卷第八頁。

㊽蓋伊（R. Kent Guy）已開始研究任命過程對督撫們的影響，參見《中國清代行省長官的任命：初步分析》（The Appointment of Provincial Governors in Qing China: A Preliminary Analysis），打字稿。

㊾《大清十朝聖訓》，第九一卷第四頁（一七四二年）。

㊿《朱批奏摺》，內政，職官，乾隆三十四年一月二十七日。

(61)在一七六八年的一份奏摺中，一個官員的二十三行回奏後面照錄了六十六行諭旨。《朱批奏摺》，第八六〇卷第十一號，乾隆三十三年九月十五日（富尼漢）。

62例如，有一份奏章認眞地錄下了五條令人非常羞辱的訓斥，《朱批奏摺》，第八六〇卷第十一號，乾隆三十三年八月十五日（馮鈐）。

63《朱批奏摺》，第八六一卷第六號，乾隆三十三年八月十一日（阿思哈）。

64《清實錄》，第八一四卷第二七頁，乾隆三十三年七月十一日。在後來的一份上諭草稿中弘曆的朱批插話道：「汝爲何未參劾如此失職之屬下？」《宮中廷寄》，乾隆三十三年七月十五日。

65《朱批奏摺》，第八六二卷第二號，乾隆三十三年七月十四日（彰寶）。

66《宮中廷寄》，乾隆三十三年七月十五日。

67《朱批奏摺》，第八六三卷第二號，乾隆三十三年七月二十一日。

68在一七四九年對金川土著的戰役中以貽誤戰機的罪名處決張廣泗，是一個臭名照著的決定。在一七六七年對緬甸戰役中，弘曆因謊報軍情處死了兩個官員。關於這些案例，請看第三章。在一七五一年的僞稿案中，弘曆因山東巡撫准泰匿報物證而監禁了他，並查抄了他的家產。《宮中廷寄》，乾隆十六年八月十七日。

69《朱批奏摺》，第八六二卷第四號，乾隆三十三年七月二十日。

70參見《朱批奏摺》，第八五三卷第六號，乾隆三十三年七月二十一日（彰寶）。

71《宮中廷寄》，乾隆十六年八月十七日（一七五一年十月十五日）。《清實錄》未載這個諭旨。關於僞稿案請閱第三章。

⑫《清實錄》，第七八〇卷第二三頁，乾隆三十二年三月七日。吳紹詩的健康也有問題。但弘曆就此事問及兩江總督高晉時，高晉說他沒有聽說足以證明吳不稱職的任何事情。高晉並答應繼續觀察、隨後報告，但我無法找到這份後續報告。不管怎樣，弘曆相信吳是一個經驗豐富、誠實可靠的官員，所以讓他繼續留任。

⑬吳氏父子的傳記載於《清史稿》，第三二七卷第一〇七七七～一〇七七九頁。

⑭《朱批奏摺》，第八五六卷第七號，乾隆三十三年八月二十二日（吳紹詩）。

⑮《朱批奏摺》，第八六二卷第二十六號，乾隆三十三年十月七日。

⑯吳壇的原奏沒有找到，但他向巡撫彰寶做過緊急報告，故其內容保留在彰寶的奏摺和弘曆的回應諭旨中。《朱批奏摺》，第八六二卷第十五號，乾隆三十三年八月二十六日；《清實錄》，第八一七卷第三十六頁，乾隆三十三年八月二十九日。關於這個案件的背景，請參閱凱利（David E. Kelley）《庵堂與漕運船隊：十八世紀的羅教與漕幫》（Temples and Tribute Fleets: The Luo Sect and Boatmen's Associations in the Eighteenth Century），載《近代中國》，第八卷第三期（一九八二年），第三六一～三九一頁；亦請參閱凱利：《會黨與社會：羅教在清代漕運水手中的發展，一七〇〇～一八五〇年》（Sect and Society: The Evolution of the Luo Sect among Qing Dynasty Grain Tribute

Boatmen, 1700～1850），哈佛大學一九八六年博士論文，特別是參見該文第三章。

(77)《朱批奏摺》（《史料旬刊》），乾隆三十三年十月一日（彰寶）。

(78)《朱批奏摺》，乾隆三十三年八月二十九日；《清實錄》，第八一七卷第三六頁，乾隆三十三年八月二十九日。關於「逆詞」的警告是用朱批寫在廷寄上的。在奏摺結尾處，彰寶建議對蘇州教派首領處以絞監候（即判死刑但無期監禁），其徒衆杖責流徙。《朱批奏摺》（《史料旬刊》），乾隆三十三年十月一日（彰寶）。

(79)一七六九年四月至六月間呈入的常規性彈劾奏章見《吏科題本》，第七一卷，乾隆三十四年三月二十三日；第五十二卷，乾隆三十四年五月十四日。

(80)各縣對地方官失職起始日期的計算不一樣，取決於那些教派何時開始在當地活動。

(81)《朱批奏摺》，第八六五卷第一九號，乾隆三十三年九月十一日（定長）。

(82)如有一次兩江總督高晉在親審一個叫魂嫌犯，他就讓正好因他事來南京的安徽巡撫馮鈐一起參與。《朱批奏摺》，第八六二卷第二一號，乾隆三十三年九月十二日（高晉）。

(83)曼海姆（Karl Mannheim）：《意識形態和烏托邦：知識社學會導論》（Ideology and Utopia：An Introduction to the Sociology of Knowledge），紐約，Harcourt and Brace and Company 一九三六年版，第一一八頁。

(84)《朱批奏摺》，第八六二卷第十號，乾隆三十三年八月十五日（卓爾岱）。

㉕《朱批奏摺》，第八六二卷第九號，乾隆三十三年八月十三日（高晉）。但弘歷還是同意高晉在江蘇對僧道重新進行登記。

㊱弘歷命禮部討論這一建議。《朱批奏摺》，第八六四卷第十二號，乾隆三十三年九月二日（曾日理）。

㊲《朱批奏摺》，第八六六卷第一號，乾隆三十三年八月十八日（蘇爾德）。

㊳《清史稿》，第八一九卷第十六頁，乾隆三十三年九月二十四日。蘇爾德完全從傳記中消失了，可能是由於在當時看來不錯的原因。

第十章

①查堤爾（Roger Chartier）認爲，「表述」（representation）這一概念有許多面向，其中之一是：「分類和描述的運用會產生多重的知識型式，不同的社會群體則經由分類與描述以不同乃致對立的方式建構起了『現實』」。《文化史：實踐與表述之間》（Cultural History: Between Practices and Representations），柯可蘭（Lydia G. Cochrane）譯，康奈爾大學出版社一九八八年版，第九頁。

②《上諭檔》，嘉慶十五年五月二十二日。

③沈葆禎：《沈文忠公政書》（一八八〇年版），文海出版社（臺北）一九六七年重印本，

第六卷第六七頁；《清實錄》，光緒朝第三十四卷第二頁，光緒二年六月一日；《清實錄》，光緒朝第三十八卷第十七頁，光緒二年八月十四日；《清實錄》，光緒朝第三十九卷第一〇頁，光緒二年八月二十三日；《教務教案檔》，中央研究院近代史研究所（臺北）一九六七年版，第三編第三卷，第六二七頁。關於這一事件的討論，參見德—格魯特：《中國的宗教體系》，第五卷第四八九～四九〇頁。按照官方的觀點，十九世紀七十年代的「邪術」是和武裝匪徒的叛亂活動有關的，所以對「邪術」的清剿也是鎮壓叛亂的一部分。教民並未受到鎮壓，不僅是因爲對外的條約保護了他們的信仰自由，而且也因爲列強（特別是法國）正在尋找藉口派遣炮艦來保護教民。

④關於這兩次戰役，參見莊吉發：《清高宗十全武功研究》，故宮博物院（臺北）一九八二年版，第四、六章。我們已知道弘曆在接到欽差福靈安的報告後，是如何對待緬甸之役的指揮官的（參閱本書第三章）。

⑤例如，弘曆在彰寶一份奏報中提到關於某些罪犯割人髮辮時在旁朱批道：「如何？」《朱批奏摺》第八五三卷第五號，乾隆三十三年七月十八日。那些含有同樣暗示的文件似乎表明，他對妖術有一種病態的好奇。

⑥基克赫弗（Richard Kieckhefer）：《歐洲的巫師審判：在雅俗文化中的基礎》（European Witch Trials: Their Foundations in Popular and Learned Culture, 1300～1500），加

州大學出版社一九七六年版，第三六～三七頁。關於魔鬼信仰，參見托馬斯（Keith Thomas）：《宗教和魔法的衰落》（Religion and the Decline of Magic），紐約，企鵝圖書公司一九八五年版，第五二一～五二五頁。

⑦蕭一山：《清代通史》，第二卷第一～一三頁。

⑧當代中國的歷史中，充滿了這種幻覺權力進入社會的例子。我還記得一九八二年在北京與一個老紅衛兵的談話。他當時是一個低收入的服務工。他感慨地說，毛澤東的文化革命對於像他這樣沒有正式資格循常規途徑在社會上晉身的人來說，是一個黃金時代。毛號召年輕人起來革命造反。這一來自頂端的突然可得的權力使他的野心得到了滿足。他抱怨說，現在的社會樣樣都要通過考試，他再也沒有希望從現在這個最底層的位置爬上去了。

⑨舍爾（Edwin M. Schur）這樣來描述指稱的社會功能：「通過越軌行爲……我們才能確立起社會服務的意義，並劃定社會制度的邊界。」《指稱越軌行爲：它的社會學意義》（Labeling Deviant Behavior: Its Sociological Implications），紐約，Harper & Row 一九七一年版，第一四七頁。

⑩瑟羅（Lester Thruow）：《零和社會：分配與經濟變化的概率》（The Zero-Sum Society: Distribution and the Possibilities for Economic Change），紐約，Basic Books 一九八〇年版。

⑪我在這兒盡量不用「精英」這個詞，因爲叫魂檔案中看不到沒有官職的文人的活動，「地方士紳」的出場要在一個世紀以後才變得顯著起來。在叫魂危機過程中，這些士紳們始終謹慎地置身事外，反映士紳利益的地方誌對此也鮮少置評。顯然，官府並沒有求助於士紳，而他們也不願自找麻煩去追緝妖術案犯，保護無辜民衆，或調解爭端。士紳活動的黃金時代還未到來。

⑫《朱批奏摺》，第八六一卷第十號，乾隆三十三年九月十一日（阿思哈）。阿思哈關於河南在三個月所逮捕的所有叫魂嫌犯的完整名單如下：

祥符縣：賣膏藥湖廣遊僧一名。

南陽縣：在境強討江南遊僧一名。雖無匪跡，但據供伊師兄通元係揚州人，查與山東剪辮匪犯蔡廷章案内通元籍貫名字相同。

信陽州：剪割衣襟江南乞丐同其妻及另外四名乞丐。另有江南匪犯一名據報攜有辮尖剪刀等物，現移送省府做進一步審訊。

魯山縣：湖廣遊僧一名，其名字與山東割辮匪犯案内僧名相類。

泌陽縣：湖廣遊僧二名。

封丘縣：湖廣遊僧一名。

南陽府：面生遊民一名爲本省人氏，另有湖廣遊僧三人和火居道士一名。

固始縣：本縣觀音廟僧一名，係山東匪犯通杲供出之人。
彰德府：山東遊僧三名，山東乞丐一名。
鄢陵縣：山東遊民二名。
許州：湖廣匪犯二名，攜有醫病符咒等書。

⑬官方一七八七年的人口統計數是兩千一百萬，其中可能有相當一部分少報。參閱何炳棣：《中國人口研究》，第二八一～二八三頁。同英國的巫術迫害相比較，雖然這只是一個提示，仍爲我們提供了一個參考係數來衡量國家努力的程度。英國埃塞克斯郡的人口大約是十萬。在巫術迫害的高潮年代，法庭在一五八四年判決了三十五個案件，一六五四年五十個。關於人口的估計，參見亨特（William Hunt）：《清教徒時代：英格蘭一個郡革命的到來》（The Puritan Moment：The Coming of Revolution in an English County），哈佛大學出版社一九八三年版，第二十五頁；夏普（J. A. Sharpe）《十七世紀英格蘭的犯罪：對一個郡的研究》（Crime in Seventeenth－Century England：A County Study），劍橋大學出版社一九八三年版，第十五頁。關於巫術迫害，參見麥法蘭《都鐸與斯圖亞特時期英國的巫術》（Witchcraft in Tudor and Stuart England），第二六～二七頁。

參考文獻

本書所引用之檔案資料，除特別指明者外，均收藏於北京中國第一歷史檔案館，主要的類別有：

《朱批奏摺》

皇帝批示的宮廷奏稿，由省及都城官員直接送呈皇帝的報告，上面載有皇帝親自以朱紅色墨筆書寫評論和指示，除了有特別標示的情形外，註解中的文件號碼目前都被列入「農民運動：反清鬥爭」的檔案項下。

《宮中上諭》

宮中留存的皇帝詔書，通常都依皇帝的朱批編輯和評述，是由軍機處草擬，經過公開宣示的皇帝詔書。

《宮中廷寄》

皇宮中留存的法律文件，由軍機處擬稿而由皇帝以朱批修訂，是向特定的省級官員發出的機密指示，閱讀後仍需繳回宮中。

《錄副奏摺・法律・其他》

軍機處的奏摺、法律事務和其他項目的文件複本，皇帝在審閱奏摺以前，軍機處的人員在奏摺交還奏報人之前，會先抄錄一份複本，複本和原先送至北京的附件（如名單、證物和在法庭的自白）登錄在一起。對我來說，附件的用處最大，不但包括叫魂案嫌犯的自白，而且還包括地方政府處理叫魂案的詳細報告。

使用這些文件得特別小心，舉例來說，嫌犯的「自白」並不是他在法庭上供述內容的逐字記錄。它們應被視爲政府的文件，審視時也應用合乎法理的懷疑態度。大多數的「自白」和其他證物比對後都有衝突（較低一層的法院和高一級法院的判決不同，或奏摺中所報導的事實和其他來源所呈現的不同）。

《上諭檔方本》

裝訂成冊的軍機處的皇帝詔書記錄。包括在公開管道宣示的詔書以及機密性的法庭文書。

這些記錄還包括軍機處呈給皇帝的機密奏摺，除了錄副奏摺中偶而缺少副本的軍機處大臣奏摺之外，這種機密奏摺無法由其他的來源取得。

《刑科史書》

有關刑罰的例行性奏摺的逐年摘要。

《吏科史書》

有關政府中文職工作的例行性奏摺的逐年摘要。

《**刑科題本・刑部題本・蓄髮**》

有關《刑罰：蓄髮篇》的例行奏摺。這些循公開管道上達的奏摺，上面有內閣所擬而由皇帝所批准認可的紅色批註。這些奏摺有時被稱爲紅本。

《**吏科題本・吏・糾參處分**》

有關文職工作、人員、糾彈和處罰的例行奏摺。這些奏摺同屬一類，一如前述的《刑科題本》。

《**黃冊**》黃色的記錄。

《**大計冊**》全國性主計資料的記錄。

《**京察冊**》京城地區調查資料的記錄。

《**隨手登記**》軍機處經手文件的逐年記錄。

其他文獻資料

《教務教案檔》，第三輯，共三冊，中央研究院近代史研究所編輯，中央研究院（臺北）一九六七年版。
《欽定吏部則例》，北京一七四九年版。
《刑案匯覽》，圖書集成局（上海）一八八六年版。
薛允升：《讀例存疑》，臺北成文出版社一九七〇年版。
《宮中檔案乾隆朝奏摺》，故宮博物院編輯，故宮博物院（臺北）一九八四年版。
《史料旬刊》，故宮博物院文獻館編輯，國風出版社（臺北）一九六三年重印。
《大清會典》，一八一八年版。
《大清會典事例》，一八九九年版。
《大清歷朝實錄》，瀋陽一九三七年版，華文書局（臺北）一九六四年重印。
《大清律例會通新纂》，姚雨薌編纂，文海出版社（臺北）一九六四年重印。
《大清十朝聖訓》，光緒年編輯，文海出版社（臺北）一九六五年重印。
王先謙：《東華續錄》，載《十二朝東華錄》，大同書局（臺南）一九六八年重印。

論文與專著

荷恩：《一個中國村莊的死亡崇拜》。

Ahern, Emily. The Cult of Dead in a Chinese Village. Stanford： Stanford University Press, 1973.

荷恩：《一個臺灣村莊的聖俗醫學》，載克林曼等編：《中國文化中的醫學》。

Ahern, Emily. "Sacred and Secular Medicine in a Taiwan Village," in Arthur Kleinman et al., eds., Medicine in Chinese Cultures, 93～113. Washington, D. C.： Fogarty International Center, 1975.

阿洛姆：《中國：景觀，建築與社會習俗，插圖本》。

Allom, Thomas. China： Scenery , Architecture, Social Habits, & c., Illustrated. 2 vols. London： London Printing and Publishing Company, [18－?].

安雙成：《順康雍三朝八旗丁額淺析》，載《歷史檔案》，第十卷第二期（一九八三年），第一〇〇～一〇三頁。

《安吉縣誌》，一八七四年版。

艾特威爾：《關於白銀，對外貿易以及晚明經濟的筆記》。

Atwell, William S. "Notes on Silver, Foreign Trade, and the Late Ming Economy." Ching-shih wen-t'i 3.8 (1977): 1~33.

艾特威爾：《一五三〇至一六五〇年前後的國際金銀流通與中國經濟》。

Atwell, William S. "International Bullion Flows and the Chinese Economy circa 1530~1650." Past and Present. 95 (May 1982): 68~90.

艾特威爾：《關於中國與日本「十七世紀危機」的一些觀察》。

Atwell, William S. "Some Observations on the 'Seventeenth-Century Crisis' in China and Japan." Journal of Asian Studies 45.2 (1986): 223~244.

韋思蒂：《棚民與長江沿岸高地的開發》。

Averill, Steve C. "The Shed People and the Opening of the Yangzi Highlands" Modern China 9.1 (1983): 84~126.

白彬菊：《國立故宮博物院檔案中的清宮奏摺》。

Bartlett, Beatrice S. "Ch'ing Palace Memorials in the Archives of the National Palace Museum," National Palace Museum Bulletin (Taipei), 13.6 (1979): 1~21.

白彬菊：《朱批：軍機處制度的起源》。

Bartlett, Beatrice S. "The Vermilion Brush: The Origins of the Grand Council System.

" Ph. D. dissertation, Yale University, 1980.

班奈特：《天地的模式：中國實用宇宙論中的科學》。

Bennett, Steven J. "Patterns of the Sky and Earth: A Chinese Science of Applied Cosmology." Chinese Science 3 (1978): 1～26.

博德：《十八世紀北京的監獄生活》。

Bodde, Derk. "Prison Life in Eighteenth - Century Peking." Journal of the American Oriental Society 89.2 (1969): 311～333.

博德和莫里斯：《中華帝國的法律：以清代的一九〇個案子爲例》。

Bodde, Derk, and Clarence Morris. Law in Imperial China, Exemplified by 190 Ch′ing Dynasty Cases. Philadelphia: University of Pennsylvania Press, 1967.

布魯内特和黑格爾斯托姆：《當代中國的政治組織》。

Brunnert, H. S., and V. V. Hagelstrom. Present Day Political Organization of China. Shanghai: Kelly and Walsh, 1911.

包德甫：《紐約人因街頭有太多乞丐而憤怒》。

Butterfield, Fox. "New Yorkers Turning Angry with More Beggars on Street." New York Times, July 29, 1988, 1.

張仲禮：《中國紳士的收入》。

Chang Chung-li. The Income of the Chinese Gentry. Seattle: University of Washington Press, 1962.

趙舒翹：《提牢備考》，一八九三年版。

堤查爾：《文化史：實踐與表述之間》。

Chartier, Roger. Cultural History: Between Practices and Representations. Translated by Lydia G. Cochrane. Ithaca: Cornell University Press, 1988.

陳東林，徐懷寶：《乾隆朝一起特殊文字獄：僞孫嘉淦奏稿案考述》，載《故宮博物院院刊》，一九八四年第一期，第三～十頁。

《績溪縣誌》，一七五五年版，臺北市績溪同鄉會一九六三年版。

《江蘇按察使司錄呈長州縣拿獲乞丐陳漢如等一案全卷抄冊》，載《錄副奏摺・法律・其他》，乾隆三十三年（一七六八年），藏中國第一歷史檔案館（北京）。

錢實甫：《清代職官年表》，四卷本，中華書局（北京）一九八〇年版。

《清史列傳》，中華書局（上海）一九二八年版，中華書局（臺北）一九六二年重印。

《清代帝后像》，第二卷，國立故宮博物院（北平）一九三五年版。

雷蒙・朱和塞維爾：《清代官職模式：總督之職》。

Chu, Raymond W., and William G. Saywell. Career Patterns in the Ch'ing Dynasty: The Office of Governor-general. Ann Arbor: Center for Chinese Studies, University of Michigan, 1984.

莊吉發：《清代奏摺制度》，故宮博物院（臺北）一九七九年版。

莊吉發：《清高宗十全武功研究》，故宮博物院（臺北）一九八二年版。

瞿同祖：《清代中國的地方政府》

Ch'ü T'ung-tsu. Local Government in China under the Ch'ing. Cambridge, Mass.: Harvard University Press, 1962.

全漢昇：《乾隆十三年的米貴問題》，載全漢昇：《中國經濟史論叢》，新亞研究所（香港）一九七二年版。

科恩：《靈魂與救世：中國民間宗教中相互衝突的兩個題目》，載華森和羅斯基編：《中華帝國晚期與近代的殯葬禮儀》。

Cohen, Myron L. "Souls and Salvation: Conflicting Themes in Chinese Popular Religion." In James L. Watson and Evelyn S. Rawski, eds., Death Ritual in Late Imperial and Modern China, 180~202. Berkeley: University of California Press, 1988.

克羅斯利：《〈滿洲源流考〉與滿洲傳統的形成》。

Crossley, Pamela K. "Manzhou yuanliu kao and the Formalization of the Manchu Heritage." Journal of Asian Studies 46. 4 (1987): 761～790.

克羅齊：《官僚現象》。Crozier, Michel. The Bureaucratic Phenomenon. Chicago: University of Chicago Press, 1964.

克羅齊和弗里德伯格：《行爲者與體制：集體行動的政治》。

Crozier Michel, and Erhard Friedberg. Actors and Systems: The Politics of Collective Action. Chicago: University of Chicago Press, 1980.

德—格魯特：《中國的宗教體系》。

De Groot, J. J. M. The Religious System of China. 6 vols. Leiden: E. J. Brill, 1882～1910.

德—格魯特：《中國的宗教派別和宗教迫害》。De Groot, J. J. M. Sectarianism and Religious Persecution in China. Amsterdam: Johannes Muller, 1903～1904.

丹尼斯：《中國的民間傳說及其和阿利安與閃族民間傳說的類同之處》。

Dennys, N. B. The Folk-lore of China, and Its Affinities with That of the Aryan and Semitic Races. London: Trübner and Co., 1876.

多爾：《關於中國人的迷信的研究》。

Dore, Henry（Henri Doré）. Researches into Chinese Superstitions. Translated from the French with Notes, Historical and Explanatory, by M. Kennelly, S. J. Shanghai：Tusewei Printing Press, 1918.

恩特曼：《中國—韃靼人的削髮：中國清初的辮子》。

Entenmann, Robert E. "De Tonsura Sino－Tartarica" The Queue in Early Ch'ing China." Unpublished seminar paper, Harvard University, 1974.

伊文斯—普里查德：《阿贊德人中的巫術、神諭和魔法》。

Evans－Pritchard, E. E. Witchcraft, Oracles, and Magic among the Azande. Oxford：Clarendon Press, 1937.

費正清和鄭嗣禹：《論清代文件的傳送》。

Fairbank, John K., and Teng Ssu－yü. "On the Transmission of Ch'ing Documents." Harvard Journal of Asiatic Studies 5（1940）：1～71.

費正清和鄭嗣禹：《論清代文件的分類和用途》。

Fairbank, John K., and Teng Ssu－yü. "On the Types and Uses of Ch'ing Documents." Harvard Journal of Asiatic Studies 6（1941）：135～246.

馮爾康：《雍正傳》，人民出版社（北京）一九八五年版。

福欽：《生活在中國人中間：內地、沿海、海上》。
Fortune, Robert. A Residence among the Chinese: Inland, on the Coast, and at Sea. London: John Murray, 1857.

弗里曼：《祖先崇拜：中國個案的兩個面向》，載施堅雅編：《關於中國社會的研究：弗里曼文選》。
Freedman, Maurice. "Ancestor Worship: Two Facets of the Chinese Case." In The Study of Chinese Society: Essays by Maurice Freedman. Selected and edited by G. William Skinner. Stanford: Stanford University Press, 1979.

傅宗懋：《清代督撫制度之研究》，國立政治大學（臺北）一九六三年版。

福克斯：《乾隆的華中之行》。
Fuchs, Walter. "Die Reisen Kienlungs nach Mittelchina." Nachrichten der deutschen Gesellschaft fur nature - und Volkerkunde Ostasiens. 74.1～3（1953）.

吉伊：《被社會遺棄的階級：關於中國乞丐的筆記》。
Gee, Nathaniel Gist. A Class of Social Outcasts: Notes on the Beggars in China. Peking: Peking Leader Press, 1925.

蓋伊：《中國清代行省長官的任命：初步分析》。

Guy, R. Kent. "The Appointment of Provincial Governors in Qing China": A Preliminary Analysis." Typescript.

霍爾派克：《社會的頭髮》。

Hallpike, Chyristopher R. "Social Hair." Man 4 (1969): 256~264.

《杭州府誌》，一七八四年版。

韓森：《晚清地方上的不入流之輩》。

Hansson, Harry Anders. "Regional Outcast Groups in Late Imperial China." Ph. D. dissertation, Harvard University, 1988.

哈瑞爾：《中國民間宗教中的靈魂概念》。

Harrell, Stevan. "The Concept of Soul in Chinese Folk Religion." Journal of Asian Studies 38 (1979): 519~528.

荷西蒙：《頭髮，性和髒物》。

Hershman, Paul. "Hair, Sex, and Dirt." Man 9 (1974): 274-298.

何炳棣：《中國人口研究，一三六八～一九五三年》。

Ho Ping-ti. Studies on the Population of China, 1368-1953. Cambridge, Mass.: Harvard University Press, 1959.

蕭一山：《清代通史》（五卷本），商務印書館（臺北）一九六七年版。

徐珂：《清稗類鈔》，上海一九二八年版，中華書局（北京）一九八六年重印。

哈克：《明代中國的監察制度》。

Hucker, Charles O. The Censorial System of Ming China. Stanford: Stanford University Press, 1966.

霍爾史威：《秦律的遺跡》。

Hulsewe, A. F. P. Remnants of Ch'in Law. Leiden: E. J. Brill, 1985.

恆安石編：《清代名人錄》。

Hummel, Arthur W. Eminent Chinese of the Ch'ing Period. 2 vols. Washington, D. C.: U.S. Government Printing Office, 1941.

亨特：《清教徒時代：英格蘭一個郡革命的到來》。

Hunt, William. The Puritan Moment: The Coming of Revolution in an English County. Cambridge, Mass: Harvard University Press, 1983.

康無爲：《皇帝心目中的君主統治：乾隆朝的想像與現實》。

Kalm, Harold L. Monarchy in the Emperor's Eyes: Image and Reality in the Ch'ien-lung Reign. Cambridge, Mass.: Harvard University Press, 1971.

高一涵：《中國御史制度的沿革》，商務印書館（上海）一九二六年版。

凱利：《庵堂和漕運船隊：十八世紀的羅教與漕幫》。

Kelley, David E. "Temples and Tribute Fleets: The Luo Sect and Boatmen's Associations in the Eighteenth Century." Modern China 8.3 (1982): 361～391.

凱利：《會黨與社會：羅教在清代漕運水手中的發展，一七〇〇～一八五〇年》。

Kelley, David E. "Sect and Society: The Evolution of the Luo Sect among Qing Dynasty Grain Tribute Boatmen, 1700～1850." Ph. D. dissertation, Harvard University, 1986.

基克赫弗：《歐洲的巫師審判：其在雅俗文化中的基礎，一三〇〇～一五〇〇年》。

Kieckhefer, Richard. European Witch Trials: Their Foundations in Popular and Learned Culture, 1300～1500. Berkeley: University of California Press, 1976.

克拉克杭：《納瓦霍的巫術》。

Kluckhohn, Clyde. Navaho Witchcraft. 1944. Reprint. Boston: Beacon Press, 1967.

《廣德州誌》，一八八一年版。

孔復禮：《中國人對於社會等級的看法》，載華森編：《革命後中國的階級與階層》。

Kuhn,Philip A. "Chinese Views of Social Classification." In James L. Watson, ed.,

Class and Stratification in Post－Revolution China, 16～28. Cambridge：Cambridge University Press, 1983.

孔復禮：《政治罪和官僚君主制：中國一七六八年的一例個案》。

Kuhn, Philip A. "Political Crime and Bureaucratic Monarchy：A Chinese Case of 1768." Late Imperial China 8.1（June 1987）：80～104.

《國朝耆獻類徵・初編》（一八八四～一八九〇年），文海出版社（臺北）一九六六年重印。

拉納：《上帝的敵人：蘇格蘭對巫師的迫害》。

Larner, Christina. Enemies of God：The Witch－Hunt in Scotland. Baltimore：Johns Hopkins University Press, 1981.

拉納：《巫術與宗教：民眾信仰的政治學》。

Larner, Christina. Witchcraft and Religion：The Politics of Popular Belief. Oxford：Basil Blackwell, 1984.

李奇：《魔法般的頭髮》。

Leach, Edmund R. "Magical Hair." Journal of the Royal Anthropological Institute 88（1958）：147～164.

列瓦克：《歐洲近代早期對巫師的迫害》。

Levack, Brian P. The Witch－Hunt in Early Modern Europe. London： Longman Group, 1987.

李國祁：《清代基層地方官人事嬗遞現象之量化分析》，中央文物供應社（臺北）一九七五年版。

林滿紅：《貨幣與社會：十九世紀初中國的貨幣危機與政治經濟意識形態》。

Lin Man－Houng. "Currency and Society: The Monetary Crisis and Political－Economic Ideology of Early Nineteenth－Century China." Ph. D. dissertation, Harvard University, 1989.

林咏榮：《唐清律的比較及其發展》，國立編譯館（臺北）一九八二年版。

劉石吉：《明清時代江南市鎮研究》，中國社會科學出版社一九八八年版。

羅貫中和馮夢龍：《平妖傳》，古典文學出版社（上海）一九五六年版。

馬起華：《清高宗朝之彈劾案》，華康出版部（臺北）一九七四年版。

麥法蘭：《都鐸與斯圖亞特時期英國的巫術：一項地區性比較研究》。

Macfarlane, Alan. Witchcraft in Tudor and Stuart England： A Regional and Comparative Study. London： Routledge and Kegan Paul, 1970.

曼海姆：《意識形態和烏托邦：知識社會學導論》。

Mannheim, Karl. Ideology and Utopia： An Introduction to the Sociology of Knowledge. New York： Harcourt, Brace and Company, 1936.

馬維克：《妖術產生的社會環境》。

Marwick, Max G. Sorcery in Its Social Setting. Manchester： Manchester University Press, 1965.

馬蒂農：《北京的乞丐》，載《中國的迷信，罪行與貧困》。

Matignon, Jean－Jacques. "Le mendiant de pekin." In Superstition, crime, et misere en China 207－246. 4th ed. Lyons： Storck, 1902.

墨子刻：《清代官僚體制的內部組織》。

Metzger, Thomas A. The Internal Organization of Ch′ing Bureaucracy. Cambridge, Mass： Harvard University Press, 1973.

密道頓和溫特編：《東非的巫術與妖術》。

Middleton, John, and E. H. Winter, eds. Witchcraft and Sorcery in East Africa. London： Routledge and Kegan Paul, 1963.

米歇爾：《歐洲歷史統計，一七五〇～一九七五年》。

Mitchell, Brian R. European Historical Statistics, 1750～1975. 2nd rev. ed. New York： Facts on File, 1981.

莫爾：《一個有迫害傾向的社會的形成：西歐的權力及變異，九五〇～一二五〇年》。

Moore, R. I. The Formation of a Persecuting Society： Power and Deviance in Western Europe, 950～1250. Oxford： Basil Blackwell, 1987.

莫帝爾：《中國的乞丐》。

Mortier, Florent. "De la Mendicite en China." Bulletin de la Societe Royal Belge d'Anthropologie et de Prehistoire de Bruxelles, 59 (1948) ： 176～187.

莫萊：《美洲的糧食作物在中國：渭河流域的農場、食物和家庭》。

Murray, Laura. "New World Food Crops in China¨ Farms, Food, and Families in the Wei River Valley." Ph. D. dissertation, University of Pennsylvania, 1985.

中川忠英：《清俗紀聞》，一七九九年版。

韓書瑞：《山東叛亂：一七七四年的王倫起義》。

Naquin, Susan. Shantung Rebellion： The Wang Lun Uprising of 1774. New Haven： Yale University Press, 1981.

韓書瑞和羅斯基：《十八世紀中國社會》。

Naquin, Susan, and Evelyn S. Rawski. Chinese Society in the Eighteenth Century. New Haven： Yale University Press, 1987.

奧考：《丁日昌與同治年間的江蘇吏治改革》。

Ocko, Jonathan K. Bureaucratic Reform in Provincial China： Ting Jih－ch′ang in Restoration Kiangsu, 1867～1870. Cambridge, Mass.： Council on East Asian Studies, Harvard University, 1983.

歐大年：《中國民間宗教教派研究》。

Overmyer, Daniel L. Folk Buddhist Religion： Dissenting Sects in Late Traditional China. Cambridge, Mass.： Harvard University Press, 1976.

彭信威：《中國貨幣史》，群聯出版社（上海）一九五八年版。

彭澤益：《鴉片戰爭後十年間銀貴錢賤波動下中國經濟與階級關係》，載《歷史研究》，一九六一年第六期，第四〇～六八頁。

珀特：《廣東的薩滿教》，載伍爾夫編：《中國社會中的宗教和禮儀》。

Potter, Jack. "Cantonese Shamanism." In Arthur P. Wolf, ed., Religion and Ritual in Chinese Society, 206～231. Stanford： Stanford University Press, 1974.

普利普・繆勒：《中國的佛教寺廟：它們的布局以及作爲佛教隱士生活場所的作用》。

Prip－Møller, Johanes. Chinese Buddhist Monasteries: Their Plan and Its Function as a Setting for Buddhist Monastic Life. Copenhagen, 1936. Reprint. Hong Kong: Hong Kong University Press, 1967.

蒲松齡：《聊齋誌異》，上海古籍出版社一九七八年版。

羅森伯格：《官僚，貴族和專制君主：普魯士的經驗，一六〇〇～一八一五年》。

Rosenberg, Hans. Bureaucracy, Aristocracy, and Autocracy: The Prussian Experience, 1600～1815. Cambridge, Mass.: Harvard University Press, 1958.

魯藤比克：《傳統中國木匠業的營造方式和禮儀》。

Ruitenbeek, Klass. "Craft and Ritual in Traditional Chinese Carpentry." Chinese Science 7 (December 1986): 1～23.

薩索：《道教禮儀中的正統與非正統》，載伍爾夫編：《中國社會中的宗教和禮儀》。

Saso, Michael. "Orthodoxy and Heterodoxy in Taoist Ritual." In Arthur P. Wolf, ed., Religion and Ritual in Chinese Society, 329～335. Stanford: Stanford University Press, 1974.

澤田瑞穗：《中國的咒法》，東京一九八四年版。

沙克：《中國乞丐「窩」：一個下層社會的貧困與流動》。

Schak, David C. A Chinese Beggars' Den: Poverty and Mobility in an Under-class Community. Pittsburgh: University of Pittsburgh Press, 1988.

薛泊：《論中國的民間宗教》。

Schipper, Kristofer. "On Chinese Folk Religion." Typescript.

舍爾：《指稱越軌行爲：它的社會學意義》。

Schur, Edwin M. Labeling Deviant Behavior: Its Sociological Implications. New York: Harper and Row, 1971.

單士元：《清代起居注》，載《清代檔案史料叢編》，中華書局（北京）一九七九年版，第四卷，第二五九～二七一頁。

夏普：《十七世紀英格蘭的犯罪：對一個郡的研究》。

Sharpe, J. A. Crime in Seventeenth-Century England: A County Study. Cambridge: Cambridge University Press, 1983.

謝克：《沒有造反的千禧年：華北的皇天道》。

Shek, Richard. "Millenarianism without Rebellion": The Huangtian Dao in North China." Modern China 8.3 (1982): 305~336.

沈家本：《歷代刑法考》，載《沈寄簃先生遺書》，中華書局（北京）一九八五年重印。

沈葆禎：《沈文忠公政書》（一八八〇年版），文海出版社（臺北）一九六七年重印。

沈德符：《萬曆野獲編》，中華書局（北京）一九八〇年版。

施堅雅：《十九世紀中國的地區性城市化》，載施堅雅與艾爾文編：《中華帝國晚期的城市》。

Skinner, G. William. "Regional Urbanization in Nineteenth-Century China." In G. William Skinner and Mark Elvin, eds., The City in Late Imperial China, 211～252. Stanford: Stanford University Press, 1977.

施堅雅：《城市和地方體制中的等級秩序》，載施堅雅與艾爾文編：《中華帝國晚期的城市》。

Skinner, G. William. "Cities and the Hierarchy of Local Systems." In G. William Skinner and Mark Elvin, eds., The City in Late Imperial China, 275～352. Stanford: Stanford University Press, 1977.

施堅雅：《鄉村中國的市場與社會結構》（第一部分）。

Skinner, G. William. "Marketing and Social Structure in Rural China (Part I)." Journal of Asian Studies 24.1 (1964): 3～43.

施堅雅與艾爾文編：《帝制晚期中國的城市》。
Skinner, G. William, and Mark Elvin, eds. The City in Late Imperial China. Stanford: Stanford University Press. 1977.

史景遷：《曹寅和康熙皇帝：奴僕和主子》。
Spence, Jonathan D. Ts′ao Yin and K′and－his Emperor: Bondservant and Master. New Haven: Yale University Press, 1966.

孫任以都：《清代中國的養蠶業和絲織業》，載威爾莫特編：《中國社會的經濟組織》。
Sun, E－tu Zen. "Sericulture and Silk Textile Production in Ch′ing China." In W. E. Willmott, ed., Economic Organization in Chinese Society, 79～108. Stanford: Stanford University Press, 1972.

鈴木中正：《乾隆十七年馬朝柱的反清運動——中國民衆的烏托邦運動的一例》，載《明清史國際學術討論會論文集》，天津人民出版社一九八二年版，第六九八～七一四頁。

谷井俊仁：《乾隆時期一樁影響廣泛的犯罪事件及國家的對應——關於割辮案的社會史素描》，載《史林》，第七〇卷第六期（一九八七年十一月），第三三～七二頁。

谷井俊仁：《清代行省的警察機能——以割辮案爲例》，載《東洋史研究》，第四六卷第二期（一九八八年三月），第七六三～七八七頁。
《德清縣誌》（一六七三年版），一九一二年重印。
《德清縣續誌》（一八〇八年版），一九一二年重印。
湯馬斯：《宗教與魔法的衰落》。
Thomas, Keith. Religion and the Decline of Magic. New York: Penguin Books, 1985.
湯普森：《中國宗教導論》。
Thompson, Laurence G. Chinese Religion: An Introduction, 3rd ed. Belmont, Calif.: Wadsworth, 1979.
梭羅：《零和社會：分配與經濟變化的概率》。
Thurow, Lester C. The Zero-Sum Society: Distribution and the Possibilities for Economic Change. New York: Basic Books, 1980.
《點石齋畫報》（上海，一八八四～一八八九）《廣角鏡》（香港）一九八三年重印。
田居儉和宋元强：《中國資本主義萌芽》，巴蜀書社（成都）一九八七年版。
托普利：《中國傳統觀念及對疾病的治療：香港的兩個例子》。
Topley, Marjorie. "Chinese Traditional Ideas and the Treatment of Disease: Two Examples from Hong Kong." Man 5 (1970): 429～436.

曹松葉：《泥水木匠故事探討》，載《民俗》（廣州），第一〇八期（一九三〇年四月），第一～七頁。

傅格爾：《清初中國的中央貨幣政策與雲南的銅礦生產，一六四四～一八〇〇年》。

Vogel, Hans-Ulrich. Central Chinese Monetary Policy and Yunnan Copper Mining during the Early Ch'ing, 1644～1800. Cambridge Mass.: Council on East Asian Studies, Harvard University, forthcoming.

魏斐德：《中華帝國晚期地方控制的演變》，載魏斐德和格蘭特編：《中華帝國晚期的衝突與控制》。

Wakeman, Frederic Jr. "The Evolution of Local Control in Late Imperial China." In Frederic Wakeman, Jr., and Carolyn Grant, eds., Conflict and Control in Late Imperial China, 1-25. Berkeley: University of California Press, 1975.

魏斐德：《地方主義與清征服江南時期的效忠思想：江陰的悲劇》。

Wakeman, Frederic Jr. "Localism and Loyalism during the Ch'ing Conquest of Kiangnan: The Tragedy of Chiang-yin." In Frederic Wakeman, Jr., and Carolyn Grant, eds., Conflict and Control in Late Imperial China, 43-85. Berkeley: University of California Press, 1975.

魏斐德：《中國與十七世紀的危機》。

Wakeman, Frederic Jr. "China and the Seventeenth－Century Crisis." Late Imperial China 7.1（1986）： 1～26.

魏斐德：《宏業：十七世紀滿族人在中國對帝國秩序的恢復》。

Wakeman, Frederic Jr. The Great Enterprise： The Manchu Restoration of Imperial Order in Seventeenth－Century China. Berkeley： University of California Press, 1985.

魏斐德和格蘭特編：《中華帝國晚期的衝突與控制》。

Wakeman, Frederic Jr., and Carolyn Grant, eds. Conflict and Control in Late Imperial China. Berkeley： University of California Press, 1975.

王圻：《三才圖會》（一六〇七年版），成文出版社（臺北）一九七〇年重印。

汪士鐸：《汪悔翁乙丙日記》（一九三六年版），文海出版社（臺北）一九六七年重印。

華森：《事關骨肉：廣東社會對於死亡污染的處理》，載布洛克和派瑞編：《死亡和生命的再生》。

Watson, James L. "Of Flesh and Bones‥ The Management of Death Pollution in Cantonese Society." In M. Bloch and J. Parry, eds., Death and the Regeneration of Life, 155－

186. Cambridge：Cambridge University Press,1982.

華森：《廣東社會中的葬禮司儀：污染，舉止行爲和社會等級》，載華森和羅斯基編：《中華帝國晚期和近代的殯葬禮儀》。

Watson, James L. "Funeral Specialists in Cantonese Society" Pollution, Performance, and Social Hierarchy." In James L. Watson and Evelyn S. Rawski, eds., Death Ritual in Late Imperial and Modern China, 109 – 134. Berkeley： University of California Press, 1988.

華森和羅斯基編：《中華帝國晚期和近代的殯葬禮儀》。

Watson, James L., and Evelyn S. Rawski, eds. "Death Ritual in Late Imperial and Modern China, 109 – 134." Berkeley： University of California Press, 1988.

瓦特：《中國帝制晚期地方官吏》。

Watt, John R. The District Magistrate in Late Imperial China. New York： Columbia university Press, 1972.

韋伯：《中國的宗教》。

Weber, Max. The Religion of China. Glencoe： Free Press, 1959.

韋伯：《經濟與社會：解釋社會學提綱》。

Weber, Max. Economy and Society： An Outline of Interpretative Sociology. Edited by

Guenther Roth and Claus Wittich. 2 vols. Berkeley： University of California Press, 1978.

韋爾契：《中國佛教習俗，一九〇〇～一九五〇年》。

Welch, Holmes. The Practice of Chinese Buddhism, 1900～1950. Cambridge, Mass.： Harvard University Press, 1967.

韋勒：《土匪、乞丐和鬼蜮：國家在臺灣對宗教解釋控制的失敗》。

Weller, Robert P. "Bandits, Beggars, and Ghosts： The Failure of State Control over Religious Interpretation in Taiwan." American Ethologist 12 (1985)： 49～55.

韋勒克：《帝國政府與一七八四～一七八五年間在中國的天主教傳教士》。

Willeke, Bernward H. Imperial Government and Catholic Missions in China during the Years 1784～1785. Saint Bonaventure, New York： Franciscan Institute, 1948.

威廉斯：《中國刑律中的巫術》。

Williams, E. T. "Witchcraft in the Chinese Penal Code." Journal of the North China Branch of the Royal Asiatic Society 38 (1907)： 61～96.

威廉斯：《滿清王朝時期中國的國家宗教》。

Williams, E. T. "The State Religion of China during the Manchu Dynasty." Journal of the North China Branch of the Royal Asiatic Society 44 (1913)： 11～45.

伍爾夫：《神靈，鬼怪與祖先》，載伍爾夫編：《中國社會中的宗教和禮儀》。
Wolf, Arthur P. "Gods, Ghosts, and Ancestors." In Arthur P. Wolf, ed., Religion and Ritual in Chinese Society, 131–182. Stanford: Stanford University Press, 1974.
吳秀良：《清代的奏摺制度，一六四四～一九一一年》。
Wu, Silas H. L. "The Memorial Systems of the Ch'ing Dynasty (1644～1911)." Harvard Journal of Asiatic Studies 27 (1967): 7～75.
吳秀良：《中國的通訊和帝國控制：宮廷奏摺制度的演變，一六九三～一七三五年》。
Wu, Silas H. L. Communication and Imperial Control in China: The Evolution of the Palace Memorial System, 1693～1735. Cambridge, Mass,: Harvard University Press, 1970.
吳秀良：《通向權力之路：康熙和他的繼位者們，一六六一～一七二二年》。
Wu, Silas H. L. "Passage to Power": K'ang-hsi and His Heir Apparent, 1661～1722.
" Cambridge, Mass.: Harvard University Press, 1979.
吳偉平（音譯）：《八旗制度的興衰》。
Wu Wei-P'ing. "The Development and the Decline of the Eight Banners." Ph. D. dissertation, University of Pennsylvania, 1969.
楊慶堃：《中國社會中的宗教：關於宗教在當代的社會作用及其若干歷史因素的研

究》。

Yang, C. K. (Yang Ch'ing - k'un) . Religion in Chinese Society： A Study of Contemporary Social Functions of Religion and Some of Their Historical Factors. Berkeley： University of California Press, 1961.

葉顯恩：《明清徽州農村社會與佃僕制》，新華書局（安徽）一九八三年版。

余英時：《魂兮歸來！對佛教未傳入前中國關於靈魂及「後世」概念變化之研究》。

Yu Ying - shih. " 'O Soul, Come Back!' A Study in the Changing Conceptions of the Soul and After life in Pre - Buddhist China. " Harvard Journal of Asiatic Studies 47.2 (1987)： 363～395.

袁枚：《子不語》，上海一九一四年版。

《雍正朝朱批引見單》，載《清代檔案資料叢編》，第九卷，中華書局（北京）一九八三年版，第四四～一五六頁。

《永嘉縣誌》，一八八二年版。

曾小萍：《地方官手中的銀兩：十八世紀清代中國推動財政合理化的改革》。

Zelin, Madeleine. The Magistrate's Tael： Rationalizing Fiscal Reform in Eighteenth - Century Ch'ing China. Berkeley： University of California Press, 1984.

國家圖書館出版品預行編目資料

叫魂：乾隆盛世的妖術大恐慌／孔復禮(Philip Kuhn)原著；陳兼,劉昶譯.--初版.--臺北市：時英,2000［民89］
面；　公分
譯自；Soulstealers：the Chinese sorcey scare of 1768
ISBN 957－8890－47－8(平裝)

1.政治制度—中國—清(1644－1912) 2.巫術—中國 3.中國—歷史—清高宗(1736－1795)

627.4　　89001770

叫　魂

乾隆盛世的妖術大恐慌

原　著：孔復禮（Philip Kuhn）
譯　者：陳兼　劉昶
出　版：時英出版社
地　址：台北市新生南路三段88號3樓之1
登記證：局版台業字2944號
電　話：(02)23634803　(02)23637348
初　版：2000年2月
定　價：新台幣250元